環太平洋文明叢書④

対馬海峡と宗像の古墳文化

雄山閣

対馬海峡と宗像の古墳文化　目　次

ご挨拶……谷井博美　3
ご挨拶……石原　進　5

第Ⅰ章　海と人の交流史

一　人が海を渡ること、いにしえの旅……八幡　暁　12
二　古代の韓国と日本の交流史……西谷　正　36

第Ⅱ章　対馬海峡と古墳文化

一　対馬海峡の成立と日本海の海面変動……鹿島　薫　56
二　年縞を軸とした環太平洋文明の研究拠点……安田喜憲　74
三　国家権力と海上交流……マーク・ハドソン　85

第Ⅲ章　古墳時代の宗像

一　宗像、沖ノ島を基点とする直線配置……平井正則　102
二　海の道と古墳時代後期の社会……宮元香織　121
三　玄界灘と宗像神・胸形君……亀井輝一郎　136
四　日本における祭祀の時空と社殿の成立―宗像神社をめぐって―……山野善郎　154

第Ⅳ章　古墳時代の北部九州―アジアの国々とどのような交流をしていたのか―

……175
パネリスト　葦津敬之・清水　昭・西谷　正・深野弘行
宮元香織・安田喜憲・矢野健一・八幡　暁
司　会　岸本吉生
閉会のご挨拶……渡辺公三　202

ご挨拶

宗像市長　谷井博美

沖ノ島は、ちょうど九州から大陸に渡る接点となる位置にあり、かつてヤマト王権の祭祀が行われました。海の安全、それから国家安穏を願って、九世紀末までは、国家的祭祀が行われました。その後、時代は変わりましたが、宗像大社の神官が、その後もこの島、いわゆる「神宿る島」をお守りし現在に到っております。

世界遺産登録につきましては、もう皆さん、ご存知のことと思います。二〇〇九年に国内暫定リストに記載されてから宗像市の悲願であります世界遺産登録に向けまして、来年はぜひ、文化庁の推薦をいただけるよう、鋭意、努力しているところでございます（二〇一五年七月、世界遺産国内推薦決定）。皆様方にも、ぜひ応援していただきたいと思います。

それから、この沖ノ島では近世におきましても、一九〇五年に、沖ノ島の裏、対馬海峡を中心として、日本とロシアとの日本海海戦が行われ、この沖ノ島の沖津宮におきまして戦勝祈念の祈願を行っておりました。そのときに、神官の宗像さんがお世話していた佐藤少年、この方が沖ノ島の頂上で、日本海海戦の様子を日誌にしており、これは宗像大社神宝館に展示されています。また、作家の司馬遼太郎さんがこの日誌を借用し、『坂の上の雲』に引用しておられます。

現在、宗像大社では、毎年、日露海戦が行われた五月二七日に、亡くなられた方の慰霊祭が行われております。日頃は沖ノ島には上陸できませんが、この日だけは、全国から公募により選ばれた人が沖ノ島に上がれることになっており、慰霊祭というかたちのなかで、沖津宮現地大祭が行われています。

このように、歴史の流れのなかで、やはり「沖ノ島」という名前が出てくるわけです。宗像大社が歴史上、また諸外国とのかかわりの中で、重要な役割を果たしたということが、宗像の大きな特徴の一つであり、また、当市におきましてはたいへん誇りに思っているところでございます。そして現在、私どもの市もそういった流れのなかで、いろいろな外国との交流を行っております。たとえば姉妹都市である韓国の金海市との文化交流をはじめ、ブルガリア、台湾、ニュージーランドとの、子どもたちの交流なども行っております。外国のお客さんも、たくさんお見えになっています。

最近では、韓国で生まれた「オルレ」、これは少しハードなウォーキングのようなものですが、宗像市の大島がオルレコースに認定されまして、韓国からのお客様がずいぶん増えました。また、市内三つの大学の留学生もたくさんおられ、この宗像市を〝ミニ国際都市〟であると言ってきたわけです。宗像大社の葦津権宮司（現・宮司）が「元祖国際都市」と言われていますとおり、沖ノ島で国家的な祭祀が行われた四世紀から、宗像が営々と国際的なつながりを持ってきたわけでございます。

今回のシンポジウムでは「アジアとの交流」ということが一つのテーマになっておりますので、アジアとの交流の一端を担いました宗像海人族に、ぜひ触れていただくことを期待しております。このシンポジウムが、熱い論戦のなか、成功に終わりますことを期待しまして、歓迎のご挨拶とさせていただきます。今日は、どうぞよろしくお願いいたします。

ご挨拶

九州旅客鉄道株式会社相談役　石原　進

ご紹介いただきました石原でございます。本日は、岸本経済産業局長から、安田喜憲先生が来るのだからお前も来い、ということで参りました。私は安田先生とはＮＨＫの経営委員会でご一緒しましたが、安田先生がこんなに偉い方だとは知りませんでした。宗像市のグローバルアリーナでは毎年、日本の次世代リーダー養成塾が開かれていますが、そこに安田先生は講師として最初から参加していらっしゃる。私は一回だけ、事務局長の加藤暁子さんに頼まれて講師をしました。次世代リーダー養成塾は本当に素晴らしい講師の先生方がたくさんお見えになる。あそこで勉強した若い人たちが、社会で活躍するのが本当に楽しみです。安田先生は若者の教育に大変熱心です。その意味で次世代リーダー養成塾は安田先生に、本当にぴったりだなという感じがします。

安田先生がおっしゃっている、環境と文化の関係、特に昔、環境は人間の生活、心と密接不可分でした。今、かなりその辺が薄れてきている気がしますが、やはり環境が人間の生活、心に与える影響は、昔と変わらず、大きいと思います。そういう点で、日本のこの豊かな自然、環境が、日本の豊かな文化をつくるもととなっていると思います。

私は九州観光推進機構の会長も務めておりまして、九州の観光をいかに活性化するかということに腐心しております。二〇二〇年に開催される東京オリンピックに来た外国人を九州に呼んでこれないか。誰もがそう考えます。しかし、これは大した集客にはなりません。ロンドンオリンピックでは、観戦に来た人は、チケットの売り上げなどから計算すれば五〇万人から八〇万人程度です。開催期間は短いですから、オリンピック開催期間中に来たお客さまを九州に連れてくることはなかなか難しい。したがって大切なのは、オリンピックの前と後です。オリンピックの前に、いかにこの九州という土地が素晴らしい土地であるかということを情報発信していくか、ということです。ロンドンでも、シドニーでも、バルセロナでも、そこに大変力を入れました。

もう一つ大事なのは、オリンピック後です。レガシーオブオリンピックといいますか、オリンピック後の遺産のようなものです。オリンピックは開催国が世界中に報道されます。日本を世界に発信するのに合わせて、この九州・宗像を発信する。そうすると、オリンピックのときには来ないかもしれないけれど、その後の集客につながります。ロンドンオリンピックの場合では、来訪客は終了直後には少し減少しますが、それからまたぐっと伸びています。バルセロナはオリンピック以降、一気に観光客が増えています。バルセロナは工業都市です。ところが、オリンピックを契機に、文化やスポーツが注目され、サグラダファミリアも有名になり、そこにまた三ツ星を貰ったエル・ブジというレストランが注目されたり、いろいろな文化の発信をしているうちに、バルセロナへ行ってみようという人が世界中から増えてきたんですね。九州もそういう格好でやっていきたいと思います。

また、ロンドンの場合は全体の予算を一〇とすると、オリンピック開催前が二です。開催中も二ですが、オリンピック終了後に六割を使って文化の発信を行っている。地域の自然を含めて、文化を発信するということをロンドンは大変熱心にやった。オリンピック開催前は、各国のジャーナリストや観光関係者を含めて招待して、イングランドだけでなくウェールズ、スコットランドなど各地を案内して世界中に情報を発信しました。九州も、そういう格好で、ぜひ二〇二〇年を目指して地域を磨き、その後の観光ブレークをしていきたいと思います。

今回は西谷正先生から、「古代の韓国と日本の交流史」という題で、興味深い話をしていただきます。私どもは、福岡、博多と釜山の間にビートルという高速船を走らせているのですが、もう二十数年になります。スタート時は苦労しましたが、調子の良い時代もありました。特に二〇〇二年のサッカーのワールドカップの時は、お客さまが大変増えました。あの頃は、日韓関係が大変上手く行っておりました。ところが、最近、韓国人は増えていますが、日本人は激減で厳しい状況です。竹島問題や、日韓の政治情勢が、現状を生み出していると言わざるを得ません。円安が進んだということもありますが、物価としては、日本よりも韓国のほうが安く感じます。でも日本人が韓国に行かなくなった。どうしたら、日韓の関係が元のように友好的な状態に戻るのだろうか。ということを本当に真剣に考えなければならないと思います。

中国とも仲良くしなければならない。「中国抜きでは、二一世紀の日本は生きていけない。それで中国と上手くやれば韓国もついてくるだろう。」こういう意見を言う人もます。政治に対する不満もあるのだろうと思いますが、そんなことは言っていられません。我々は、日韓の政治の関係がどうであろうが、やはり九州は韓国と非常に近い。特に宗像と韓国は一番近いんですね。一五〇キロもないくらいです。博多から釜山は、二〇〇キロくらいあります。だから、この宗像と大陸との関係は非常に密接になったのだろうと思います。

先日、観光庁主催の日韓のシンポジウムが東京でありまして、私も地域代表として出てまいりまして、いろいろなことを申し上げました。それで、最後どうしたら良いかというので、私はまずSNSだと言いました。私はあまりやりませんが、最近の若者たちはYouTubeやツイッターなど大変熱心です。映像、動画を安く簡単に送れます。日本を訪問した韓国の人に、九州の「ここが良かったよ」と送信していただく。そうすると、韓国の人はそれを信用します。新聞やテレビの情報をなかなか信用しない人でも、個人の情報は信用するわけです。そのSNSの活用をまずやろうではないかと。

それから、我々はビートルを航行していますが、LCCに注目することがものすごく大事だと思います。LCCが増えてくれれば、外国からのインバウンドは大きく増えます。最近はタイからも、香港からもLCCが飛んできます。中国だと春秋航空が、韓国からもエアプサンが飛んで来ています。ここをさらに力を入れよう。福岡空港がいっぱいなら、北九州空港や佐賀空港があるじゃないか、ということです。

そして、三つ目が文化です。韓国の人は、『チャングムの誓い』のような歴史を題材にしたドラマが得意ですからね。それの続編ができたというんですね。私は、じつは『チャングムの誓い』が大好きで、ずっと見ていました。あの頃、韓国というのは本当にいい国だと思いました。やはり文化というのは親近感を生む。これはどの地域においても一緒です。

そして、最後に日韓の首脳会談を早くやったらどうですか、という話をしてまいりましたが、最初の三つは、我々の地域でもできる話でして、文化の交流、文化の発信、教育、文化、食、自然、こういったものを最大限活用し、そして経済も含め、韓国との交流を続けていくということではないかと思うんですね。

我々は九州で生きていくわけですから、九州のこれからの活性化、発展を心から願っているわけです。そういったなかで、「環境考古学」についてですが、「環境」は長い時間でみれば大きく変化している。それにより文化も大きな影響を受けています。今、人間の文化、特に科学技術が、ものすごい速さで進化している。それによって地球環境も温暖化という形で大きく変わっているわけでして、この宗像の豊かな自然も、このままでは大きな影響を受けることは間違いありません。対策としてCO_2の排出量を減らさなければならない。来年、ＣＯＰ21がパリで一二月に開催されます。ここでどういうことになるか、この前のペルーのリマで行われた会議では前進は無かったと思いますが、アメリカ、中国が目標を示すということを言い出したわけでして、日本もやはり目標を示さなければならないわけです。

示すためにはエネルギーミックスを決める必要があります。エネルギーミックスのポイントは原発の位置づけだと思います。現在、日本は稼動している原発はゼロです。その結果、石炭とＬＮＧの発電が増え、加えて石油の発電も増えています。つまりCO_2ばかりたくさん出しているわけです。安価で安定していて、しかも環境にやさしいエネルギーというのは、安全前提でありますが、原発しかないわけでして、原発を再稼動させることが、日本の経済にとっても我々の生活にとっても、最も大事なことではないかと思うわけです。これを理屈として分かったとしても、「嫌だ」、「怖い」という意見は多いと思います。福島第一原発の事故で、本当に国民が原発は「嫌だ」、「怖い」という、一種のトラウマが出来上がってしまっている。ここのところをどう乗り越えるか。これからの日本の行く末を考えたとき、また環境問題を考えたときに、今、一番大事な時ではないかと思います。

今度の選挙では、アベノミクスの成果により、安倍政権は国民から信任されました。信任されたけれども、第三の矢を成功させるには、私は経済人の立場からすればエネルギーの問題は、「喉仏に刺さった骨」だと思います。そして目下、安価で安定したエネルギーを提供できるのは、やはり原発しかないわけですから、これを稼動させようと。ただ、安全は大前提です。九州の川内と玄海には、東日本のような大きな津波は、歴史上ありません。ですから動かしたら良いのではないかと思います。いろいろな運動体がいて、反対される方もいらっしゃいますけれども、やはり冷静に考えるべきだと思うわけです。

今日は、しばらくぶりで安田先生にお会いしましたし、西谷先生のお話も、また楽しみに聞かせていただきたいと思います。本日は大変ありがとうございました。

第Ⅰ章　海と人の交流史

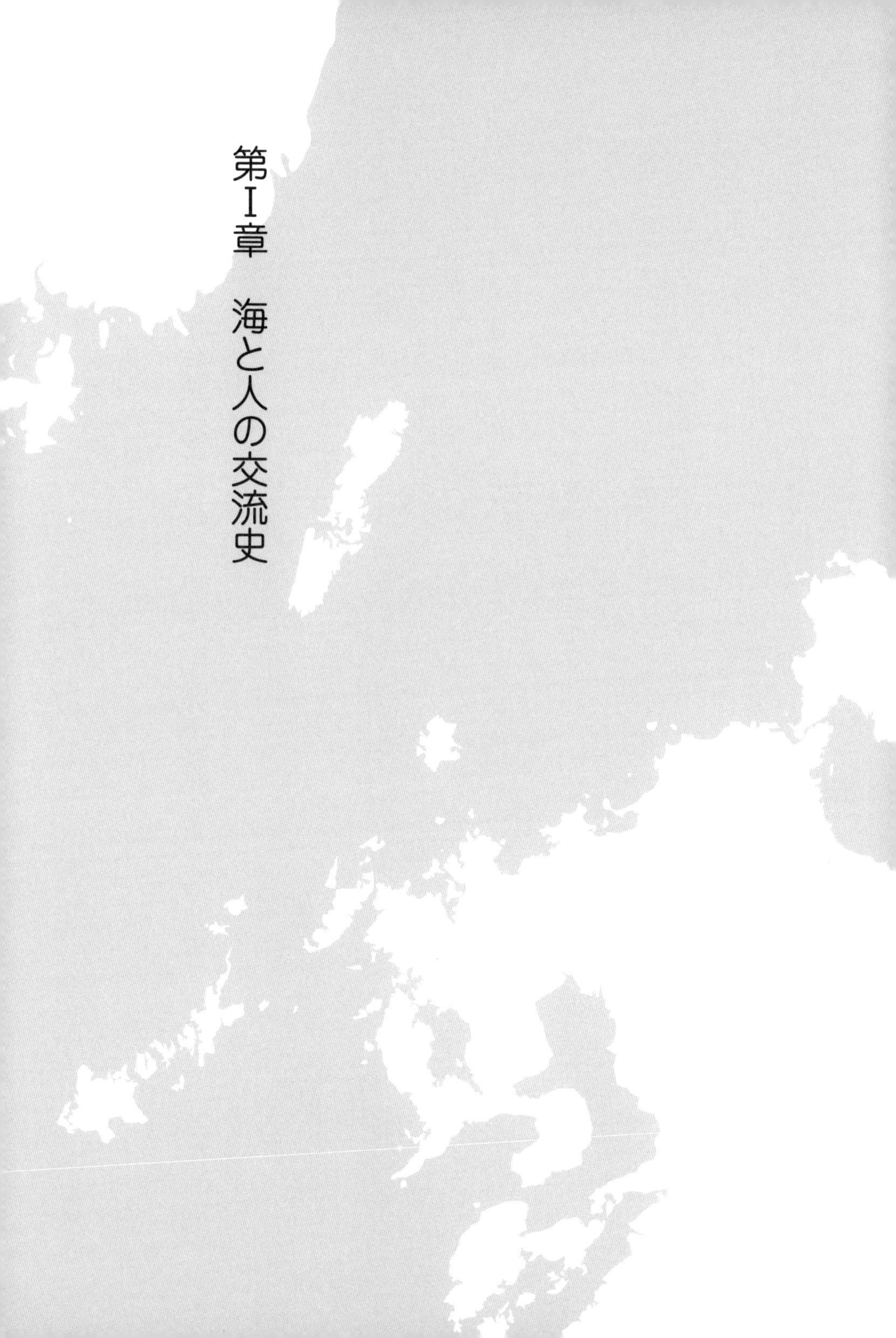

一　人が海を渡ること、いにしえの旅

海洋冒険家　八幡　暁

はじめまして、八幡と申します。今日は、きちんとスーツを着てこようと思ったのですが、私の家にはウェットスーツしかなくて、これはしょうがない、いつもの格好で来ようということでTシャツで来てしまいました。私は、学術的な考察は、まったくできません。ただただ海をひたすら人力で回っております。二〇年間、そういうことをしています。岸本さんからのリクエストが、人が海を渡ることはどういうことなのかでした。今日は、縄文時代の人たちがどうやって渡っているのかを想像したいと思います。交易があったことはわかっていますね。鏃が見つかった、古墳がある、東西の文化交流がされている。では、実際はどうなのでしょうか。

皆さんに「海を渡るのはたいへんでしょう。昨日荒れている玄界灘を見て、この海は渡れないなと思いました。現代人はそう思っていますが、八幡さんはどうですか」と聞かれました。私は「渡れます」と答えました。それもそんなに難しいことではありません。では、どういうことなのでしょうか。そういう話を、今までの自分の経験を元にお話させてもらえればと思います。今日私が話すことで、海が自分でも渡れるんだという何かしらのきっかけが生まれれば、大成功かなと思います。今はいつの間にか海洋冒険家と呼ばれるようになりましたが、別に私は冒険家ではありません。普通の人間です。私は冒険家を目指してはいないのです。

グレートシーマンプロジェクト

何をしているのか。おそらく、皆さんは私のことをまったく知らないと思います。私はオーストラリアから日本、東京を経由して八丈島まで、人力で、伴走船なしで、手漕ぎのシーカヤックという乗り物で渡っています（図1）。

シーカヤックとは、何でしょうか。知らない人はいますか？ ―ああ、結構、いらっしゃいますね。どういうものでしょうか。

これです（図2）。昔の人の丸木舟と、ほとんど一緒です。ひたすら櫂で漕ぎ、身体を動かして、これだけで進みます。後ろに鍋が乗っていますが、前と後ろに合計一〇〇キロくらいのものしか積めません。それだけで海を渡っていきます。初期の頃は、無線や衛星電話を持っていましたが、今はそれすら持ちません。死んだら終わりです。

何かセーフティーネットがないまま遭難すれば、社会に迷惑をかける、そんなチャレンジはけしからんとよく怒られます。自分勝手すぎるだろう、と。しかし、私はそれは違

図1　シーカヤックでの航行ルート（白線）

図2　シーカヤック

図３　荒れた海をシーカヤックで

うと思っています。縄文時代の人は、衛星電話を持って海には出ません。自分が海と向き合って、読み解いて、下手をしたら死んでしまう。だから、徹底的に死なないための段取りをするのです。その心持ちが、あるとないとでは全然違います。自分に何か起きたときに誰かが助けてくれるという段取りをしてチャレンジしてしまったら、昔の人の気持ちが本当の意味ではわからないのではないか。であるならば、それはやめようということで、私は持たないことにしました。そして、実際に外洋へと出ていきます。(図３)

長く単独でやっていましたが、私は単独が好きなわけでもなく、ただ一緒にやりたいという人がいなかった。一人でやっていたら本当は寂しいです。寂しいことは悪いことではありませんが、最近は一緒にやりたいという若者、それこそ安田先生と一緒に活動されている田中克先生や、いろいろな先生たち、七〇歳の先生―大先輩から十代、二十代の若者も一緒に、リアルな海に向き合いながら、漁村を巡る活動もしています。これは、そのときの様子です(図３)。外洋の波がすごくあるところでも、必要があれば行きます。

なぜ手漕ぎのシーカヤックで海を渡るのか?

では、何でやるの、という話になりますね。おそらく先生たちは、こういう仮説があって、こういうことが知りたいとか、知ることで、昔の人の生き方がわかるとか、今後の未来に役立てるとか考えると思います。私の場合は、ひたすら、海を遊んで回っています。動機は「面白そうだから」、これだけです。大学を出て一度も就職したことはありません。では、意味はあるのか。意味は別に考えておりませんで、意味は自分にとって必要ありませんでした。何となく人と海の関わりを知りたかったのです。

それは、何なんですか、と、ますます皆さん、この八幡という人間がおかしな人間だと思うかもしれません。

昔は、人前で話すということをしていませんでした。五年前に私の子どもが生まれまして、それを機に初めて私のやっていることは何かと考えました。意味がないなら、やめてしまおうと思ったのです。私は仕事をしないだけでなく、お金を使って旅をしますので、家族がたいへんです。さらに子どもの役にも立たなかったら、これはやってはいけないかな、と。でも、やめたくない。そこで、自分を正当化するためにいろいろ考え始めました。

シーカヤックで海を渡るということ

どうやらカヤックには意味があることが分かってきました。最近、シーカヤックは、「タイムマシンだ」と言っています。カヤックに乗る場合、飛行機に積んだり船に積んだりして、出かけた先にある都市から出発します。その後、徐々に地理的に移動をして、文明のない世界に入っていくのですね。それこそ、後で写真に出ますが、一九六〇年代まで石器時代であった、という世界にも行ってしまいます。電気、ガス、水道のない世界は、いまだにこの地球上にはいっぱいありますよ。そこに、人力で徐々に徐々に入っていきます。そして、最終的にどこかへ上がるときは、文明の世界に戻っていく。それは、現代を地理的平行移動しているのですが、時間を遡るような旅でもあります。しかも、じわじわ遡っていきます。ドラえもんはボタンを押せば、一気に過去に戻れますが、カヤックの場合はそうはいかない。じりじり自然と折り合いをつけながら遡っていく。それは、地理移動を横軸、時間を縦軸にして現代にいながら、あらゆる時代を駆け巡るような道具なのです。そういうことに気づきました。では実際そこから何を学べるのでしょうか。

タイムマシンに乗ると、荒れた海にも行かなければいけません。誰でもいけます、とは言えません。図3の海は少し難しいですね。しかしそれでも、こういう海に自分の能力では出られない、と判断できればいいんですね。自分の判断する能力が上がれば、誰でも海を渡れます。ただ舟は手漕ぎです。ですから、天気や風、潮の流れなど様々な海を知らないといけません。

タイムマシンの三カ条

それで、「タイムマシンの三カ条」というものがあります。まず一つ目は「今、やれることをやりましょう」ということ、一番初めに求められることは、これだけです。能力が高い人だけが海に出るわけではありません。高い、低いというのは人間の比較なので、自分の持っている能力を向き合う世界に合わせて考えましょう。これが、絶対に必要なことです。

次に、どんなに能力が高くなっても、いつか負ける時がきます。どんなに天才でも、どんなに肉体的に強い人でも、です。それは、海のパワーは圧倒的なので、敵わないんですね。それを知ることが、すごく大切です。準備は絶対にします。今、やれることをします。でも、敵いません。この現実を、まずは受け入れます。

そうして、三つ目は変化しましょう、と。自分の持っている価値観はこうだ、だから自分は変われません。にんじんは嫌いだから食べません―子供は言いますよね。いや、そんなことを言ってちゃダメです。違う世界に行くということは、知らない世界を受け入れることだから、自分はどんどん変わっていくということが求められます。変わることは、誰にとってもたいへんです。知らない世界に行くことも。それは海だけじゃなくて。言葉の問題もあります。言葉を喋れないから行きませんとか、芋虫を食べたくないから行きませんとか言っていたら、外には出られません。現地の人が芋虫を食べていたら、食べなければいけない。そういう世界です。だから、どんどん自分は変わらなければいけないんだ、ということを、現場に行って実感しました。これがタイムマシンの三カ条です。

自然と向き合うということ

今、日本では多くの自然災害が起こっていますが、自然災害が起きたときに求められることでもあります。自分はストーブがないと生きられませんとか、泥水は飲めませんと言ったら、生き延びられません。自然と向き合うという時に、先ほど言った三つのことがとても大切になります。それは、地域を守ったり、自分の土地を守るということの意識にも、とっても大切なことなのですね。そして、縄文人もそういう世界を見ていたはずです。

この旅は何なのか。改めて考えてみます。私たちの暮らしは便利ですよね。多分、縄文人から見たら、ここは天国のような暮らしぶりだと思います。しかし、その「利便性と引き換えに自分たちの今の暮らしは、何を失ってしまったのか」ということを、すごく考えさせられます。それが私はとてもいいことだと思っています。そして、気に留めていなかった、「自然の潜在的な有用性」に気づきました。

昔の人は、自然と向き合うことは、当たり前でした。しかし、私たちの都市は、人間の脳みそが作った、人間に都合のいい社会です。自然の猛威をできるだけ引き離して作られたものです。だから、自然とは何なのかとか、自然と向き合うということが感じにくくなっています。自分たちも本当は感じているはずなのですが、極論を言えば、それは考えなくても生活出来る仕組みになってしまっています。それはなぜなのかを、後で具体的に話したいと思います。

まず旅の写真をいくつかお見せします。

丸木舟があります（図４）。未だにこういう丸木舟、継ぎ接ぎのない一本の木をくり抜いた舟で、彼らはずっと、何万年も生きています。

大湿地帯ですね。これは、ニューギニア島南岸です。舟を漕ぐ櫂も人間の背よりだいぶん高い。立ち漕ぎで、五、六人乗って漕ぎますが、バランスが難しいのです。しかし、彼らが五人で漕ぐと、私がカヤックを時速八キロで漕ぐより早い。木だから、持つと重いんです。でも、彼らは身体を鞭のようにしならせて、ガンガンガンガン漕ぎます。そういう舟に乗っています。

ここは、ジェームズ・クックという偉大な探検家が襲われた村です。プリマポンと言います。近年まで、人を食べていたといわれている場所です。今はキリスト教が伝えられて、便利な道具も手に入り、人を食べなくなっていました。

彼らの劣悪な環境では、人を食べることまでも正当化する何かがあったのだと思います。強い人が、生き残るしかない世界です。それは、ここでは悪いことではなかったのでしょう。ところが、現実問題として、宗教と文明に触れることで、私たちと同じような倫理観を学び、便利な暮らしを知り始めました。人は食べなくなった。しかしその反面、ジャングルで生き延びられない若者が増えてきた、ということがあるようでした。

酋長さんは私に、「最近の若い者はなっとらん」と言います。ああ、同じことが起きているんだ、と。文明を知る程に便利になって、確かに肉体的には、だんだん弱くなってきています。石器時代の世界と、現代、同じことが起きています。どちらがいいのかは、わかりません。

図４　ニューギニア島南岸の丸木舟

図５　大湿地帯にある家の柱

図６　石斧を振る

あらゆるものに神様がいる

これは何だと思いますか？（図５）　家の柱という柱に、徹底的に人間の像が彫ってあるんです。彼らの大湿地帯のなかでは、木がすごく大切なんですね。ですから、すべての木のなかに神様が宿っているという宗教観です。さらに、これらは芸術として彫り出しているわけではありません。木を丸太のまま使っている家もありますが、木のなかにはこういう神様が、必ずいるんだ、と言うのです。神様を彫り出してあげた、表に出してあげたと言います。そして、感謝します。こういう文化です。私は詳しくはありませんが、自然と向き合っている現場には、八百万の神が宿るところが他にもあるようでした。

　この現場もそうでした。あらゆるものに神様がいるというのです。ああ、そうだよな、と思います。普通に生きていたら、人間の思うようにならない世界、どうやっても理解できないとか、理屈で超えられない世界を、ある地域では「神様」と言ってしまうんだな、と。そういうことが、私には感じられます。

　未だに石斧で舟を作っています（図６）。電気はないので、一日中ひたすら斧を振るっています。湿地帯なので、魚といってもナマズやマングローブ・クラブでしょうか。こんな食事をし

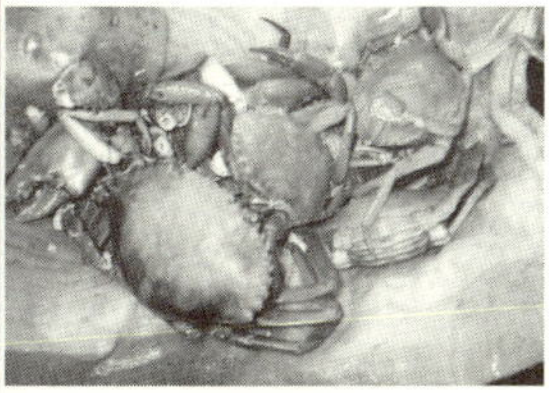

図７　大湿地帯の食材

ています（図7）。

私は大学生時代に、東京都八丈島で素潜りをする人に出会い、海の世界に入りました。銛と足ひれだけですよ。舟も使いません。陸から泳いでいって、潜って魚を突いて、それを売って生きている人がいました。その姿に感動して、私は海に行くようになったのです。大学を卒業するまでに、水中に見えている魚は全部、獲れるようになりました。そして、すべて食べました。

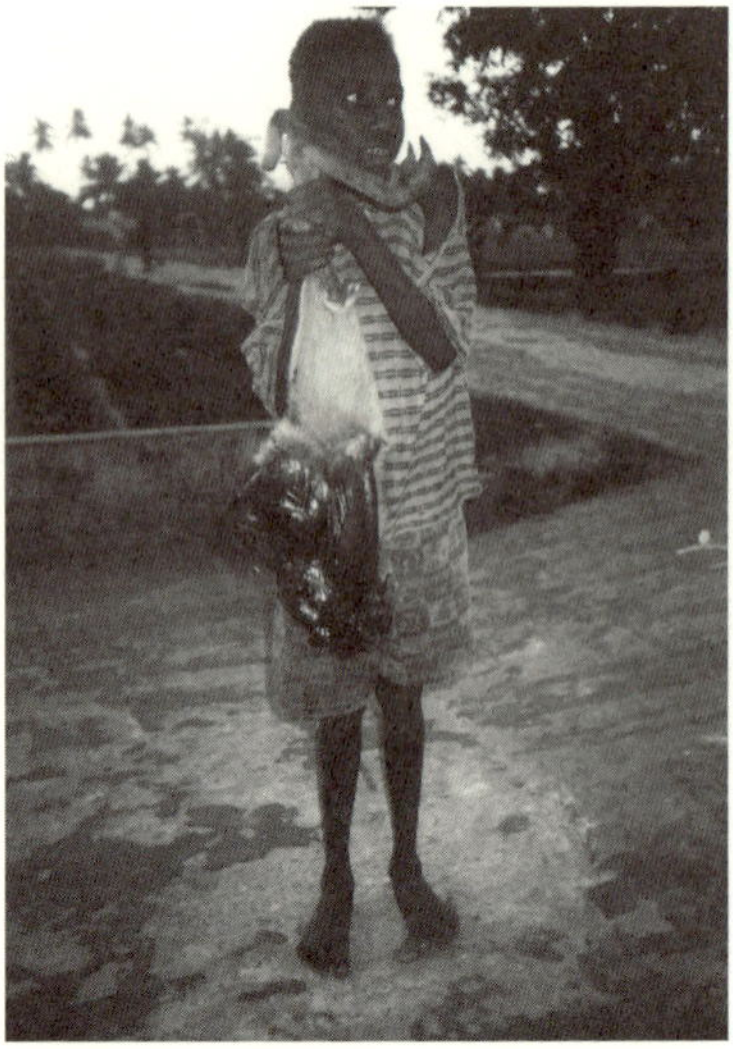

図8　狩りで獲ったカンガルーの足

その技術を持って、こういうことをはじめたのですが、この大湿地帯では、全部カフェオレのような海です。素潜りの技術は、まったく通用しない。素潜りができても意味がない。では、どうしましょう。ここの世界には、行けないんですか？　行けないはずはないですよね。現場で人は生きていますから。そこで、やはり考えて、変化しないといけません。こういう泥の海で、魚を獲る技術を学びます。そうして、こういう世界に行けるようになるのですね。

陸でももちろん生活しています。海だけではありませんから、狩りにも行きます。これ（図8）は、何の足だと思いますか？　肉に毛もついていますね。子どもも一緒に狩りに行きます。これは、カンガルーの足です。足から頭まで、全部食べます。さらに、ジャングルにいるものすべて、ほとんど食べられるものは食べています。私たちの市場、スーパーへ行ってみてください。肉や魚の種類はいくつですか？

お店では売っていない魚

私は大学生になって、素潜りを始めてすぐに一つの疑問を持ちました。水中を泳いだら魚だらけなんですよ。しかも自分で獲れて、それぞれ美味しい。でも、お店では売っていない。どうして売っていないのでしょう？私は、別に素潜りの達人ではありません。しかし、すぐに獲れるようになりました。これなら、昔の人も獲っていたはずです。でも、市場に並んでいるのは数種類ですよね。

結局、経済的な合理性に適した食物だけを売っているのです。獲るために、手間暇かかって費用対効果の悪いものは、売っていないのですね。本来の人間の生き方と、現代の経済的合理性の上で生きることは違ってきているのかもしれません。そのことを、大学生のときに実感としてわかったのです。だから、地球にへばりついて生きている人の世界を見ておかなければいけない、だから、就職している場合じゃない、と思いました。就職したら見られないと考えたからです。学者になって、研究者としてこういう世界に行ったら、行けるかもしれない。当時、私にはそんな考えはありませんでした。ひたすら海の世界を知りたいと思ったのです。

図９　アスマット地方の祭り

こんなお祭りがあります（図９）。この祭りでは、ひたすら踊っています。奥の家は、女人禁制です。おそらく、日本では禁止されている煙がいっぱい焚かれています。楽器は太鼓だけです。文明の利器はまだあまり入っていないので、太鼓もすべて、ヘビの皮と大木をくり抜いたようなものです。糸も、釘すらもありません。全部、ジャングルのなかから取ってきたものばかりです。そういう世界が、今でも残っています。

それから、この場所は私の身体にとっては劣悪で過酷な場所です。赤痢になり

図10　病原菌のいる泥川で遊ぶ子供

図11　台湾で使われていた塩ビ製のパイプ船

ましたし、泥のなかを歩いていると、皮膚から細菌が入ってきて、毛穴から膿んできてしまいます（図10）。ここに居る細菌に負けてしまうのです。私は、日本では野蛮人と言われていますが、ここにいたら、恐ろしいことにとても弱い人間になってしまうんですよ。でも、彼らは大丈夫なんです。

　この環境に耐えられない人は、死んでしまいます。病院もありません。強い遺伝子が残っていかざるを得ない世界です。生きるってたいへんだな、と思います。私たちは病院に行けば、すぐに治してもらえると思っています。ここでは自分で治せない人は、すぐに死んでしまいます。私が行っている間も、もう本当に亡くなりそうな子どもがいました。そういうふうに、人って生きているんだな、ということを目の当たりにしました。

いろいろな地域の珍しい船

　次に舟の話をしたいと思います。これは、台湾の東側の海域で使用されている船です。黒潮、黒瀬川と言われている、世界三大海流の一つが流れている海を、こんな船で移動しています。日本ではありえませんが、塩ビ製のパイプを曲げて船体にし、エンジンを載せています（図11）。

　台湾の東側の海は、玄界灘より荒れると言っていいと思います。これは蘭嶼という台湾の南にある島です。原発の廃棄物貯蔵所があって、いろいろと揉めているところもあります。原住民はこういう舟を使っています（図12）。やはり

図12　台湾の原住民船

図13　釘を使わない舟サバニ（沖縄）

手漕ぎです。今でも台湾の蘭嶼の若者たちは、これを乗りこなします。ここから五〇キロ沖合いの本土まで漕いで渡る大会があります。黒潮が北に時速四キロとか五キロで流れています。そこをきちんと計算して、本土に到着してしまうのです。すごい航海術です。

台湾はすごいな、と思っている方、日本にもこういう舟はあります。沖縄のサバニです（図13）。釘が使われていません。戦前、戦後くらいまで、現役で使われていたでしょうか。宮崎県のスギを使って作ったりしています。この舟では、帆を使います。しかし、ヨットのようなセンターキールはありません。ひっくり返っても、技術がないと自分で復元できません。こんな舟でも、実際、フィリピン辺りまで行っています。今では、行ける人はいないかもしれません。昔の人は、九州からフィリピンまで行っていました。こういった舟でも技術があれば可能なのです。それを証明するような舟です。

バシー海峡横断

海峡が大好きだという人が立命館大学の方でいらっしゃったので、バシー海峡について話をしましょう（図14）。フィリピンを狭んで東側が太平洋です。西側が、南シナ海です。昔は台湾とフィリピンのルソン島が陸でつながっていたので、二〇〇〇メートルとか三〇〇〇メートルの深さの海が両サイドにあって、台湾とルソン島を結ぶ線に沿って海底山脈が、今でもあります。海に隠れ

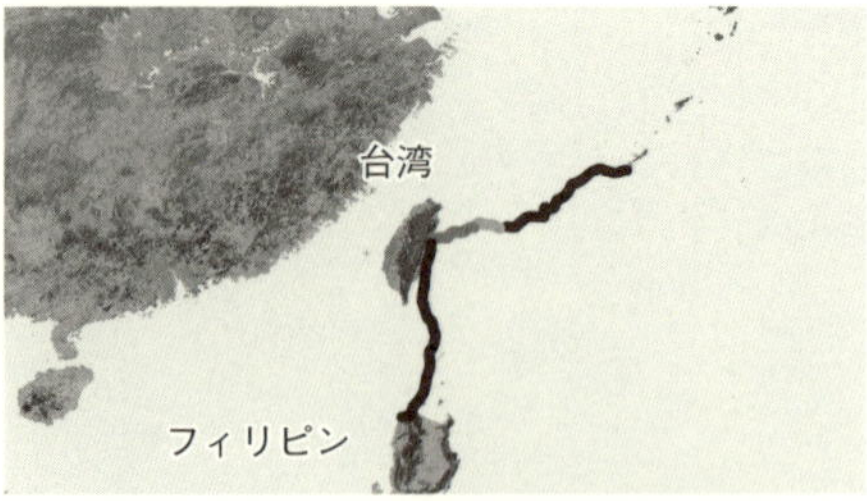

図14　バシー海峡横断航行ルート

2007年フィリピン―台湾・単独無伴走。
（©国土地理院・地球地図国際運営委員会〔ISCGM〕）

ていますが、海面下には、ずっと山脈の尾根が続いている感じです。水は太陽や月の引力で行ったり来たりしますね。干満があります。深度三〇〇〇メートルとか二〇〇〇メートルの深さの水が干満によって、東西に移動します。しかしそこには山があります。陸であれば上昇気流が起こりますね。それと同じで、膨大な量の海水がバーンと海底山脈に当たって、深海からウワァーッと上がってきます。その水は右へ行ったり左へ行ったり、交差します。そして、海面上でぶつかり合うんですね。ただでさえぶつかり合っているのに、さらに南から黒潮が流れてくるのです。この海峡は、そいういう難しい海なのです。どうやって渡ったらよいのか、私は渡ってみてわかりました。昔の人がどうやって渡っていたかも、よく実感できました。このような世界にも、手漕ぎで行くことができるのです。

ルソン島の北のほうは日本に近くて、海流＋黒潮も動きも合わさり難しいのですが、フィリピンの南は静かな海なんです。たまたまこの二年間、台風がミンダナオ島に当たってしまって、甚大な被害がありましたが、基本的にはあまり荒れない海です。そういう海では、こういう舟を使っています（図15）。ヒョロヒョロの竹の腕と張り合わせた木でできています。バンカーボートといって、これで外洋に行ったりもします。しかし、これは荒れた海には適していません。

荒れにくい海を私が航行していると、そんな小さな舟でこんな荒れた海を行くのか、と漁村で言われます。住んでいるところによって海の認識は違うのです。「え、これって荒れているんですか？」「今日は大時化だよ」ということになります。私から見ればサワサワサワサワと波が立っているだけなのですが、人というのは、自分の住んでいる環境に適応しているので、そういうふうになるのですね。彼らが別に悪いわけでも弱いわけでもな

図15　バンカーボート（フィリピンの南海）

図16　発砲スチロールを竹で挟んだ船
（フィリピン南部素潜り用）

く、自分の土地で、自分の技術で生きられればいいのです。特殊な能力があるからすごい、というよりは、すごくならないと生きられないから技術が伸びていく、という感じでしょうか。そういうことが、旅をしているとよくわかります。

こんな舟もあります（図16）。漂流してきた発泡スチロールを竹で挟んでいるだけです。これで魚など獲って子どもも養ってしまいます。この発泡スチロールの上に乗って、やはりカヌーのように漕いで、潜って、魚を突いて暮らしています。漂流物は昔から神様の届け物だといいますが、私たちにとってはゴミである発泡スチロール〝ですら〟、彼らの世界にはあまりないものですから、大事なのです。それを利用して、海に出てしまう。大きな船を買う必要はありません。月収一〇〇〇円の世界です。船は買えません。こういうふうに生きています。

獲った魚が売れる世界と、手漕ぎの破壊力

これは、ジャカルタです（図17）。獲った魚が売れる世界に入ってくると、もう徹底的に獲り始めます。船もだんだん大きくなります。エンジンも出てきます。木造船ですがエンジンがついています。条件が加われば、こうやって道具が変わっていくのです。

手漕ぎの破壊力は、実は自分が海と向かい合うことができる、それ

図17　ジャカルタ近郊漁村

を知ることができるということと同時に、現場で生きている人と、言葉があまり通じなくても、すぐに仲間になれる、ということです。言葉が通じなくても、「こいつは手漕ぎで来たな」とわかるじゃないですか。そして、手漕ぎの舟で海を渡ることの苦労を、当然、彼らはよく知っています。楽なエンジン付きも、知っているのです。ですから、手漕ぎで来る＝海を理解している男だ、とわかるのですね。

しかし、海辺の農村に行くと、まったくそれが効きません。手漕ぎで来ても、「ハイ、お疲れ様」で終わってしまうのです。これが面白いところでもあります。

共有できる実感があると一気に距離が縮まる。村に入って上陸したら、皆、集まってきて、彼らのなかから「うちにおいで」と言う人が現れます。いきなり誰かの家に居候してしまうんですね。彼らの暮らしのなかに入っていきます。どこの村でもそういうことが起こります。

彼らは、誰かと比較すれば貧乏ですが、私にご飯から何から、皆、まかなってくれるんですね。私はアルバイトをしていても、誰か知らない人にお金をあげたことはないです。どなたかいますか？　給料をもらって、知らない人にお金をまいた人――いないですよね？　でも、彼らはそういうことをする、ということです。この優しさは何だと思いますか？

太平洋銀行

これは、今年、宮城県の海岸線を七〇〇キロ、ずっと漕いだ時のことです。震災後、ホヤが三年ぶりに獲れました（図18）。六〇〇〇万円の借金を抱えている漁師さんの話です。このホヤを―売ればお金になるのですが―私たちにくれました。なぜそういうことが起きるのでしょう？　それは、ここだけではなかったのです。世界中で、そういうことが起きています。彼らは〝太平洋銀行〟の利子で自分たちは食わせてもらっているから元本には手を出さない、と言うんですね。この海の生産性の元本に手を出したら、食えなくなるじゃないですか。だから利子分で、生産性が損なわれない分だけ獲るんだ、といいます。そして、「いただいている」んです。労働の対価として俺たちが獲っている、という意識ではないのかもしれません。「海からいただいている」ので、分けるんですね。〝太平洋銀行〟、この考え方は、ここだけのものではないのです。来年、有明海をぐるっと回ります。この有明海にも、〝有明銀行〟という言葉があるといいます。フィリピンでも、インドネシアでも同じことを言っています。

そして、これはおそらく海だけではないでしょう。山で暮らすに人も、こういう感覚があると思います。自分の足元を徹底的に破壊してしまったらいけない、ということ。逆に言えば、足元さえあれば生きていけると言うんですよ。海さえあれば生きていけるからな、と言うんです。最悪、お金がなくても大丈夫。未だにそういう感覚が残っているということに、私はびっくりしています。

図18　宮城県で獲れたホヤ
太平洋銀行という考え方を教えてくれる。

津波を経験したおじいちゃんの話

さらに、おじいちゃんのお話をします(図19)。ここも津波の被害に遭ったところです。「いや、津波が来たと皆、騒いでいるけれども、そういうもんだからね」と普通に言うんですよ。さらに、津波が来ると海がよくなるとも言うのです。台風もそうですが、全てかき回してくれるんですね。養殖筏をいっぱい作りすぎて、過剰に海を利用した結果、ヘドロが下に沈殿して、海は生き物にとって生き難い場所になってしまいます。それが、津波が来て浄化されたと言う。つまり、自然が「いい」とか「悪い」とかいうのではなく、「そういうもん」だから、自分はそれに寄り添って生かさせてもらっているだけだから、と言うのです。

図19　養殖をしているおじいちゃん

また、ここの漁村にいる若者が、こんな話をしていました。おじいちゃんが昔、ここの海には白砂があった、と言う。でも、そんなことを自分たちは信じていなかった。なぜならヘドロだらけだから。泳ぐどころじゃない。そんなふうに言っていたら、津波が来て白砂が出てきたと言うんですね。昔、おじいちゃんが言っていたことは本当だったんだ、と。

今、カキの筏を入れています。すると筏には、カキだけでなく、いろいろな貝が付着して、生き物が湧いているというんです。人間にとっては邪魔なんですよ。カキの養殖筏にカキ以外の生き物がいっぱいつくので、手間もかかるし、お金だけ考えればよくないことです。しかし、生き物にとっては良い環境というわけです。そして実はこれは嬉しいことだ、とも言う。お金は入らなくなっても、海が生き返ったことを証明することだから、と。二〇代の若者がそういうことを言うんです。私はすごく感動しました。

足元と折り合いをつけて生きる

あらゆるものが足元と折り合いをつけて生きていました――一言で言えば簡単です。これを先生たちは、では、その折り合いとは何ですか、ということを細かくいろいろな分野で細分化して、実際こういうものがあってこうだからこうですよね、と研究し、社会に還元していくのだと思います。私はただこれに感動して満足していただけですね。

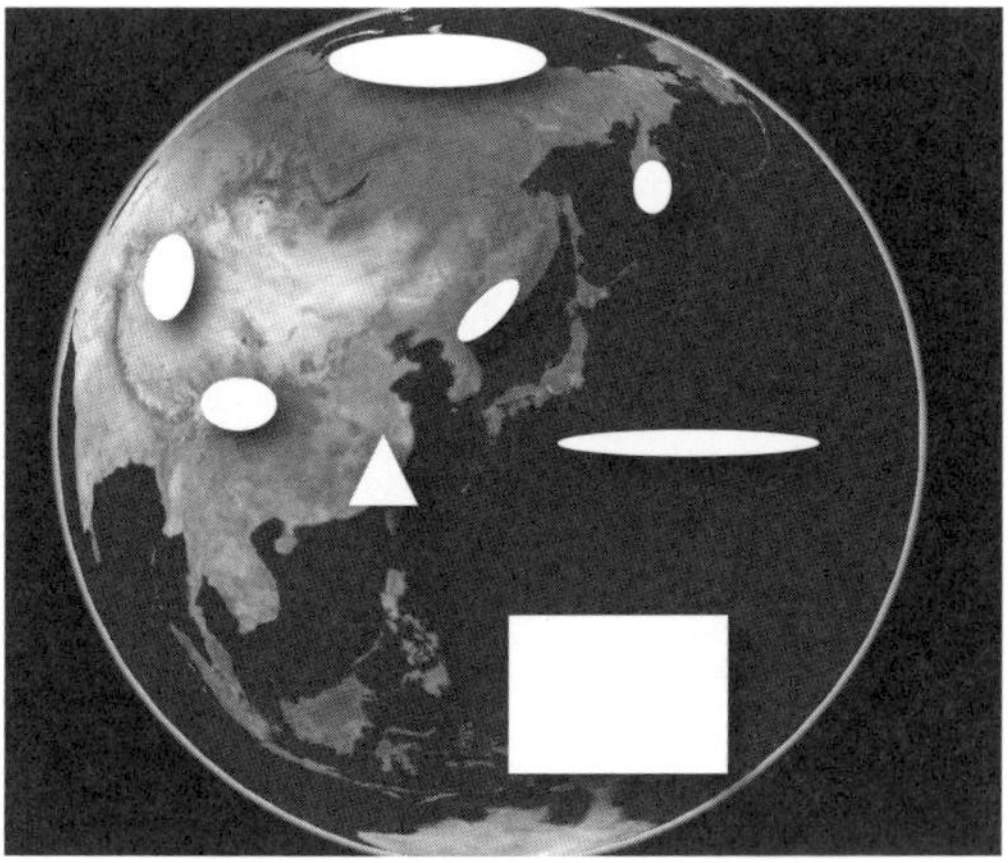
図20　私の頭のなかのイメージ

私の頭のなかはこんな感じです（図20）。これは、地球です。地球上に――この丸や三角の形に意味は意味ありません――地球上のすべての場所に、それぞれの環境に適応した生命が、生き物が、人間が生きている。そういうことが、実感を持ってわかりました。教科書で習ってはいました。環境に寄り添って、皆、生きています。現場で見たら、本当にそうなんです。ともかく様々な在り方で生きている。

では、昔の宗像の人はどうだったのでしょう。――いきなりですが――私は同じだと思います。今、見てきてもらった写真、ニューギニアもインドネシアも宗像も、皆、一緒です。自然とともに生きている。では、何を見ていたのか。一個一個、言い始めたらきりがないので、海を渡ることに特化して考えたいと思います。

渡るとはどういうことですか

昔から人は海を渡っていましたよね。交易して、いろいろな文化が出入りしていました。では、渡るとは、皆さん、どういうことだと思いますか？　はじめにも少し言いましたとおり、「自分の能力を、まず徹底的に知ってください」ということです。次に、相手を知ることです。自分が対面しなければいけない、海を知ってください。何となく白波が立って危ないね、ではない。もっと具体的に知らなければいけない。そして、変化すること。どうしてですか？　生き延びるためです。楽しいから海に出るわけではないのです。レクリエーションとして海に出るわけではない。昔の人も、生き延びるためにやっていたはずです。

では、具体的に何をしなければいけないのか。自分の体力は、どういうレベルにあるか―これを把握している人はいますか？　地震が起きて、何時間も歩かなければいけないシチュエーションになりました。自分は、三〇時間は歩き続けるとか、一〇時間は歩き続けるとか、事前にわかっていたら、行かなければいけない場所に行けると思います。でも、自分の能力を知らなければ、公共交通機関は動かない、どうしたらいいの？　この先どこどこまで行きたいけれど、何時間かかるかわからない。そしたら、歩けないじゃないですか。わかっている人は、私は時速六キロで歩けます。さらにそれから三〇時間歩けますと言ったら、一八〇キロ先までは歩けるとわかりますよね。まず、自分の能力を把握する。現場で生きるには、これが必要です。天気予報などの情報がすぐ取れるかどうか、そんなことは関係ないです。具体的に、自分の今の能力を知ってください。

さらに、海の場合は自分の乗る舟の能力を知ってください。自分の身体と舟の能力をミックスしなければいけません。その舟は、どのくらいのスピードが出せるのですか？　さらに、向かうべき海は何月だったらどうなるとか、この風が吹いたら危ないとか、どんな雲ができたときに、自分の能力を越える海になってしまうのかとか、具体的に海の変化をきちんと理解することがすごく大切です。

今日のキーワード、そして立命館大学の研究所名にもあります。この環太平洋、オーストラリアからパタゴニアまで、今でも丸木舟で行くことができます。海を渡るといったことが誰でもできる実感をもてたら、「あ、自分も出来るんだ」とわかる人が増えるのではないか、増えたら良いなと思って、今、こういうお話をさせていただいています。

たとえば、時速何キロで自分は海では漕げるとわかって、多様な条件を想定します。前から風が吹くのか、後ろから吹くのか、波が横から来るのか、あらゆる条件を鑑みて考えられるようになってください。私ならば、時速八キロ、二四時間連続で漕ぎ続けられます。それは、もう何回もやっているので、確信しています。二四時間、時速八キロ漕いだら、何キロになりますか？ 韓国まで行けます。今、会場がシーンとしてしまいましたが、誰でもできるんですよ。

では、もう一つ大切なこと。見える水平線は、何キロですか？ 私たちが浜辺に立って水平線を見たら、だいたい四、五キロくらいなんですね。見えている水平線は、そんなものです。

では、沖ノ島はどうでしょうか？ 標高が二四三メートルありますから―空気や雲、大気によってはだいぶ違いますが―基本的には見える位置にあります。一年のうちに何度か見られるはずです。ということは、昔の人も見ていました。

では、改めて玄界灘を見てください（図21）。だいたい六〇キロおきくらいに、島、陸地があります。玄界灘は確かに荒れやすい海ですが、遭難しにくい海でもあるのです。少し目的と違う方向にずれても島が見えますから、違うルートで行くことができます。ある程度の幅の中で動けます。さらに、島という逃げ場があります。海を知る人が見たら、すごく移動しやすい。安全を確保しやすい海なのです。

昔の人は、当然、私よりもはるかに海のことを知っているはずです。すべてを見ただけで読めてしまうよう

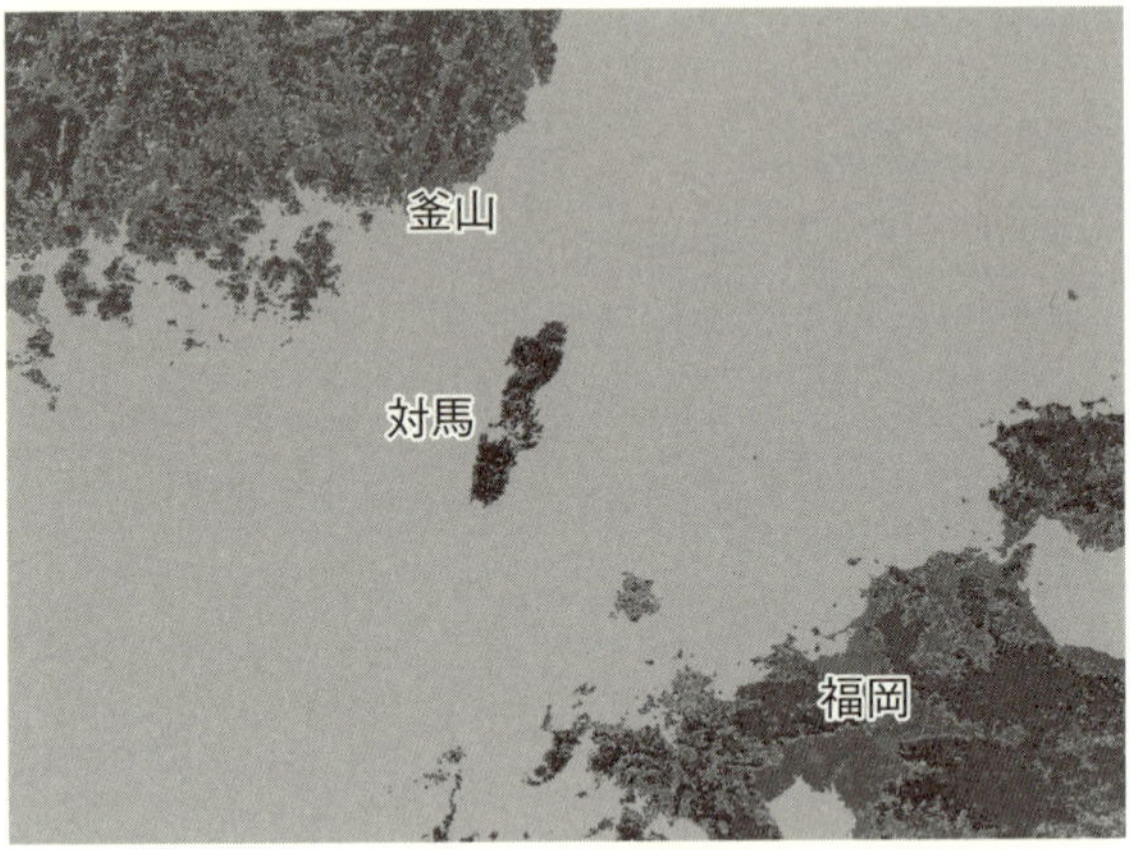

図21　玄界灘
（©国土地理院・地球地図国際運営委員会〔ISCGM〕）

な人がいっぱいいたと思いますから、高度なナビゲーションも、ここを渡る分には、あまり要りません。何百キロも人力で漕ぐと、二泊三日とか五〇時間とか漕がなければいけないようなところは、ずーっと島が見えないままです。そうなると、特殊なナビゲーションが必要になってきます。星を見ながら方角を読んだり、もちろん途中で風も変化しますし、いろいろとやることが多くなりますが、この海峡を行く分には、必要ありません。当時の人たちは、だいたい八時間～一〇時間で渡っていたと思います。それも、ヘロヘロではないですね。普通に着いていたと思います。ですから、女性も乗っていたのではないかと思います。

初期のころは、丸木舟でこんな感じで渡って、次第に「帆をつけたほうが楽じゃない？」ということで帆をつけて、だんだんだんだん今に至る。そんな感じだと思います。

改めて図1を見ます。私が行っている海域は、昔、スンダランドと呼ばれていた地つづきの大陸でした。今までの話で、「あ、行けるな」と思いましたでしょうか？ 皆、思ったと思います。そういうことにしましょう。

私が伝えたいこと

これで終わってもよかったのですが、もう少し自分なりに考察させてください。私の話をお聞きいただいて、ああ、こんなことがわかったな、ただ何か面白かったな、で終わってしまうと思うのですね。この先、今、私が伝えたいことは、自然の暮らしって何なんですか、ということなのです。改めてまとめてみました。

太陽の動きで生活が決まります。それは、覆せません。マニュアルはありません。考えない人は死にます。食べ物は、自分の下の地面が持っている生産性以上のものは、食べられません。その範囲は一〇キロなのか、五〇キロなのかはわかりませんが、自分の足元で生み出すものでしか生きられないのですね。貿易をしていれば別ですが、昔の暮らしの移動距離はそんなに長くなかったと思います。だから、足元を大事にします。

そして、協働なくして、ここでは生きられません。これは如実で、文明がある世界には一人暮らしの人はいますが、お金が通じない世界に入った途端に、一人暮らしはほとんどありません。必ず誰かと住んでいます。家族だったり、三世代、地域がつながって住んでいるのです。そのような世界を私は二〇年間旅してきました。ですから、「これが自然とともに生きるということなんだな」ということがわかりました。いろいろな要素はありますが、自然にさらされると人間はどんな人でも、自分が弱い、弱くて足りないということを知らされます。これは、どんな人でも、天才でもです。それが前提で生きるしかないので、自分の弱さを肯定します。今の若者には、自分がドロップアウトして、負け組で自殺するという人もいるかもしれない。ですが死ぬ必要はないのです。皆、弱い。そこから始まって、じゃあ、弱いんだけど何ができるか、というふうに考えるようになります。そうすると、次に起こることは何でしょう。自分の隣に、すごい人がいるかもしれませんよね。たまたま自分は上手くいっていないとか。でも、このすごい人も、弱さは同じなんです。だから、共感してしまう。たまたま社会的に成功した人がいるとして、もう一方に何もできない若者がいても、大して変わらない。弱さの共感性が起きます。これが、自然にさらされることの、いいところです。

つまり、たまたま強くなった人は、弱い人を助けるということをします。全体がボトムアップして、自分が倒れても、その地域では誰かが入れ替わるだけです。一方、自分が独占している場合、自分がコケたら、地域は死にます。だから、全体として、何とか知恵を共有させて生き残ることが、現場にさらされている人のやっていることです。自分の足元や自然、今、できるということに感謝してしまうのも、そのためです。今有るものに感謝するというのは、いい人が謙虚になるわけではなく、そうならざるを得ないのかもしれません。「自然観」という言葉が日本にはありますが、自然観とはそういうことではないでしょうか。

自然には、無限の可能性があります。人間の人知が及ばない世界です。最適解なんてわからない世界です。どれがベストか、誰にもわからないでしょう? しかしそこを、生き延びてきたのが生き物です。答えの最適化はできませんが、そこに暮らしている人がその土地で何とか生き抜いていきましょうということ、たとえば、誰かリーダーが、「こうやって生きようぜ」と言うわけです。そうやって生きてきたのではないでしょうか。

では、自分たちの社会はどうでしょうか。市場経済の上に乗っかっています。でも、意識的には地面から離れてしまっているんじゃないでしょうか。誰かが地球から資源を収奪しています。しかし、そんなことはあまり考えないじゃないですか。自然が、足元が大切だとは、あまり考えないですよね。経済は、地球の上に乗っかっていますが、その意識はあまりありません。

では、文明は何ですか。まず昼と夜をコントロールしてしまいました。食べ物と死と、実感するべきはずのものが離れています。一人で生きることも、可能にしてしまいました。あらゆる価値、経済、数値化できるものがいいとされています。経済がいけないとは、私も思っていませんが、あらゆるものが数値化されることに特化していってしまう。こういう仕組みの社会になってしまっています。いいか悪いか、皆、いいと思ってやってきたら、こうなっていた、という感じでしょうか。

そして、文明にさらされると、土地の縛りが消えます。どうしても、費用対効果に頭が行ってしまいます。経済的に特化した強さや、競争が求められますから、これも逃れられません。逃れたい人がいても、逃れられない。それ以外の価値に行く人は少なくなります。閉塞感のある社会があるとすれば、ものさしの平準化に原因があるのかもしれません。足もとの多様性に、もう一度目を向けることで「今」と「わたし」「仲間」をとり戻せる気がしています。

二　古代の韓国と日本の交流史

海の道むなかた館長・九州大学名誉教授　西谷　正

ただいまご紹介いただきましたように、今日は古代の韓国と日本の交流史について、お話をさせていただきます。まずはじめに、私ども九州、福岡の東アジアにおける地理的な位置を考えてみますと、福岡から東京までの距離が約八八七キロメートルございます。この距離を半径として、ぐるっと円を描きますと、韓半島の西海岸の付け根のところには、中国大陸の東北部との間に鴨緑江という川が流れていますが、その鴨緑江の河口に達します。さらに円弧を南のほうに広げていきますと、長江—揚子江の河口域に至ります。そういう地理的な位置を見ても九州、福岡が東アジアにおいて重要な場所だということがおわかりいただけると思います。また一方で歴史的に重要な位置でもございます。そのように地理的、歴史的に東アジアにおける九州、福岡の重要な位置を十分、改めて認識する必要があると思っております。

ところで、福岡から壱岐、対馬を経て最初に上陸するところが現在の釜山でございます。さらに、釜山は韓半島の入口ということで、視野が韓半島全体に広がっていきます。そういう地理的、歴史的な位置から考えて、今日は古代に限って、九州・福岡を中心に日本と韓国の交流の歴史を振り返ってみたいと思っています。

一　旧石器時代―共通する人類文化―

まず、旧石器時代をとりあげましょう。現在のような日本国とか大韓民国という国家が成立する以前、遥か遥か大昔、何万年も前に、すでに現在の日本と韓国の間では交流が始まっています。私どもの、ここ海の道むなかた館でも、常設展示室に入っていただきますと、すぐ最初に飛び込んでくる出土品が、今から一万七〇〇〇年くらい前の旧石器でございます。ここ宗像地域におきましても、二万年近い大昔から歴史が始まっています。それ以来、現在に至っているということでございます。その旧石器時代の特徴としましては、東アジアの環境変動に伴う共通の人類文化が展開したという、この一言に尽きると思っています。九州大学の鹿島薫先生のご講演（第二章一）にご紹介がございますように、旧石器時代の自然環境の特徴としては、地球が非常に寒冷化した氷河時代が何回かあったということです。その最後の氷期はヴュルム氷期で、その頃に地球が寒冷化して、氷河時代に入りますと、海水面が低下し、現在の対馬海峡が陸続きになるのではないか、という学説が早くからございました。その後、陸続きにはならなかったという説も出るようになりました。鹿島先生のご報告では、おそらく一一〇メートルくらいまでは、海水面が下がっていたのではないかということです。そうすると、対馬海峡は一三五メートルの水深がありますから、陸続きにはならないことになります。そのようにおっしゃっていました。

しかし、陸続きではなく海溝であっても、非常に寒冷化した時期ですから、地表や海水面も氷原で覆われ、氷の橋ができるわけです。そうすると、陸地は離れていても、氷は上を覆っていますから、その氷の上を生物は移動可能であるということです。そういうわけで、最後の氷期であるヴュルム氷期のときに地球が寒冷化して生物が生息しにくい状況のなかで、生物群は少しでも暖かいところを求めて南へ移動してきます。その際、対馬海峡も、幸いにして氷に覆われていますので、そこを通って、ナウマンゾウやオオツノジカに象徴される大型動物が

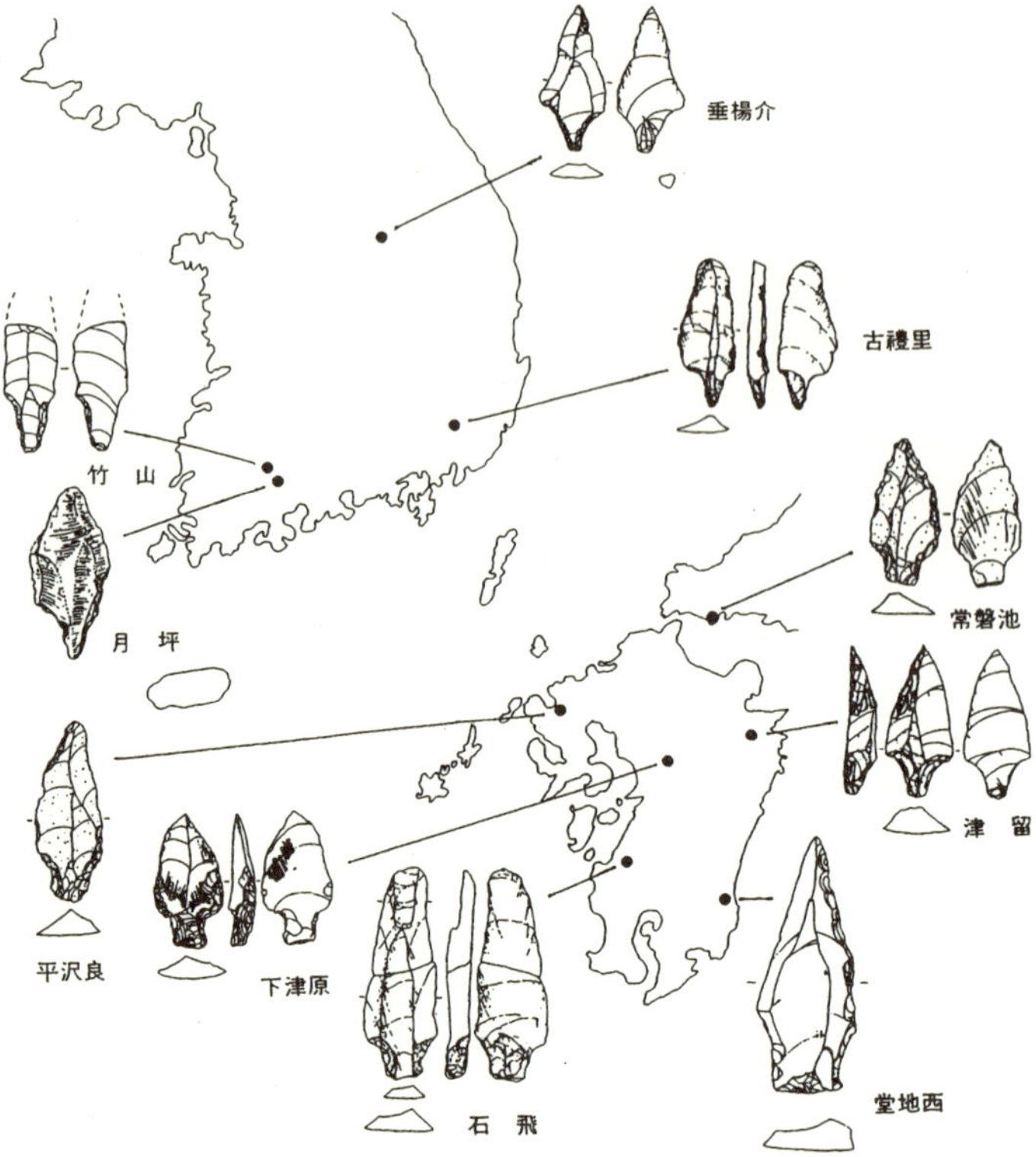

図1　韓半島と九州・中国地方の剥片尖頭器の分布
（清水宗昭, 2000「剥片尖頭器の系譜に関する予察」『九州旧石器』4, 九州旧石器文化研究会より）

のそのそと移動してくるわけです。そのような動物に食料を頼っていた人類も、それらを追って移動してきます。その人類が使っていた石器も同時に伝わってくるわけでございまして、現在の韓半島から日本列島にかけて、共通した旧石器文化が展開していたとご理解いただきたいと思います。

その点に関しては、図1に、韓半島と九州、中国地方の剥片尖頭器のことが出ています。この石器は、石ころをポンと割って剥離し、その薄べったい剥離片に少し加工して道具としたものです。その剥離片の基部のところに打ち込みを作って、そこに柄をつけて、槍として使うのでしょう。それは分布図をご覧になってもおわかりのように、韓半島南部や日本、とくに九州全域から中国地方にかけて出土する、非常に地域色の濃い旧石器です。今のところ、対馬では見つかっていません。このデータは一四年前の二〇〇〇年当時のものですが、その後、壱岐でも見つかってきております。つまり、北のほうが寒冷化して生物や、それに伴って人類も移動してくるときに、使っていた道具も伝来してくるというわけです。こういう石器を使っていた人類は、生物を追ってくるわけですが、それは最終氷期、つまりヴュルム氷期の最も寒冷化した二万五〇〇〇年前といわれます。ただ、今回、鹿島先生は二万年くらい前だとおっしゃいました。だいたいその頃ですね。大陸の北のほうではこの時代の特徴的な動物としては、マンモスがいます。韓半島から日本列島にかけては、ナウマンゾウですが、非常に寒いところではマンモスです。マンモスは自然に適応して非常に毛深いのです。一目瞭然ですね。こういった動物群を追って人類もやってくるという、そういう時代が一万年以上、続くわけでございます。

二　縄文時代―新しい道具と交流―

そうこうしておりましたら、今から約一万五〇〇〇年くらい前に、日本列島や、おそらく韓半島のそれぞれの地域の歴史にとって、非常に大きな出来事が起こります。それまでは、非常に荒っぽい旧石器を使っていました。道具としては、そういう石器しかなかったのです。ところがそこに、土器という新しい道具を発明するのですね。イギリスの考古学者が土器の発明を、人類最初の革命だと位置づけ、新石器革命という用語を使ったほどです。

韓国では櫛目文土器と呼ばれる土器があります。文字通り、櫛目のような文様のついている土器です。その時代は、世界的な時代区分に照らすと、この時代に農業が始まっているということで、新石器時代という言い方があります。韓半島の場合も、南北を通じて新石器時代と言われています。しかし、私は農業が、家畜飼育とともに未発達であったというところから、ヨーロッパで言われるような新石器時代という呼称は使わないほうがよいのではないか、ということで櫛目文土器時代、あるいは櫛目文時代と呼んでおります。

一方、その頃の日本列島では、縄文土器が発明されています。人類が最初に行った化学変化とも言われ、革命的な「器を発明する」という出来事で、日本の場合は、それを縄文土器と呼び、その時代を縄文時代と言っています。この時代に、対馬海峡を挟んだ相互に往来があったのです。このころ、自然の食料資源、山の幸・海の幸、つまり山に入ってイノシシやシカを獲ったり、海に出て貝を拾ったり魚を獲ったり、あるいは山でドングリやシイノミなどを採集するという、要するに、自然にある食料資源に頼っていました。言い換えれば、人類は自然の一員として、自然と共生していたという時代でございます。

その時代に、対馬海峡を挟んで相互に往来があったという証拠は、まず一つが土器です。当・海の道むなかた館の常設展示室で土器を見ていただきますと、旧石器の横に縄文土器を展示しています。そのなかに、宗像市のさつき松原、あるいは沖ノ島でも出ていますが、曽畑式土器という非常に特徴的で、九州の代表的な土器がございます。これは、韓国の櫛目文土器と同じように、一本一本丁寧に、幾何学的な文様を引いた土器です。それが戦前から、九州の曽畑式土器は韓国の櫛目文土器の文様の影響を受けているのではないか、と言われてきました。

そして、西北部九州の土器が韓国の南岸地帯でも出土します。とくに釜山では影島に、東三洞貝塚という遺跡があります。そこでは縄文土器そのものが出てくるかと思うと、当時の韓国の櫛目文土器が、九州、とくに対馬や五島など西北部九州で見つかります。これらは、間違いなく土器という日常的なもので、沖ノ島出土の祭祀品のような特別なものではありません。そのように非常に生活と密着した土器が相互に動いているということは、その背後に人々が往来している、ということが言えようかと思います。

それから、この時代は山の幸にも頼っていたと申しましたが、獲物はイノシシやシカが圧倒的に多いのです。

これらを獲ってくるために、この時代から石鏃が出てまいります。つまり、鏃は矢の先でして、弓矢によって動物を捕獲するという方法は旧石器時代にはなかったことです。その鏃の石材を見ますと、黒曜石やサヌカイトなどが原材料です。

石鏃の材料は、地域によって違います。有名なのは北海道の白滝遺跡の黒曜石です。それから、関東でも、今回のハドソン先生のお話のなかに、神津島で発掘調査をしたというお話がございます。東京の南のほうの神津島で採れる黒曜石は非常に良質なので、広範囲に流通しています。そして、九州でいえば佐賀県と長崎県の境、佐賀県伊万里市に腰岳という山がございまして、ここが黒曜石の産地としてよく知られています。黒曜石は九州でも何ヵ所かで産出しますが、腰岳のものは特別に質が良いのです。それが故に、南は沖縄のほうまで、北はというと海を越えて韓国の南岸地域まで、最近ではもっとずっと西の全羅南道のほうでも出ております。そのように、西北部九州の黒曜石が、海を渡って韓国の新石器時代の遺跡からも出てくるのです。このことは、物理化学的に、京都大学の原子炉実験所の方々が、黒曜石に含まれる微量元素の構成比から、科学的に実証されています。そのように、西北部九州の良質の石材が運ばれているということがわかっています。

それから、もう一つの問題は漁労ですね。魚を釣ったり、網で獲ったり、あるいは貝を拾ったりという、その点に関しても興味深いことがございます。漁労具のなかの一つ、結合式釣針の分布が問題です。普通、鹿角などを加工し、一つの材で作った一本作りの釣針が多いんですが、西北部九州には軸と鉤を別々に作って、それを結わえて作る、結合式釣針というものがあります。これは、大きな釣針ができるわけですから、外海に出てブリなど大きな魚を釣ることができます。それが、西北部九州のみならず韓国の南岸地域でも出土しておりまして、対馬海峡を挟んだ両地域で、共通の漁労具を使った漁労文化が展開していた、ということがうかがえるところでございます。

三　弥生時代

（一）韓国からの技術移転

そういう時代がおそらく一万年以上続いたと思われます。その後、やがて日本の歴史にとって非常に大きな出来事がまた起こります。それが、弥生時代の始まりです。弥生時代の特色としては、稲作と金属器の使用が始まったことがあります。このことは、中学校の教科書にも出てきますので、日本国民すべて知っていることです。それまで何万年も前から、長年ずっと自然の食糧資源に頼る生活でしたが、この時代から食糧を生産するようになりました。採集経済から生産経済へと移行したのです。このことは、日本の歴史にとって、あるいは韓国の歴史にとってもたいへん大きな出来事でした。

同時に、それまでの石器だけの生活から、弥生時代になって、石器としては綺麗に磨いて作り上げた磨製石器と、それに加えて金属器が登場します。最初は青銅器、やがて鉄器というかたちで金属器が普及していきました。青銅器が最初に比較的多量に出てまいります。その具体的な例として、宗像市内の田熊石畑遺跡で発見された一五本の青銅器が知られています。当館の展示室の奥には特別展示室がございまして、ここは国宝・重要文化財も展示できる、特別のセキュリティをほどこした部屋です。そこには、その重要性に鑑みて、発見からすぐに国の重要文化財に指定された青銅器が並んでいます。この部屋に展示している、田熊石畑遺跡発見の青銅器は壮観です。また、部屋に入って左手のところの小さなケースに陳列されているのが、磨製石器です。図2は、福岡市早良区の吉武高木遺跡で発見された青銅器類で、田熊石畑遺跡と共通した青銅器です。そのうち図2の右上のところに円形の鏡がありますが、この銅鏡は田熊石畑遺跡では見つかっていません。私は、まだ埋まっていると確信しています。それというのも、まだ掘っていないところに金属反応が二ヵ所あるからです。何が埋まってい

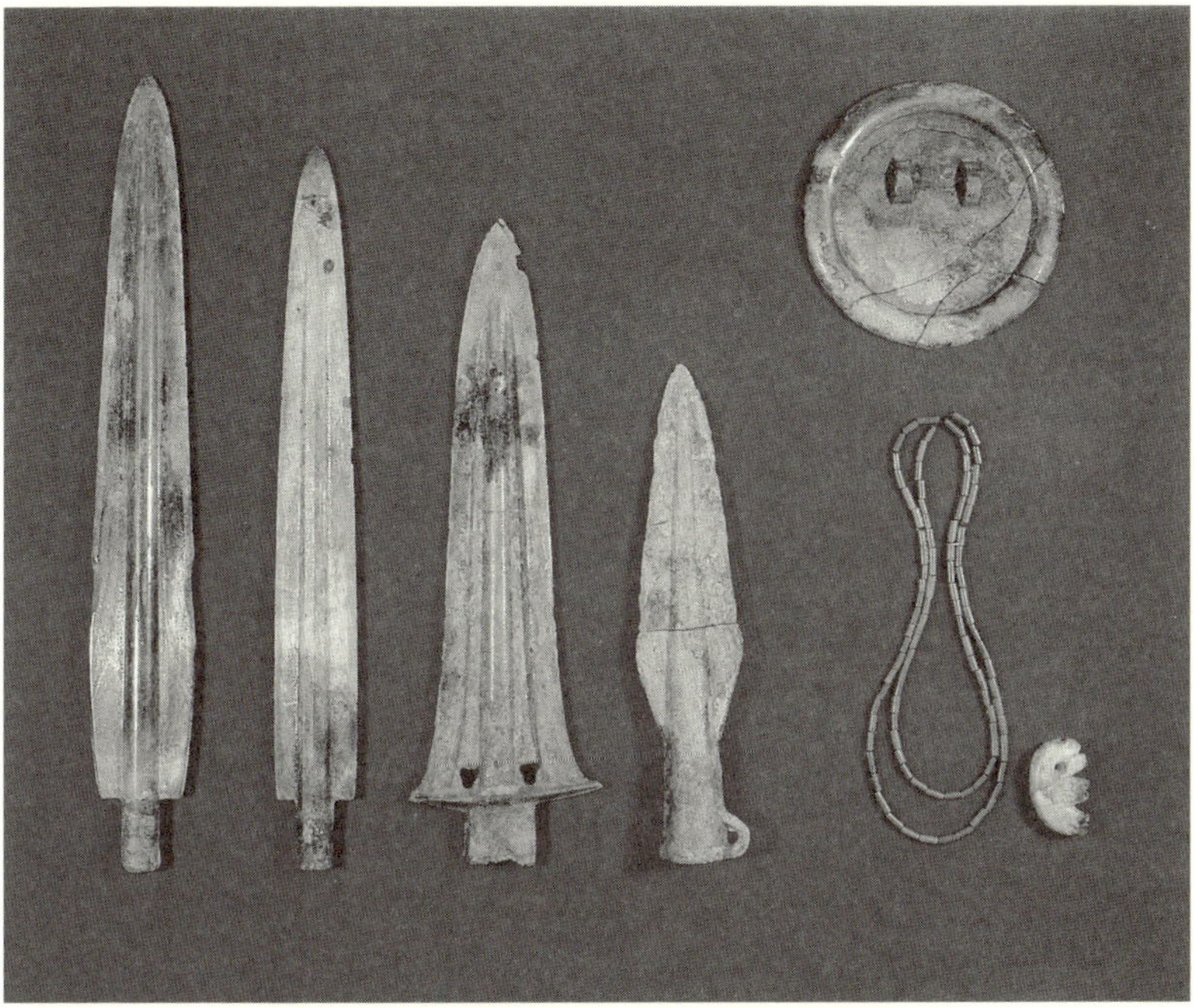

図2　吉武高木遺跡3号棺墓出土遺物
（福岡市埋蔵文化財調査センター所蔵）

るかが問題ですが、私は間違いなく銅鏡が入っていると思っています。ともかく、こういう青銅器が入っています。
それから、図2の左のほうに銅剣が二本あります。これらは古いタイプで、非常に細身になっています。そのような青銅器に先立って石の剣と鏃が出ています。その一例は、韓国の扶余という百済の最後の都のあった郊外で見つかった遺跡の出土品に見られます。その石剣や石鏃とまったく型式が同じものが、今、申しました田熊石畑遺跡の青銅器の反対側のケースに陳列されています。ぜひ、あとでこのテキストを持っていって比べていただくと、本当に区別がつかないようなものだと思われるでしょうね。こういったものは、最初は人が当時の韓国から持ち込んだと思いますが、やがて、もう石器が作られなくなって、青銅器が日本列島のなかで、北部九州を中心に次々と新しく作り出されてゆきます。

こういう、まったく新しい稲作技術、あるいは金属器、とくに青銅器が突然、出現してきます。その背景には、おそらく当時の韓国の先進的な技術や文化が、技術移転というかたちでもたらされたのではないかと、私は見ています。技術移転となると、先ほどの土器の問題もそうですが、当然、こういった技術や文化を持った人々が海を渡ってやってきた結果ではないでしょうか。

この点に関しては、実は、残念ながら宗像地域では甕棺墓がまったく出ませんが、福岡平野へ行くと、甕棺墓がずいぶん見つかります。そこでは、大きな甕を密閉して死者を埋葬していますので、人骨がよく残っています。そういう人骨を人類学者が分析した結果、どうも縄文時代と違った人々が甕棺に埋葬されていることがわかっています。どこが違っているかというと、平均身長で男女ともに三センチメートルほど高い人たちです。そして、顔を見ると、縄文人は非常に凹凸のある顔ですけれども、弥生人になると面長でのっぺりしています。そのように、身長が高くて、顔面がのっぺりした面長な人であることが、人骨から分析されているんです。そういうことから、おそらく新しい技術や文化を持った人たちが、対馬・壱岐を経て北部九州本土にやって来て定着していたと考えられます。そういうかたちで、稲作と金属器の技術移転が行われたのではないでしょうか。

そうなると、どうして玄界灘を渡ってまでやってきたのだろうかということを考える必要がございます。それには韓半島における外的条件、つまり韓半島側に対馬・壱岐を経て九州本土まで行かねばならない理由があったはずです。そう考えるのが自然だと思います。この辺は、非常に難しい問題でなかなか答えは出ませんが、一つ考えられるのは、当時の韓国では、南部の西海岸から南海岸が稲作地帯でして、それとの関係です。すなわち、稲作が始まると人も増え、水田も増やしてゆかねばなりません。その水田を営むために水を引いたり、あるいは土手を作ったりという土木工事が伴うわけです。その過程で、たとえば水争いや土地争いが起こるでしょう。そのように新たな社会的な緊張が起こって、そういう社会から逃げ出す人も出てきます。たとえはあまりよくありませんが、かつてベトナムのボートピープルというものがございましたが、それと一脈通じると思っています。つまり当時の韓国社会における社会的な不安なり緊張、そこからの逃げ場を外国に求めたということも考えられるのではないでしょうか。

あるいは、これは安田喜憲先生にコメントをいただければ幸いですが、日本に稲作が伝来した三〇〇〇年ほど前というのは、韓国において気候条件が寒冷化して、稲作にとって不適な気候状態であったことから不作となり、それに伴い新天地を求めてより条件のよい九州にまずやってきたという、韓国における寒冷化という環境変動と関係があるかもしれません。そのようなことは北海道でも寒冷化したときに、北海道の文化が青森あたりまで広がることがございます。しかし、その辺はいろいろ仮説は立てられても、なかなか実証できない大きな課題です。

（二）小国家の形成と国際化

弥生時代に、稲作が技術移転というかたちで始まったとして、また日本の歴史において大きな出来事が起こります。それが、小国の形成と国際化という問題です。つまり、水田を営む村々が増えていき、そして、新しい水田を開発しました。そういったことが、次々と進んでいくわけです。そうすると、宗像地域を例に考えますと、釣川の洪水などから自分たちの村や水田を守るためには、釣川にしっかりとした土手を作るなど、いわゆる治水工事を行いました。

それから、その釣川からあちこちの水田に水を引くためには、やはり一つのシステムというか、村々で相談して、喧嘩しないで、それぞれのところに水が満遍なくいくようにするための組織が必要になってきます。その結果、そういった組織・体制もしくはシステム—難しい専門用語で申しますと—農業共同体を形成しました。農業経営をきっかけとして、村々が集まって一つの地域集団を作るのです。そういうことが起こってまいりまして、その首長の墳墓が田熊石畑遺跡の墳丘墓ではないかと見ています。そういうような社会状況になってくるということです。

その農業共同体という地域集団が、弥生時代も中期後半になると、中国と外交関係を持つようになります。中国は、当時、前漢の時代です。弥生時代中期後半というと、田熊石畑遺跡の次の時代です。その時代に宗像地域だけでなく、列島各地に農業共同体ができて、それが中国と外交関係を持ってゆきます。前漢の都は、長安、現在の西安でした。後漢になると東の洛陽に遷都しました。その際、日本からどうもそこまでは行っていないようですが、漢の出先機関が韓半島北西部、現在のピョンヤンの郊外に置かれていた楽浪郡です。そこまで出かけると、あとは楽浪郡の役人が都に伝えるという、そういう関係だったと思います。

その際に、中国は日本と外交関係を持った地域集団に対して、国というふうに呼んだのです。それを、小国と仮称していますが、小国とは文字通り小国で、現在の日本国や中華人民共和国のような大きな国ではありません。わかりやすく申しますと、何々郡という地域単位にほぼ匹敵します。怡土郡に伊都国がありましたように、あるいは対馬の上・下の県郡に対馬国がありましたように、だいたい当時の農業共同体、つまり最も基本となる地域集団は、今も名が残っている郡とほぼ対応します。郡という共同体は、現在まで一三〇〇年以上も続いています。ということは、今、いろいろ町村合併が進行しておりますが、郡というくらいの単位がコミュニティとして最も有効だということでしょう。そのため、現代まで続いているのです。一三〇〇年以上も続くということは、大変なことだと思います。コミュニティとして非常に、適正規模だということではないでしょうかと申しましたら、日本の人文地理学会の会長もなさった方が、ヨーロッパでもそうですよ、とおっしゃっていました。

そういう地域集団が、中国と外交関係を持つことによって、国として、またその国の首長が王として認証されたのですね。そのことは、中学校の教科書に出てきますように、「楽浪海中に倭人有り、分かれて百余国をなす」と『漢書』地理志に記録されることになります。つまり、日本列島には、百余りの小国が形成されていたということで、今でいう郡くらいの規模の国々がたくさんあったということです。私は、そういう意味ではここ宗像郡―今は宗像市と福津市に分かれていますが―二三〇〇年前ほどに始まって、つい最近の一〇年ほど前まであった宗像郡に小国があったのではないかと考えまして、海の道むなかた館の平成二六年度秋の特別展は、「ムナカタ国はあったか」というテーマで、自説を展開したところでございます。

そのようにして小国が形成され、中国と外交関係を持つことにより、その地域集団が東アジアの国際社会に仲間入りするということです。国際化は、今に始まったことではなく、すでに二〇〇〇年前に始まっていたというわけです。弥生時代で申しますと、中期後半～後期にかけて、二〇〇〇年ちょっと前から一九〇〇年くらい前まで、中国で言うところの漢の時代の出来事です。中国では前漢から後漢になり、そして、後漢の時代に国が三つに分裂します。魏・呉・蜀の三国です。日本列島や韓半島と外交関係を持つのは、三つの国のうちの魏の国です。この点につきましては、北東アジアの中国大陸では北のほうに魏、西南に蜀、そして、東南に呉という配置になります。その当時、魏の出先は現在の北朝鮮に設置された帯方郡というところです。その帯方郡を窓口として、韓半島南部に馬韓・弁韓・辰韓といった国々、ならびに、日本列島の倭の国々、そういったところが外交関係を持つことになります。

そのように漢から魏にかけて外交関係が展開するということは、当然、関係諸国間にそれ相当の理由があって外交関係が成立するわけです。中国側の漢から魏にかけての外交はというと、北のほうに魏の時代には鮮卑という遊牧民族がいます。もう一つ前の漢の時代は、匈奴でした。これらの北方の遊牧民族が、絶えず南下してきて、とくに漢やその前の秦の時代には、国は統一したけれども、北方の匈奴の南進に対して非常に頭を痛めていました。そこで実際に戦争も起こったり、あるいは婚姻関係で一時的に小康状態ということもありました。そういう北方遊牧民族に対して、漢という国は西、東、そして南など周辺諸国を味方につけることによって匈奴に対抗しようとしたのです。もし、匈奴が西、現在の中央アジアの地域と手を結ぶと、これは西からの脅威になります。一方、韓半島や日本列島が匈奴と手を組むと、漢は東のほうからの脅威にもさらされるということになるわけです。

そういう中国側の思惑、そして、三国時代になっても魏・呉・蜀と三つに分かれていますから、魏にとっては韓半島や日本列島をしっかり押さえておかないと、もし呉が韓半島や日本列島と手を結んだら、これは魏にとっては東からの非常な脅威ということになります。そこで、韓半島や日本列島を掌握するために帯方郡を置いて、それらの国々と外交関係を結んで呉や蜀に対抗しようとしました。また、北方には鮮卑がいて様子をうかがっていました。そういう国際情勢のなかで、中国側の漢や魏の外交戦略に対して、日本列島や韓半島の国々が朝貢して、その強大な帝国の枠のなか、あるいは、傘の下に入ることによって、韓半島や日本列島における位置を守ろうとしたのです。日本列島においても、上述のとおり、漢の時代に国々は百余りあったといわれますから、そのなかで何とか頂点に立とうと国々が争っているわけです。魏の時代には、邪馬台国をはじめとして三〇国が使訳を通じたと記録されています。これは百余国が三〇国に統合されたと、ほとんどの人がそうおっしゃるのですが、よく読みますと使訳通じるところ三〇国と書いてあり、つまり、外交関係を持ったところが三〇国という意味に解釈されます。ですから、魏の時代、邪馬台国の時代に日本列島に国々がいくつあったかは、まったくわかりません。私は漢の時代に一〇〇あった国々が、魏の時代には二、三〇〇になって、そのうちの邪馬台国をはじめとする三〇国が外交関係を持っていたということだと考えます。日本の古代史の先生方はほとんど、一〇〇が三〇に統合されたとおっしゃっています。私は、それはおかしいと申しています。

四　古墳時代―南北世界の形成―

そういう時代があって、日本列島はやがて邪馬台国を頂点として統一的な連合国家への道を歩み始めます。邪馬台国が文字通どおり力を得たときに、ヤマト王権へと発展して、連合国家としての体制を整えていきます。今、ちなみに私はヤマト王権という言い方をしました。教科書をご覧になっても、ヤマト政権とか大和朝廷と書いてあったりします。このごろ最も多いのは、カタカナでヤマトと書いて王権とつなげる言い方です。そのように、邪馬台国が発展して、ヤマト王権が連合国家の盟主として君臨するようになりました。その段階で頂点に立つ盟主が亡くなりますと、前方後円墳が築かれます。そうして日本では、前方後円墳の時代、言い換えれば古墳時代に入ります。

韓半島におきましても、あちこちに小国が次々とできていきます。南のほうに馬韓・弁韓・辰韓とございました。ここには七〇余りの小国が誕生していたのです。そのなかから、たとえば馬韓から百済が誕生し、辰韓から新羅、弁韓から加耶がそれぞれ成立しました。そのようにして三つの国ができるのですが、北のほうにはそれより早く高句麗が誕生していました。ですから、四つの国々に分裂した状態であったというのが、日本の古墳時代、ヤマト王権の時代の韓半島の状況です。そこで、韓半島では、日本で古墳時代と呼んでいる時代のことを、三国時代と呼んでおります。これは、高句麗・百済・新羅という三国です。しかし、百済と新羅の間に加耶という国があったんですね。この国は、日本と非常に関係の深い地域です。そういうことで、四つの国々があったのに四国時代とは呼ばずに三国時代と呼んで、現在でも一般にそう言われています。ここ二〇年ほどの間に、加耶の調査、研究がますます進んで、加耶の学問上の位置が非常に高く評価されるようになってきています。そこで三国時代よりも四国時代という呼称が適切ではないか、という学説も出てきております。それはともかくとして、韓半島においては分裂国家の時代でした。

では、その先の中国大陸はというと、ご承知のように大きく南北に分かれていました。中国も分裂していたのです。日本列島はというと、幸いにしてヤマト王権によって何とかまとまっていました。ところが、厳密に言いますと、皆さんご承知のように、北部九州の筑紫には磐井という大豪族がいて、中央政権、すなわちヤマト王権の言うことを聞かず、反乱まで起こします。そして、吉備でも反乱が起こっています。武蔵国、現在の東京都や神奈川県の辺りにも、武蔵国の国造という首長の継承をめぐって権力闘争が起こっていますね。そこの土着の豪族が次を担うか、あるいは別の豪族がヤマト王権と手を結んで次の首長になるかという、首長の後継者を巡る権力闘争があったのです。結果的には、ヤマト王権と結びついたほうが、その後を継承しています。そういうことで、日本列島も一見、ヤマト王権によって統一的な連合国家ができているようではありますが、よく見ると関東でも吉備、岡山の辺りでも、そして北部九州でも、中央政権の言うことを聞かない地方勢力がありました。出雲にも、ひょっとしたらそういう側面があったかもしれません。

日本列島内にもそういう状況があったとして、日本は当時の韓半島や中国大陸とどんな付き合いをしたでしょうか。高句麗・百済・新羅と、その間に、五六二年にいち早く滅亡した加耶がありまして、日本はまず、それ以前の加耶や西南部の百済、そういうところと手を結ぶわけです。この地域は、振り返ると稲作を日本にもたらした故郷でもあり、歴史的に非常に密接な関係にあったところです。先ほど、稲作文化が始まったときに、技術移転というかたちで始まったと申しましたが、新しい住居の様式も入ってきます。それが、専門用語でいう、松菊里型住居で、その分布状況からもうかがえます。このことについては、実はここ海の道むなかた館の展示室にも弥生時代のコーナーのところに説明があります。つまり、宗像市内の冨地原小嶺《ふじわらこみね》という遺跡で同じような住居構造が出ているのです。渡来人がやってきて稲作文化を伝えましたが、そのときに、新しい住居様式も伝えているのです。それが松菊里遺跡で発見されたので、松菊里型の住居と呼んでいます。そこは、扶余の町の少し南の松菊里というところです。そのように、百済の地域とは歴史的にも早くから交流の深かったところです。

この分裂国家時代にヤマト王権は加耶や百済、そういうところと手を結び、さらに百済の先はというと中国の南朝とも手を結んだのです。それでは、南朝と対立している中国の北朝はどうしたかというと、韓半島の高句麗と手を結ぶわけです。高句麗はというと、新羅と連合しています。つまり、北東アジアに中国北朝・高句麗・新羅という一つの勢力圏、それに対抗するために、中国の南朝と百済・加耶・倭というもう一つの政治的な世界ができて、この古墳時代には、北東アジアは大きく南北世界に分かれていた、ということになります。

日本には、政治的に密接な交流関係がある南の世界から、様々な先進的な技術や文化が伝来してきたことでしょう。その一例として、当館にも並んでおりますように、宗像地域から珍しいものが出土しています。この時代に、手工業製品において技術革新が非常に大きく展開します。その最たるものとしては、今までとまったく違った須恵器という焼物が出現したり、あるいは馬具が出てきます。その馬具の一つに、異様な鉄器がございます(図3)。今から三三年前に報告されていますが、当時、これが何かわかりませんでした。実はこれは、逆にしてみるとハンドルのようなかたちになっていまして、このハンドル部分を馬の鞍の後ろにカパッと嵌め込みます。ヘビが動いているようなかたちなので蛇行鉄器と言いまして、先の部分に旗を挿すのです。馬の鞍にこのようなものを装着して、先端に旗を挿す、そういう道具です。こういったものも、福津市の手光古墳、その後、宗像市内の大井三倉古墳でも出土しました。さらに昨年は古賀市の船原古墳からも出土しましたが、日本でも数少ない

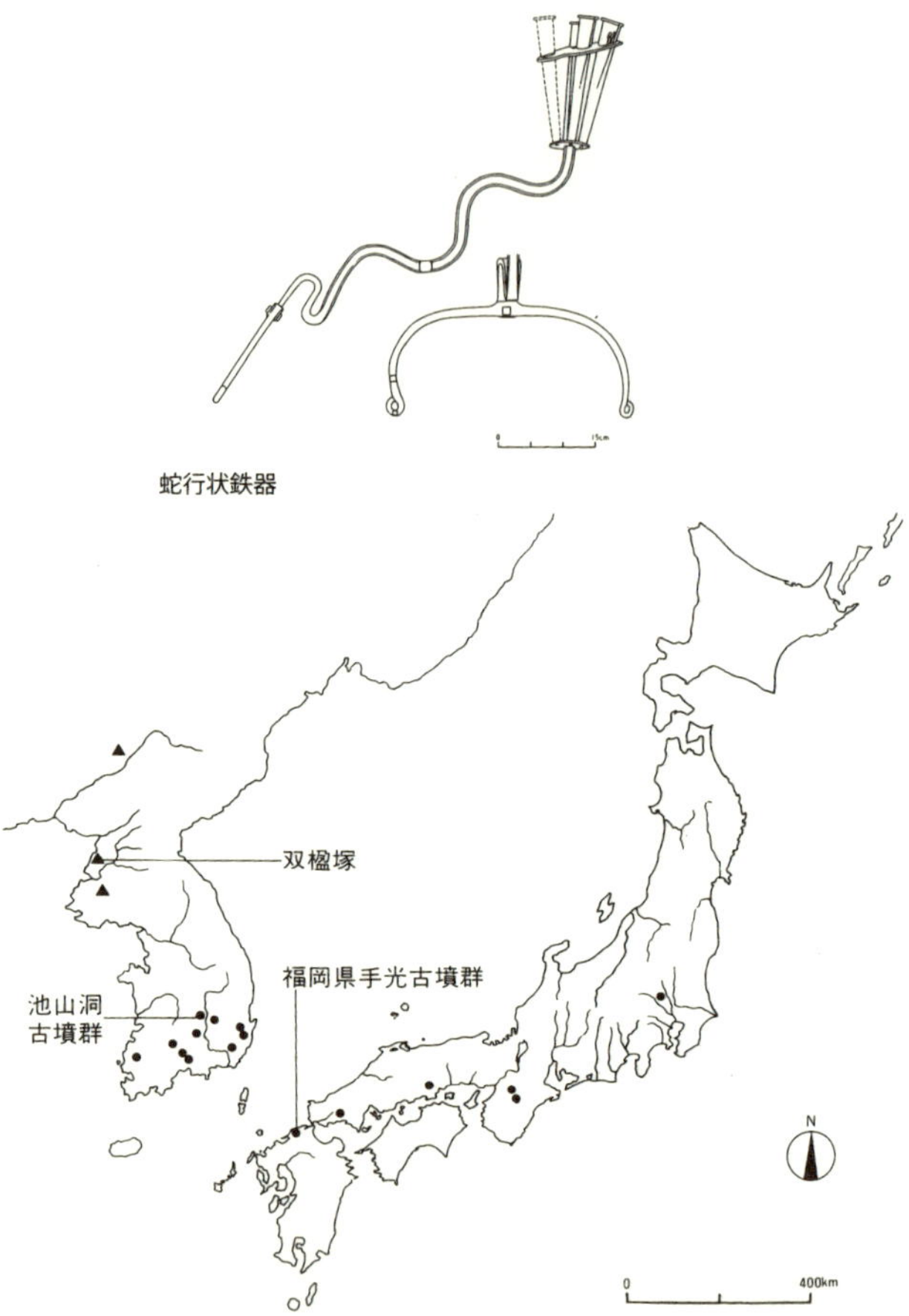

図３　蛇行状鉄器出土地分布図（●印：▲印は壁画）

ものが北部九州の宗像から糟屋地域に集中しているのです。この種の馬具は、もちろん当時の韓半島各地でも出土しております。おそらく、百済や加耶との関係でもたらされたのではないかと、私は思っています。そういう南北世界の形成ということで、南の世界で共通の技術や文化がもたらされる、あるいは展開するということでございます。

もう一つ、この時代の特徴として、そこに外交の二重構造がございます。これは先ほど申しましたように、ヤマト王権は新羅と戦争状態にありましたが、北部九州の豪族である筑紫君磐井は中央政権の言うことを聞かずに反乱を起こしました。そして、新羅と手を組みました。つまり、当時、ヤマト王権という国家レベルと、筑紫君磐井という地域レベルで外交関係が違っていました。国は戦争していても、地方の勢力は友好的であったという、外交の二面性が見られるということです。国の外交は国際と言いますが、地域の外交ということで、民間交流と申しましょうか。民際という言葉がございます。昨年、姜尚中先生とご一緒したときに、地域の交際ということで地際という言葉を使われていました。内容的には、同じことでございます。

四　統一国家の時代と東アジア共同体

そういう分裂国家時代が、やがて終わる時代が来ます。中国の南北朝が、五九一年に隋によって統一されます。その後、政権が交代して六一八年に唐に変わります。中国大陸において隋・唐という統一国家が相次いで誕生しました。その頃、韓半島におきましても、加耶が滅び百済が倒れ、ついで高句麗が滅びまして、新羅によって統一されます。日本には、もちろん統一的な連合国家が出来上がっていました。唐から律令を導入して、法治国家が建設されます。そういう奈良時代に、韓国では統一新羅という国ができました。そうなると、東アジア諸地域において相ついで統一国家群が誕生したことになります。そういう意味で、東アジアに統一国家時代が到来したともいえます。統一国家ができるということは、外交の修復が行われて、平和外交へと転換していくということです。平和外交が展開すると、経済交流も盛んになりますし、生活が豊かになって文化が栄えます。そのように、分裂国家時代から統一国家時代への転換は、非常に大きな出来事です。平和ということがいかに素晴らしいかをまざまざと見せ付けてくれたのが、唐、統一新羅、そして日本の奈良時代です。そのことは、奈良の正倉院に残っている文物を見ても、よくわかるところでございます。

その時代のアジアは、唐帝国を中心として、今述べた新羅、日本、さらに新羅の北に渤海、あるいは中国の南の林邑（現在のベトナム）まで、東アジアに唐帝国を中心とする、仏教と漢字と律令、そういう一つの世界が出来上がりました。ですから、今から一三〇〇年前に、東アジア共同体が形成されたということになりまして、この頃は話題に上らなくなりましたが、西のユーロに対応して東アジア共同体というものを、鳩山由紀夫さんがかつて提唱されました。私は唐の時代とはまったく違った、新しい意味での東アジア共同体というものに非常に興味を持つというか、そういうことも将来の東アジア像として検討してもいいのではないかと、そのように思っております。

終わりに、対馬海峡は日韓交流史にとって最も重要な舞台であったことを、改めて痛感いたしますとともに、その対馬海峡という太いパイプを、さらに太くしていくことが大事ではないかと思っております。それから、そのように国際交流が盛んなときに、国家的な祭祀が行われたのが、ここ「神宿る島」宗像・沖ノ島であることは皆さんよくご存知のとおりでして、その辺のことは時間の関係で、省略させていただいて、私の話を終わらせていただきたいと思います。ご清聴ありがとうございました。

第Ⅱ章　対馬海峡と古墳文化

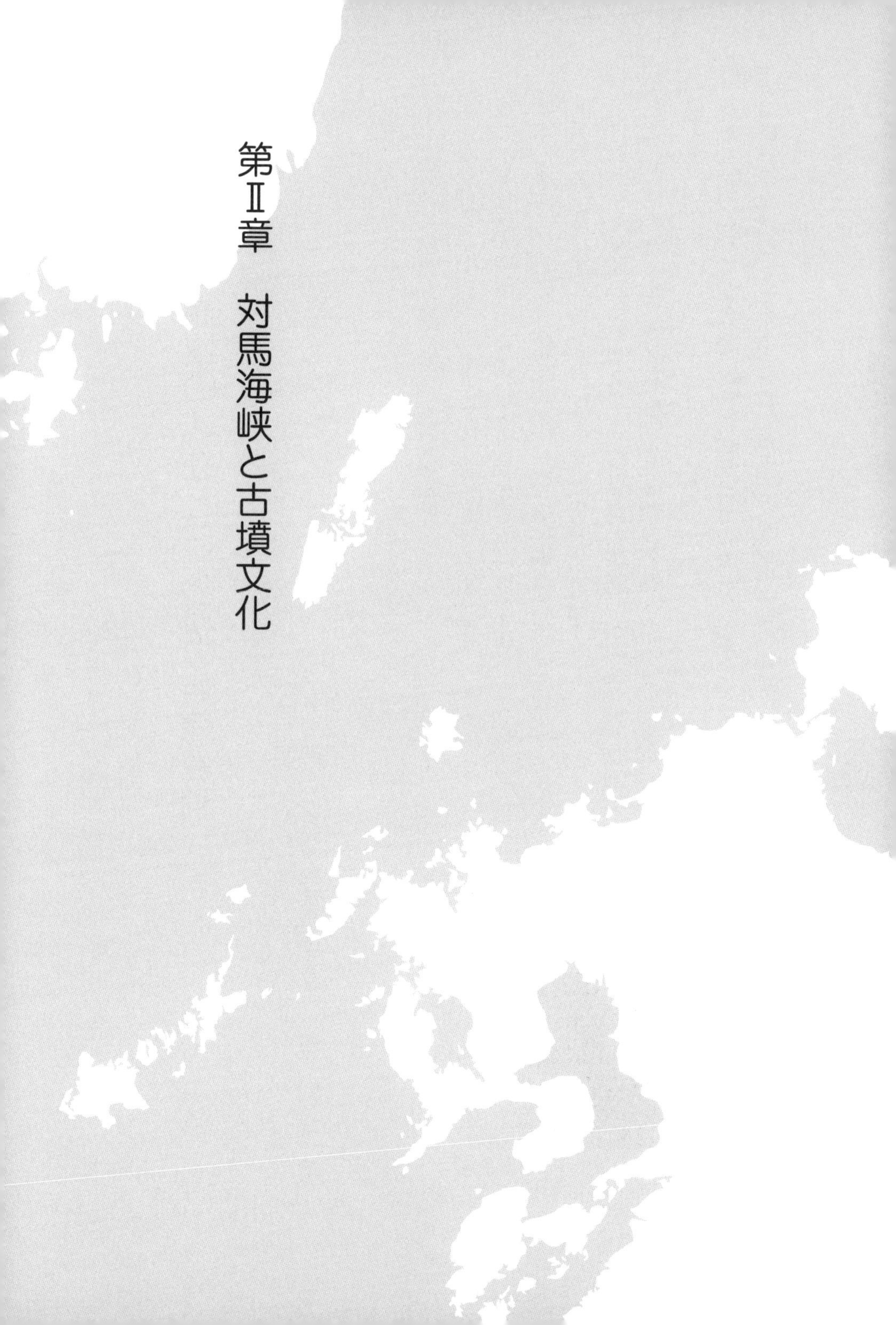

一　対馬海峡の成立と日本海の海面変動

九州大学大学院准教授　鹿島　薫

九州大学の鹿島です。よろしくお願いいたします。

まず先に自己紹介をさせていただきます。見ていただけますように、立派なひげ面をしております（図1）が、実は昨日の夜遅く、最後の飛行機でエジプトから帰ってきたばかりです。正直、かなり今、時差ぼけしております。ゴビ砂漠や中東、トルコで毎年調査をしております。私は九州大学の地球惑星学科と言いまして、地質学の講座に属していますが、主に過去一万年間の気候変動を、遺跡発掘と関連しながら研究を進めております。そのため、ほとんどの仕事は考古学の方とご一緒に研究しています。

さて、どうしても大学の授業風になってしまいますが、大学の授業はこういうものだ、というふうにお聴きくださると幸いです。

図１　九州・宗像シンポジウム「対馬海峡と古墳文化」にて

○第四紀（現在から約250万年前までの時代）において、世界的に、大規模な氷河の痕跡が残されている。（Agassiz, 1837）

○19世紀末までに氷河時代が4回以上繰り返したことが明らかとなった（Penck and Brückner, 1909）
Würm → Riss → Mindel → Günz 氷期（ヨーロッパ）

○氷河の拡大縮小に伴って、海水準が変動する。氷河拡大期には海水準が大きく低下していた。約110～130m低下していた。（MacLaren, 1841）

○20世紀後半になると、海底堆積物や大陸氷床のコアに関する研究が進み、より詳細な気候変動が明らかとなっている。

図2　氷河時代の発見

氷河時代の発見

まず、図2をご覧ください。「氷河時代の発見」とタイトルしてみました。氷河時代というのは、氷河という言葉に大きなインパクトがありますが、言い替えますと、世界規模で大規模な気候変動を繰り返している時代である、ということになります。氷河時代について、一番最初にわかりましたのはヨーロッパでありまして、大規模な氷河の痕跡が見つかりました。最初の論文は、アガシー（Agassiz）の一八三七年と言われております。その後、氷河時代は一回ではなく四回以上とわかりました。皆様も、ヴュルム、リス、ミンデル、ギュンツ（Würm, Riss, Mindel, Günz）氷期という言葉を聞いたことがあると思います。多分、阿部公房作『第四間氷期』という小説をご存知な方が多いと思いますが、その表題の根拠となっております現象です。実際には、初期の段階ですでにドナウ氷期Ⅰ・Ⅱの存在が知られており、氷河時代は四回ではなくて、少なくとも大きな氷期が六回以上あったと言われております。

このことについて、もう少し科学史的な視点から話を深めていきますと、このアガシーの論文は一八三七年、ダーウィンの『進化論』が出される二〇年以上前に発表されたことになります。つまり、青年期のダーウィンは、この事実を知っていたわけです。旧約聖書にはノアの箱舟で知られているように大洪水の時代が記されています。しかし大洪水の時期、実はヨーロッパでは氷河時代だったことになります。その事実を青年期のダーウィンは知っていたわけです。しかも、その氷河時代が、聖書に記されているような一回ではなくて四回ないし六回以上あったことも、彼は知っていました。これだけがダーウィンが進化論を考えついた背景であるとは言いませんが、その中の大きな背景の一つであったことは事実であります。

氷河が分布しておりましたのは、ヨーロッパおよび北米地域です。その面積に氷河の厚さをかけますと、膨大な水が陸上に氷河として蓄積されていたことになります。その水量を世界の海洋の面積で割りますと、約一〇〇メートルないし一三〇メートル海面が低下していたはずであるということになります。このことは、実は一八四一年にすでに明らかとなっています。もちろん、その後、二〇世紀後半になり、海洋の研究、そして大陸の氷床で、直接氷河をボーリング調査するという研究が進んできて、より詳細な気候変動の実態が明らかになりました。

氷河時代の気候変動

そこで最新の気候変動のデータを示します（図３）。横軸が年代を示しています。五二〇万年間と長い年代の変動を示しています。最近の七〇万年くらいは、実

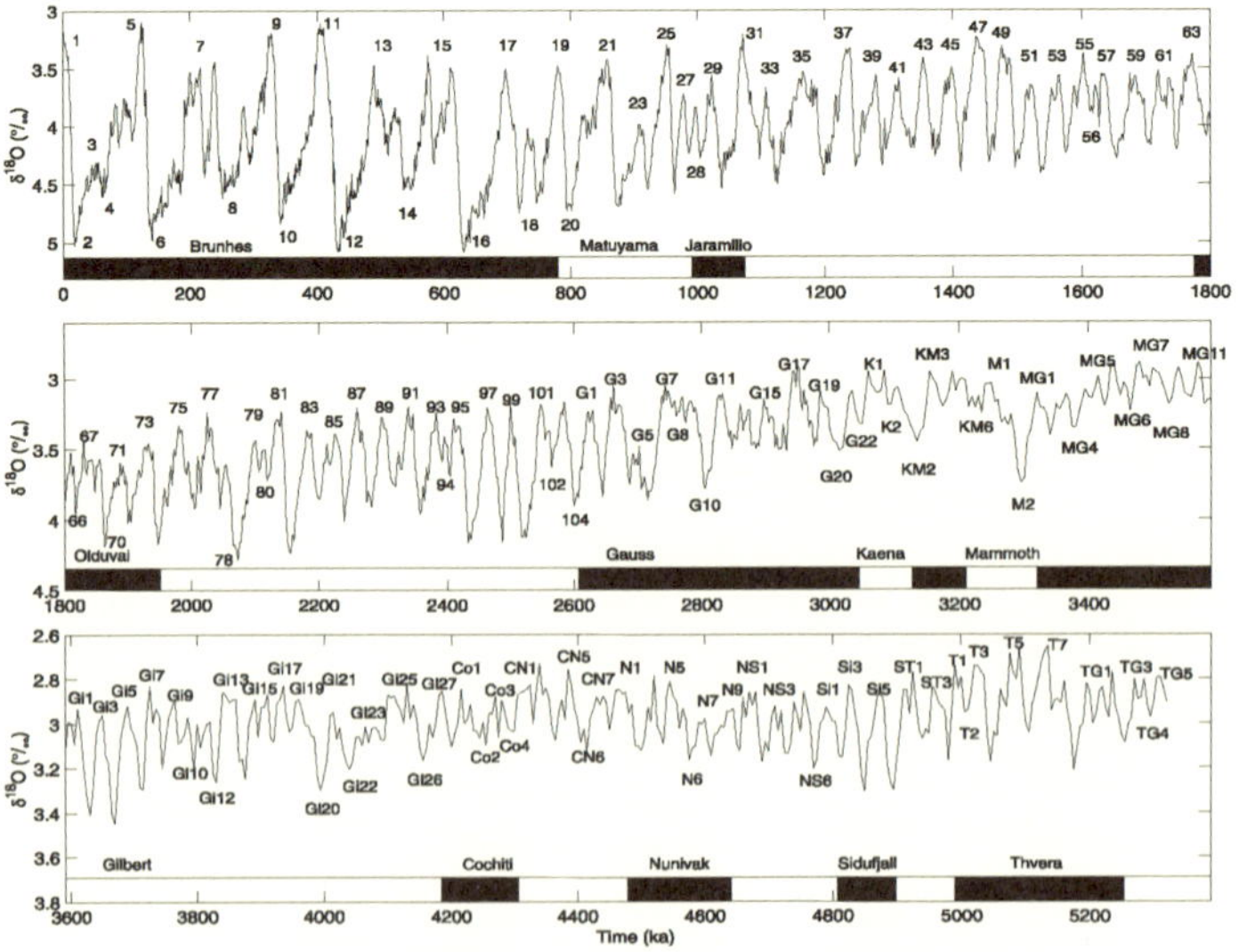

図３　第四紀～第三紀にかけての気候変動

深海底堆積物の底生有孔虫の酸素同位体比を用いた気候変動カーブ。約70万年前から、約10万年周期の気候変動が卓越するようになり、その変動幅も増加している。（Lisiecki and Raymo, 2005 を改変）

は一〇万年周期の氷期、間氷期、つまり温暖と寒冷の時代がたいへん卓越しています。ギュンツ、ミンデル、リス、ヴュルムの四つの大きな氷期があり、それにドナウ氷期Ⅰ・Ⅱが入るので、六回くらい大きな氷期と、その間の間氷期―温暖な時期と寒冷な時期の繰り返しがありました（図3）。

それより前はどうであったかと言いますと、同じように気候変動は続いていたと言われていますが、少し様相は変わりまして、一〇万年周期ではなく四万年周期の気候変動となっています。現在よりも周期の短い気候変動が、ずっと続いていたと言われています。その振幅はときどき変化しながら、約五〇〇万年くらい前から気候変動の時代がつながっていたことがわかります。もちろん最近の約七〇万年間が、とくに氷河の拡大・縮小、気候変動がもっとも顕著であったことも事実であります。このような氷河時代の原因については、最近になりまして詳しく論じられるようになっています。

○地球軌道の離心率の変動（10万年周期）

○地球の自転軸の傾き（4.1万年周期）

○地球の自転軸の歳差運動（1.8～2.3万年周期）

→極地域の日射量の変動

→氷床の変動、氷期間氷期の変動と一致する

図4　ミランコビッチサイクル

ミランコビッチが1920年に発表した『太陽の放射による熱現象の数学理論』（安成・柏谷，1992）。

ミランコビッチ・サイクル

それはミランコビッチ・サイクルと言います（安成・柏谷、一九九二）。これは、地球の自転軸の傾き、それから地球の歳差運動といいまして、この地球の軸がどのようにずれるかということ、さらに地球の公転軌道がどのくらい円に近いか、楕円に近いか、これらの要素の変動から地球が受ける太陽からの放射量の変動を示しています。とくに極地域の放射量が大きく変化します。

その離心率、自転軸の傾斜、それから歳差運動を、それぞれ図4にまとめて表示しております。この三つの要素ごとに、極地域でどのようにして光が入る

かを検討することで、この三つの要素によって地球の気候変動が説明できると言われています。これがミランコビッチ・サイクル、またはミランコビッチ理論です。

気候の寒冷化と氷河の拡大

それぞれの周期の中で、離心率は一〇万年周期であり、一〇万年周期と言われる氷河時代の変化をよく説明しています。しかし実際に太陽から受ける日射量と実際の気候変化を比較して見ますと、地球はゆっくりと寒冷化して、一気に温暖化しています。その原因に何があるかというと、氷河です。氷河があると、そこで太陽の光が反射されますから、その分、地球は寒くなります。つまり、氷期となって次第に氷河が拡大していくと、それに伴ってさらに地球の寒冷化が加速することになります。

雪が降ってきてその雪が積もって氷河になりますから、氷河の拡大はすぐには進みません。ですから、氷河が次第に拡大し、そして地球は次第に寒冷化していきます。しかし、氷河が崩壊するときには一気に崩壊しますから、地球の温暖化は一気に進みます。今、地球温暖化問題が問題になっておりますが、その根拠となった一つの事実は、この過去の温暖期において、地球が急激な温暖期を繰り返してきたことが根拠の一つとなっています。

最終氷期最寒冷期（Last Glacial Maximum ＝ LGM）

○現在から 2.6 万年前〜1.9 万年前

○最終氷期（Würm 氷期）における最寒冷期、最も海面が低下した。

○ LGM の氷河　現在よりも 55 × 10⁶㎦ 増加していた。

○海洋面積は約 3 億 6000 万㎢ であるので、この値は海水準約 140〜150 m に相当する。

→ 対馬海峡の海峡按部の水深は約 135m であるので対馬海峡は陸続きとなる？

図 5　最終氷期最寒冷期と海水準

講義中にはあまり英語で表現することを避けますが、最終氷期最寒冷期という言葉は長いので、省略してLGMと言っています。私の博士論文にも、最終氷期最寒冷期という言葉が入っていまして、表題を喋るだけでいつもたいへんだったのですが、最近はLGMと省略して言うことが許されています。約二万年くらい前の地球が最も寒かった時代とお考えください（図5）。

対馬海峡は陸続きだったのか

このLGMの時代、現在よりも五五×一〇の6乗立方キロメートル、地球の氷河が拡大してきたと言われております。海洋面積が、約三億六〇〇〇万平方キロメートルでありますので、これを単純に割りますと、海水準にして約一五〇メートルに相当します。

対馬海峡の海峡按部の水深は、約一三五メートルでありますので、この場合、対馬海峡は陸続きということになります。東京大学の横山祐典先生が、実はたいへん詳しい調査をされておりまして、横山先生の論文（横山、二〇〇二）を参照しました。言い換えると、今から二～三万年くらいまでの間、対馬海峡は陸続きになっていた、ということになります。

しかし、それは間違っております。教科書の内容を少し否定するようなかたちになりますが、現実には対馬海峡は干上がっていなかったと、今は言われております。日本周辺の最終氷期の海水準に関する論争が、実は今も続いております。

対馬海峡は、海水準が最も低かったこのLGMの時代に、実際にどのような地形だったでしょうか。対馬海峡の海底下には、マイナス一一〇～一三〇メートル、マイナス九〇～一〇〇メートルという、いくつかの平坦な地形が海底下に認められます。この事実はLGMの時代には海面が下がっていたという重要な証拠になります。一

●海底地形からの検討（佐藤・茂木, 1982）

対馬海峡の海底地形に注目し、海底下に深度110～130 m、90～100 mに平坦面を発見。LGMの低位海水準によって形成された地形とした。

対馬海峡周辺の海底地形（沈水波蝕台）から、最終氷期における海水準低下はおよそ110 m。その後海水準は段階的に上昇を繰り返した。

●地質学的検討（大嶋, 1982・1990）

海底地形のほか、海底下に残された地質データ（埋没泥炭層など）を考慮して、最終氷期の海水準を約80 mとした。

佐藤・茂木、および大嶋の見解では共に対馬海峡（135 m）は陸化していないことになる。

氷河量から推定された海面低下量（140～150 m）の結果と異なるのはどうしてか？

図6　日本周辺のLGM不要の海水準に関する論争

番低いマイナス一一〇～一三〇メートルの平坦面の地形はどうやってできたかと言いますと、波蝕台なのです。波の力でもって浸食された波蝕台です。この波蝕台を作るために必要な水深が、約一〇メートルないし二〇メートルですから、その分を引いてみますと、海水準の最も低い時代の深度はおよそ一一〇メートルくらいであっただろうということが、この海底地形からの一番新しい見解です。

先ほどの論文は、海上保安庁水路部（当時）の佐藤先生たちが海底地形を調べて出した結論です（佐藤・茂木、一九八二）。もう一つ、この論文は、大嶋先生という地質調査所（当時）の方が、海底地形のほか地質データを重要視して検討したものです（大嶋、一九八二・一九九〇）。大嶋先生の結論は、深度八〇メートルまではきちんとした地質的な根拠があって、昔、海が下がっていたという根拠が海底下の地層から確認することができるが、それより深いところは地質的な証拠は残っていないというものです。ですから、おおよそ深度一〇〇メートルよりLGMの海水準は浅いのではないか、という結論になります。海上保安庁水路部と地質調査所は異なった見解ですが、結論としては、このLGMの時代、最終氷期の最寒冷期の時代に、対馬海峡は陸続きとなっていなかったという点では一致しています(図6)。

では、どうしてこうなるのか、考えてみましょう。なぜ、深度一三五メートルしかない対馬海峡が、一五〇メートル海面が下がったはずなのに、陸地化していないのか。これは、地球の変形から説明ができるというのが、最近の見解です。地球は氷河がありますと、その部分の重さでもって地球が沈みます。これが、氷河性のアイソスタシー、地球の変形であります。たとえば、海洋の面積に海の高さが一〇〇メートルありますと、一〇〇メートル分の水は、結構、重たくて、一平方メートルあたり一〇〇トンの力がかかるかたちになります。つまり、海洋において海面が上がることによって、その部分は地球のかたちが変形してしまうわけです。その変形分を計算しますと、実は、先ほどのLGMの海水準が説明できます。活断層は、きわめて局地的な地形の変形ですが、今、ここで論じていますのは、日本列島規模の地球の変形です(図7)。

東大の横山先生のご研究(横山、二〇〇二)では、四つの類型化がされています。そして、その四つに類型化されたなかのDタイプ、これが日本周辺に特徴的に現れています。

氷河量の変動に、アイソスタシーの要素を加えて計算しますと、完新世において、約六〇〇〇年くらい前に高海水準期が現れます。それから、LGMのときの海水準が、その分、浅くなります。ですから、日本周辺では一一〇メートルとか、最大でも一二〇メートルくらいしか海水準の低下が

○氷河が地球を変形させる
⇒グレーシャル・アイソスタシー

○海水量の増加減少が、海底および大洋の周辺の陸地を変形させる
⇒ハイドロ・アイソスタシー

日本列島は、太平洋の縁に位置している。太平洋の海底はLGM以降の海水量増加によるアイソスタシーによって押し下げられたが、その影響を受けて、列島全体が隆起する傾向にある。

その結果、LGMによる海水準が浅くなる、完新世中期に高海水準期が出現する、といった現象が発生した。

図7　海水準変動の地域的変化―地球の変形による解釈―

日本では３ヵ所で実証されている（横山, 2002、Yokoyama *et al*, 2012）

〇オホーツク沿岸

〇津軽海峡周辺

〇九州北部～対馬海峡周辺

対馬海峡を含む地域の海面の変化は、アイソスタシーの変化、地球のユースタティックな変形で説明されている。

図８　海水準変動の地域的変化—地球の変形による解釈—（日本の事例）

記録されていませんし、六〇〇〇年くらい前に広域に高海水準期が現れるのは、このアイソスタシーによる地球の変形によるものです。そして、日本では三ヵ所でそれが実証されています。一つがオホーツク沿岸、一つが津軽海峡周辺、三番目が九州北部でありまして、西九州から対馬海峡にかけての地域が、日本で実証されている地域です（図８）。

対馬海峡と日本海の縞状堆積物

では、対馬海峡が完全に陸化していないとしたら—実際には完全にはつながっていないか、海水の流入がきわめて狭くなってしまう状態になると—日本海はどうなるのか、ということです。その痕跡が日本海の堆積物に縞状構造として残されています。実際に堆積物を観察したことがあるのですが、本当に細かい縞がたくさん入っています。年縞、または縞状構造と言います。この縞状構造というものは、日本では水月湖でよく調査されています。世界的に有名なのが、日本の水月湖の研究ということです。

この縞状構造が、日本海の中にも形成されていることは、先ほど言いました対馬海峡の海水における、海水の交換量が変わったためです。

わずかに海水の流入、交換があるという状態が一番重要で、この時代に日本海は閉塞的な環境になります。そして、この海水量の、対馬海峡を通る暖流の流入の程度が、実はこの日本海の堆積物の中に、全て明暗の縞として記録されています（図９）。その後、縄文時代に入りまして、約一万年前から

○LGMにおいても、対馬海峡を通じて、日本海には海水が流入していた。しかし、海峡は狭められ、海水の流入も制限されていた。

規模は異なるが水月湖と似た環境

↓

○日本海においても、水月湖と同様な縞状の堆積構造が発達している

過去の環境の詳細な復元が可能

図９　年縞による高精度気候解析

海面が上がってまいりますと、この対馬海峡から対馬暖流がたくさん日本海に流入するようになります。

日本海で記録された急激な気候変動

最初にミランコビッチ・サイクルというものをご説明いたしました。ミランコビッチ・サイクルは、一〇万年周期、四万年周期、そして二万年周期の地球の気候変動のシステムです。東京大学の多田先生によりますと（多田、一九九八）、日本海で見つかったこの変化は、それよりももっと短い周期だったのです。最終氷期の短周期の急激な気候変動をダンスガード・オシュガー・サイクルと言いますが、三〇〇〇年周期、ときには三〇〇年周期です。そういう周期でもって、実際に気候変動があります。いわゆる氷河時代の一番暖かい時代と、一番寒い時代の程度に比べて、三〇〇〇年、ときには三〇〇年くらいで起きる急激な気候変動があり、この氷期、間氷期の変動の三分の二以上の変化が、実際には起きていることになります。私たちが思っていた、一〇万年周期で地球の気候変動が大きく変わるというのは大きな流れでありまして、実際にはもっと短い周期で急激に地球の環境が変わっていたことがわかりました（図10）。

現在、地球の温暖化が言われていますが、地球温暖化の速度は、実は今後一〇〇年間でもって二度くらい、さらに温暖化すると言われています。この速さと、ダンスガード・オシュガー・サイクル、日本海で見つかった短周期で急激な気候変動の周期におけるときの地球環境の変動速度は、ほぼ同じです。つまり、地球はこれからどうなるのかということを示している根拠の一つは、この日本海における縞状構造の研究によるわけです。実際に

○ 10 万年周期、4 万年周期、2 万年周期など、ミランコビッチサイクルで説明できる環境変動に加えて、数百年から数千年のより短周期の変動が、日本海の堆積物に記録されている（多田 , 1998）

ダンスガード・オシュガー・サイクル

短周期で大規模な気候変動の発見

図 10　日本海に記録された短周期で急激な気候変動

図11にありますような、縞状構造がございまして、それから堆積物の明暗と、先ほど述べた短周期の気候変動がきれいに一致しています。

では、そのＬＧＭ以降、最終氷期最寒冷期、約一万年前以降の地球はどうであったのかということを、今から述べていきたいと思います。日本海でもって、かなり詳しい気候変化が明らかになりました。ただ、日本海の場合ですと、縄文時代、一万年前以降になりますと、対馬暖流が豊富に入り込むようになってまいります。豊富に入り込むようになりますと、実は縞状構造は消えてしまうんですね。ですので、縞状構造は、実際には日本海では、とくに最近一万年間では見ることができません。では、どういうところで見えるかというと、日本海側ではありますが、湖の中に多く見つかっています。

年縞を用いた古環境の高精度解析は、フィンランドなど北欧地域で始められました（図11）。しかし、最近では日本の湖沼においても、多くの成果が公表されるようになりました。秋田県一ノ目潟の堆積物の構造によりますと（篠塚・山田、二〇一五）、この年は実は大雨だったとか、地震が起きたとか、または豪雪があった、といったことがわかります。今、エルニーニョという言葉がよく聞かれますが、エルニーニョの年には雪が多いとか、台風が多い、台風が少ない、そういうふうによく言われます。この一ノ目潟の堆積物が、それをすべて表わしていることがわかっています。

もちろん九州の大分県九重町周辺にも年縞がございまして、今、鹿島研究室の大学院生が分析しております。そこにも同じように年縞がございまして、その解析をしております。湖の堆積物を見ると、ＬＧＭ以降の最近の気候変化について、年単位で議論できることがわかっています。

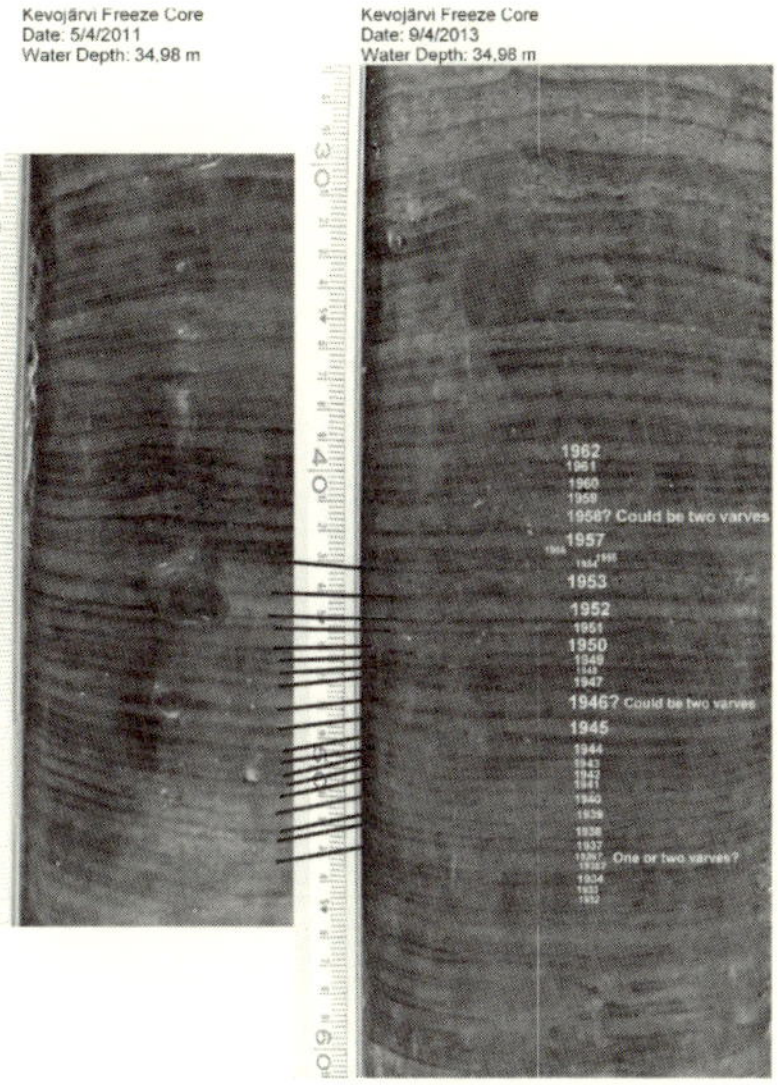

図 11　年稿による高精度気候解析
フィンランド、ケボ湖における年縞。
（Eeva Haltia-Hobi　博士撮影）

世界の気候変動を解く二つのキーワード

最後に、少し地球規模の話をさせていただきたいと思います。過去六〇〇〇年間の気候変動です。図12には、六〇〇〇年間の気候変動の図が並べられています。細かいことはとらわれずに、無心でこの図を眺めながら、どういうところに特徴があるかを見ていきます。結論からいきますと、よくわからないのですね。世界中に、たとえば湖の堆積物、鍾乳洞の堆積物、そして氷河の堆積物があり、そこでさまざまな気候変動が論じられています。しかし、何が地域性なのか、何が地球規模の変化なのか、それを分離することが難しくなってきています。私は先ほどエジプトに行ってきましたと言いましたが、もちろん、エジプトに行った目的もこの調査のためです。そして、研究を進めるうえで重要なキーワードがわかってきました。

一つのキーワードは、モンスーンの変動です。もう一つのキーワードは、極地です。北極と南極—極地の気候変化がとても大きな影響を持っていることがわかってまいりました。もう一つは熱帯集束帯（ITCZ：Intertropical Convergence Zone）の変動です。この熱帯集束帯の位置の変化が、実は気候変化に大きく関わっていることがわかっています。これは宣伝になりますが、九州大学地球惑星学科の鹿島研究室は、今現在、このモンスーンと極地をちょうどクロスして側線を張り、調査研究を進めております。東アジア地域、そして中東から今、エジプト、トルコ、北のほうは、フィンランドで定常的な研究をしていますし、南極でも大学院生が博士論文を

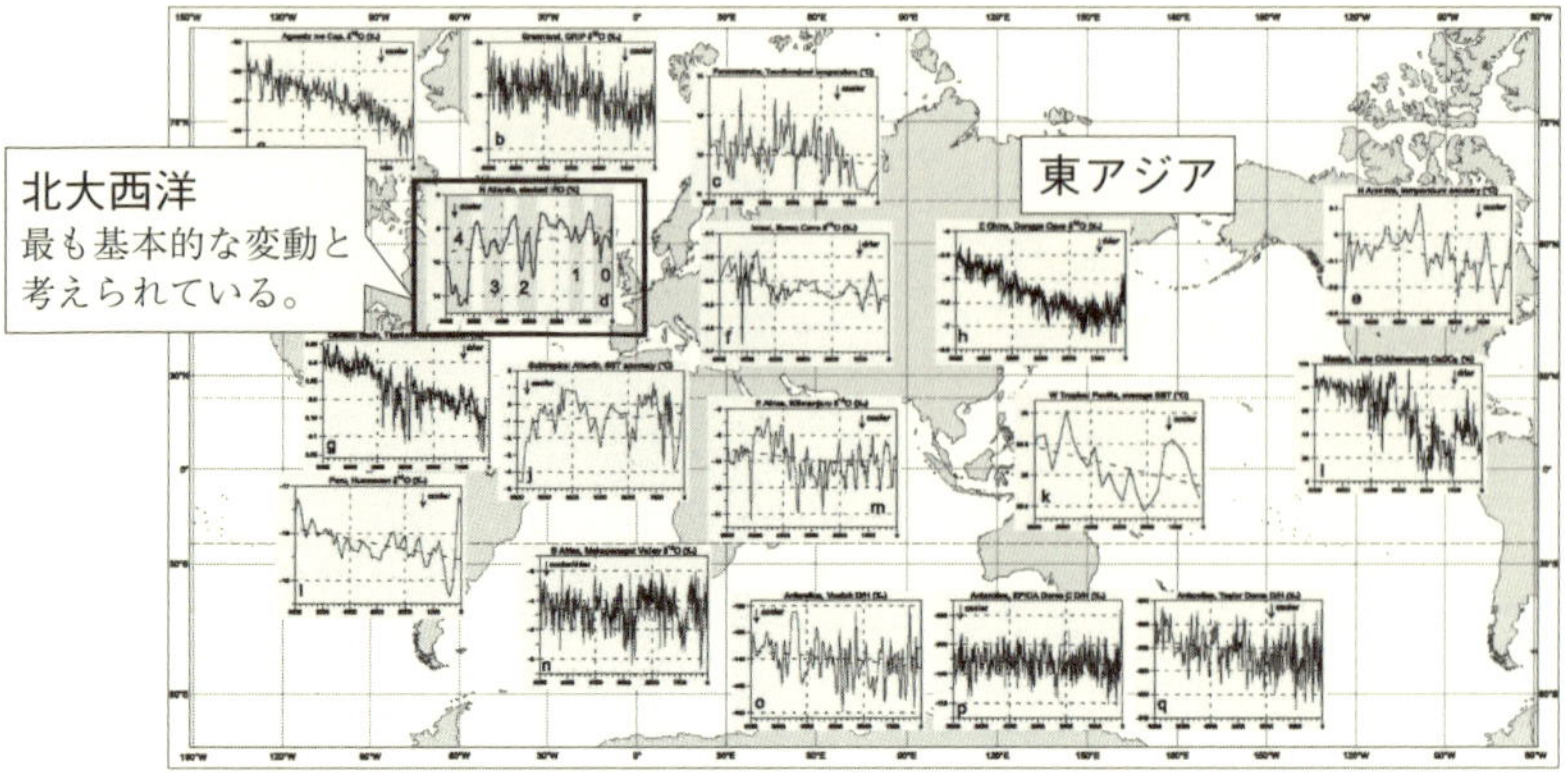

図12　世界各地における過去6000年間の気候変動（Wanner *et al.*, 2008を改変）

今書いています。ちょうど十字を組ませるようなところでもって研究をしていきます。そうしますと、実は今、日本で論じている日本海や、日本周辺でわかっている現象と、エジプトで出てくる現象、それから北極域、南極域で出てくる変動が、一つの流れでもって解釈できることが、わかってきました（図13）。

今、地球惑星学科鹿島研究室は、実はこの分野の学問の世界では、世界的にも有名でございまして、自分で言うのも何ですけれども、最大の人数とアクティビティを持っています。扱っている時代が遺跡の時代でございますので、主なところは遺跡発掘調査と研究をタイアップしています。

それで、この講演の最後に、結論としましては、こうなります。環境保全のためには、私の意見は、海外での調査、研究活動がすべて基本になるという、それが一つのポリシーでございます。どうもありがとうございます。

参考文献

大嶋和雄　一九八二「最終氷期の最低位海水準について」『第四紀研究』二一、二一一-二二二頁
大嶋和雄　一九九〇「第四紀後期の海峡形成史」『第四紀研究』

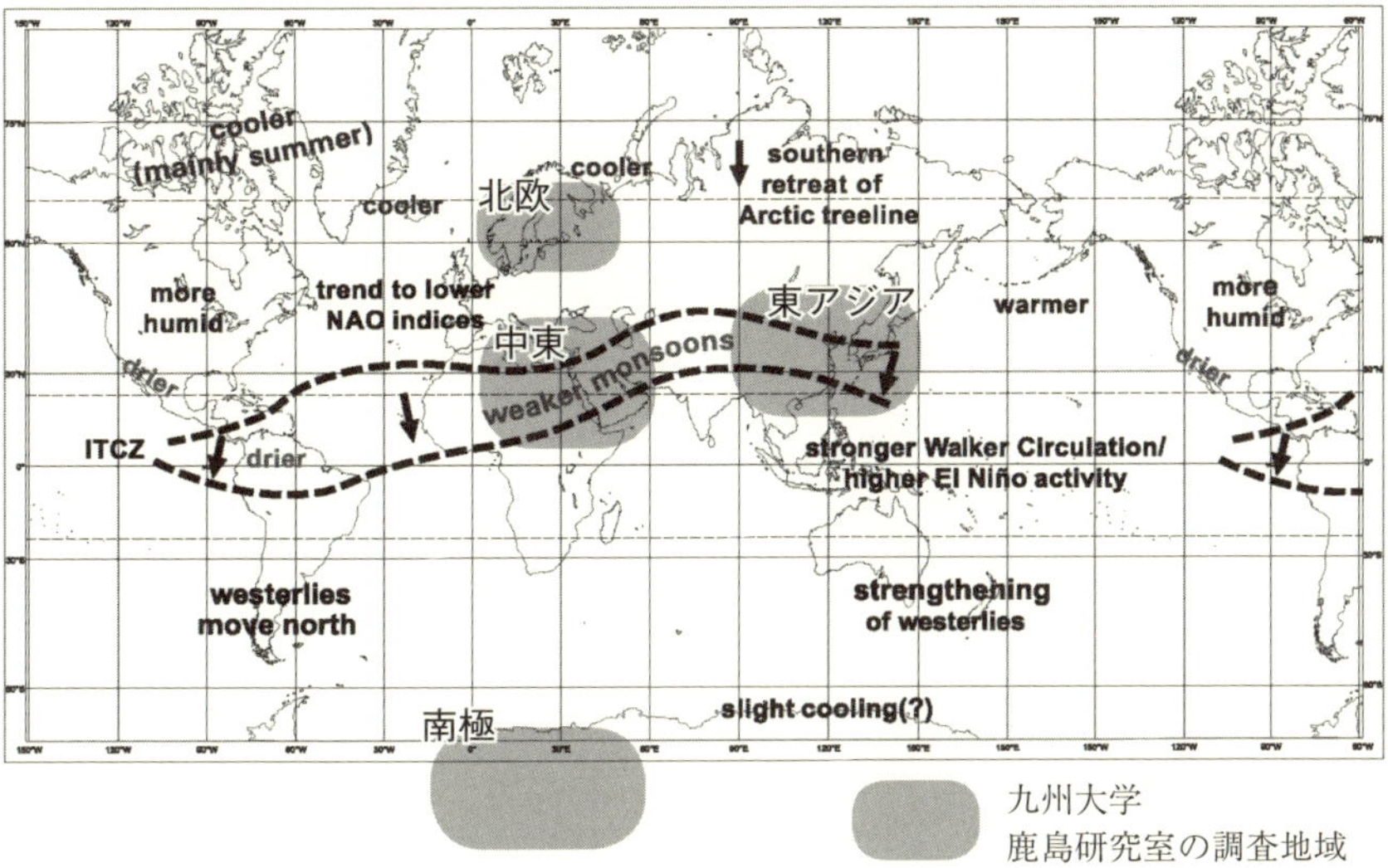

図13　キーワードはモンスーン変動と極地（Wanner *et al.*, 2008 を改変）

二九、一九三 - 二〇八頁
佐藤任弘・茂木昭夫　一九八二「海底地形からみた日本海の海水準変化」『第四紀研究』二一、二〇三 - 二一〇頁
篠塚良嗣・山田和芳　二〇一五「年縞による縄文時代における気候変動」『津軽海峡圏の縄文文化』雄山閣
多田隆治　一九九八「数百年〜数千年スケールの急激な気候変動—ダンスガード・サイクルに対する地球システムの応答—」『地学雑誌』一〇七、二一八 - 二三三頁
日本第四紀学会　二〇〇七『地球史が語る近未来の環境』東京大学出版会、二四〇頁
安成哲三・柏谷健二編　一九九二『地球環境変動とミランコヴィッチ・サイクル』古今書院
横山祐典　二〇〇二「最終氷期のグローバルな氷床量変動と人類の移動」『地学雑誌』一一一、八八三 - 八九九頁
Agassiz, L.,（1837）Systeme glaciaire ou recherches sur les glaciers. Pt.I, *Nouvelles estudes et experiences sur les glaciers actuels*1, pp.1-598
Lisiecki, L.E. and Raymo, M.E.（2005）A Pliocene-Pleistocene stack of 57 globally distributed benthicδ^{18}O records., *Paleoceanography*, 20, PA1003, doi:10.1029/2004PA001071
MacLaren, C.（1841）The glacial theory of Professor Agassiz of

Neuchatel., The Scotsman Office Edinburgh. p.62

Penck, A.and Brückner, E.（1909）Die Alpen im Eiszeitalter., Leipzig, Tauchnitz, p.1199

Yusuke Yokoyama *et al.*（2012）Holocene sea-level change and Antarctic melting history derived from geological observations and geophysical modeling along the Shimokita Peninsula, northern Japan. *GEOPHYSICAL RESEARCH LETTERS*, 39, L13502, doi:10.1029/2012GL051983, 2012

Wanner, H.（2008）Mid- to Late Holocene climate change: an overview., *Quaternary Science Reviews, 27*, pp.1791-1828

ディスカッション

矢野　鹿島先生、どうもありがとうございました。

それでは、少し時間がありますので、会場のほうからご質問を受けたいと思います。対馬海峡を中心として、地球規模の壮大なスケール、壮大な時間のお話でした。ご質問がありましたら挙手をお願いします。

質問　最初のほうのグラフ（図3）の海底の有孔虫の炭素同位元素を測ることで年代がわかって、それで氷河期の周期がわかるというところの説明をもう少しわかりやすくお願いします。

もう一つの質問は、最後に環境保全という言葉が出てきましたが、今までの話を聴いていると、環境保全でも、たとえば自然や地球が生きていることによって、気候の温暖化は避けられないんだということならば何度も言われている二酸化炭素の問題に取り組んでも温暖化には対抗できないような気がします。

鹿島　ありがとうございます。

ちょうど良い質問で助かりました。少し飛ばしてしまったところがございます。

まず、一番最初のご質問です。まず、同位体というものがございまして、酸素の同位体を調べております。酸素にはO^{16}、O^{17}、O^{18}という違う同位体があります。同位体とは何ぞやという説明までするとなりますからここでは述べませんが、そうすると、この場合はO^{18}のほうが、ほかの二つよりも重たいわけです。そして、O^{16}が軽い。蒸発するときには、軽いものから先に蒸発していきますから、そういう意味で、海洋のなかのO^{18}の同位体の変化と、氷河、つまり陸上で雪が積もって溜まったもののなかの同位体比は、変わってまいります。ですから、陸上に氷河が拡大して、そこにいわゆる雪がたくさん溜まってしまいますと、残った海洋の同位体は、変化して重たくなります。

この変化がどういうところに記録されているかというと、有孔虫という小さな化石です。これは、実際には顕微鏡サイズの化石の殻のところに、炭酸塩として記録されておりまして、それを見ますと、昔の、その有孔虫が生きていた時代の、海洋の同位体比を見ることができます。この同位体比を見ますと、きれいに昔の氷河の量の変化が出てきます。これは、言い換えると気候変化、つまり気温の変化と相関している変化が、この変動から見えてくるということになります。

それから、二番目のご質問のほうは、少し一般的なものになりますが、私の意見はこうです。

今、地球環境問題では、たとえば世界一のコンピュータを使うなど、気温をシミュレーションするには膨大な計算量が必要でして、シミュレーションをするために、東京大学などでは世界一のコンピュータを使っています。その研究をしているのが同じ研究室の出身者でして、ところが彼らが言うには、何が欲しいかというと、計算するのは簡単である。値を入れていけばモデルで計算できるし、未来も見ることができる。そうではなくて、根拠となっている元のデータが欲しいんだ、というわけです。つまり、昔のデータから現在にどのように気候変化が起きたということをインプットすると、未来が出てきます。

ですから、今、私が述べた話は、実は何も「過去、こういう地球でしたよ」ということを言いたいわけではなくて、全部が地球のこれからの環境のためであり、そして環境をどうやって守るか、私たちの生活をどう守るかという議論をするためには、現在につながる過去と言いますが、この考古の時代から歴史時代、そして現在につながる気候変化のあり方を、全部、データとして出すと、実は未来が見えてくる。そのための研究をしているということになるわけです。ネガティブに、これから地球はもうダメだとか、そんなことを言っているわけでなく、そのための一番大事な研究、基礎的な研究は、今、述べたように対馬海峡ができたとか、その後どうなったのかという、そういう気候変化の記録が、未来を論じるための一番最初のステップであると考えています。以上です。

矢野　それでは時間になりましたので、鹿島先生のご発表はこれで終わりたいと思います。どうもありがとうございました。

二　年縞を軸とした環太平洋文明の研究拠点

ふじのくに地球環境史ミュージアム館長
立命館大学環太平洋文明研究センター長
安田喜憲

一　年縞の発見

年縞《ねんこう》とは、私が最初につけた名前です。一九九三年に福井県水月湖で発見いたしました。おそらく九州の方でお聞きになっている方は、少ないでしょう。しかし、日本の湖の湖底には、こういった縞々の模様があり、それを私は年縞と名づけたわけです。年輪と同じものでございます。

年縞は基本的に白い層と黒い層がセットになりまして、一年を形成しています。白い層は、珪藻という藻が湖底で繁茂したことによって、黒い層は、有機物が堆積したことによって形成されます。このなかには当然、肉眼では見えませんが、花粉や珪藻・プランクトンの化石、中国大陸から飛んできた黄砂のかけら、あるいは火山灰、さらには地震の層なども含まれておりまして、これを分析することにより、過去の気候変動や森林の変遷が年単位でわかります。地震が起こると湖盆が揺れますので、湖底にタービダイト層が堆積します。図1は、秋田県一ノ目潟の一九八三年の日本海中部沖地震のときに形成されたタービダイトです。この年縞の発見によりまして過去の気候変動、森林の変遷、災害などの環境史を年単位で復元できるようになってきたわけです。

白黒がセットになって、まさに年輪と同じようなものでして、年輪の春材と秋材に当たるものです。ただし、年輪はせいぜい数千年で、木の大きさに限定されますが、日本の湖の湖底には、過去一〇万年くらい連続して年縞が堆積しているわけです。そして、今や福井県水月湖の年縞による過去五万二八〇〇年の正確な時間軸と過去の気候変動の分析の結果が、世界の標準になりました（Ramsey *et al.* 2012、中川、二〇一三・二〇一五）。

今までは、ヨーロッパ人やアメリカ人の分析結果が世界の標準でした。しかし氷河時代には、アメリカ大陸北部、カナダや五大湖周辺、あるいはグリーンランド、あるいはスカンジナビア半島は、厚さ三〇〇〇メートルもあるような厚い氷に覆われていました。そういったところに、現代のヨーロッパ人やアメリカ人は住んでいます。つまり、彼らはきわめて特異なところに住んでいるわけです。一方で、我々が住んでいる日本列島などの温帯や、亜熱帯には、そういった大規模な氷河は発達しませんでした。実はこういったところを主として、氷河時代の人類は居住していました。

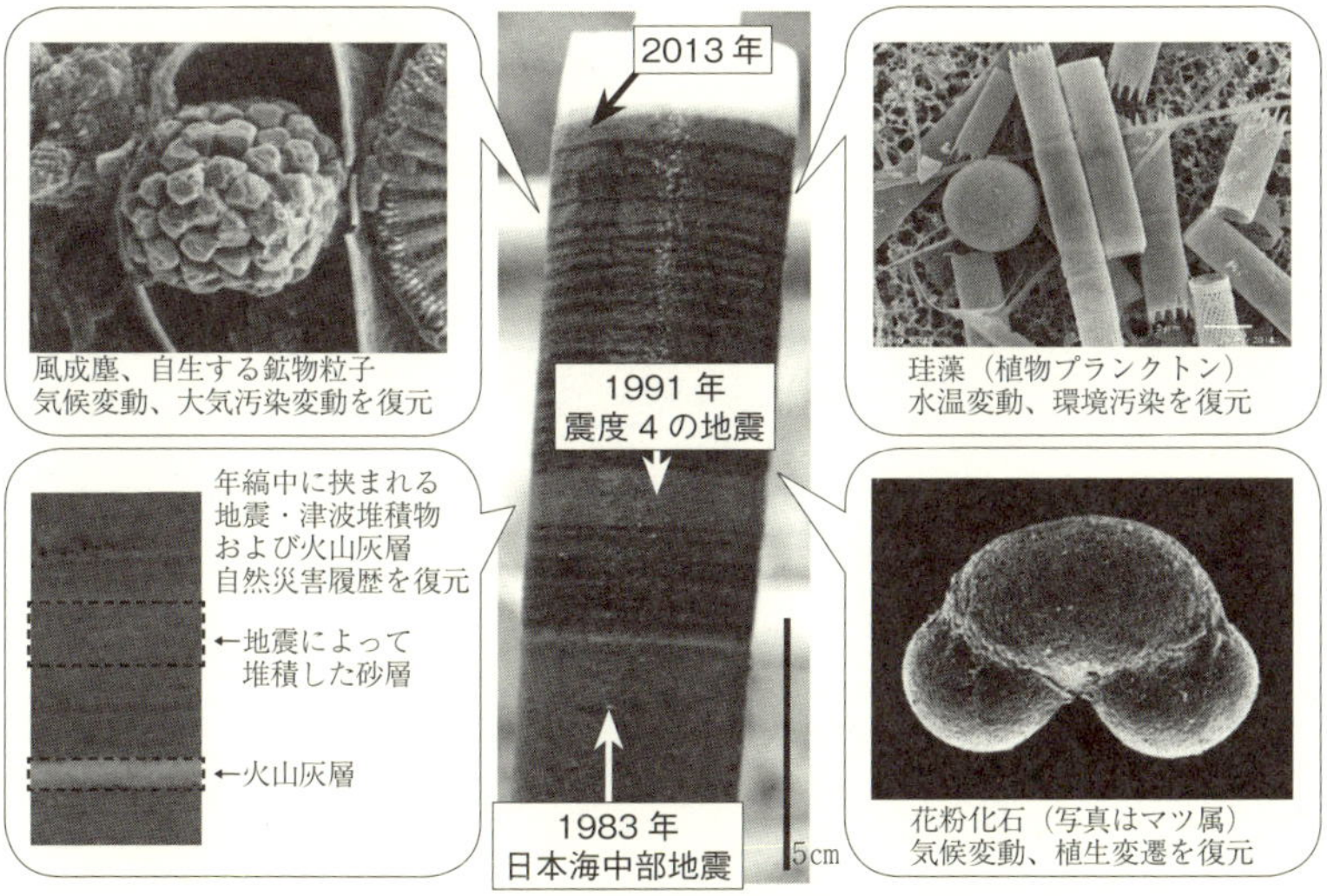

図1　秋田県一ノ目潟の表層の年縞（山田和芳氏提供）
年縞から地震や津波の周期性を復元し、未来の防災対策にあてる。

「時間を支配する者が文明を支配する」というのが欧米人の考え方です。ですから、ヨーロッパやアメリカの時間が世界の標準になっています。私たちも明治以降、彼らが決定した時間軸の下に暮らしていて、何の疑いもないわけです。それに我々が嬉々として従ってきたのが、明治以降の一五〇年間です。その前の江戸時代は、ヨーロッパやアメリカとは全く違う時間、すなわち太陰暦で暮らしていました。しかし、現代の標準時間軸は太陽暦で、イギリスのグリニッジ天文台にありますね。その上、過去も彼らが分析したデータでなければ標準ではないというわけです。アジア人の我々が、過去五万年の環境の変動や歴史の変動をいかに精緻に分析しても、標準にはならなかったのです。私は、一九九三年に年縞を見つけました。それから二〇年間は闘争の歴史でした。二〇一三年に、「我々アメリカ人やヨーロッパ人は、どうも特異なところに住んでいた。世界の標準は、温帯や亜熱帯地域にあるんだ」ということを、彼らはやっと認めたのです。

図2には、中米グァテマラのペテシュバトゥン湖の

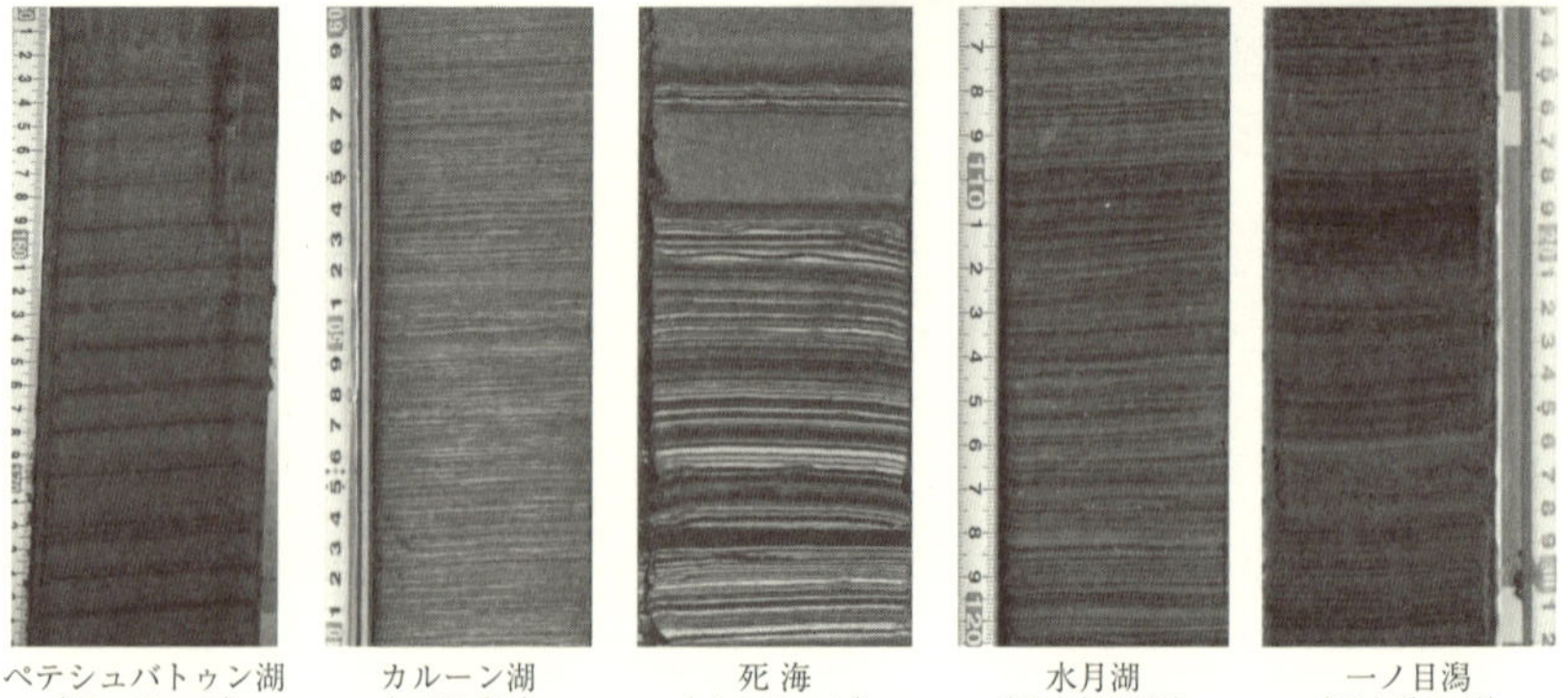

図2　世界の中緯度温帯・亜熱帯地域で発見された年縞（山田和芳氏提供）

年縞、エジプトのカルーン湖の年縞、イスラエルの死海の年縞、日本の福井県水月湖の年縞、秋田県一ノ目潟の年縞を示しました。こうした中緯度温帯・亜熱帯地域は、第四紀の氷河時代にも氷河に覆われませんでしたから、人類の居住地になっていました。こういったところの年縞を使って、過去の標準時間時計をきちんと復元しようというのが私たちのプロジェクトです。今や日本人が研究していることと、アジア人が研究していることが、世界の標準になりつつあるのです。

二　紀元後二四〇年の気候変動

年縞から明らかになった気候変動で今回の古墳時代に関連するものとして、西暦二四〇年の気候変動があります。この気候変動が弥生時代を終結させ古墳時代の始まりを導いたというのが私の考えです。図3は、ローマのコインの中に含まれる銀の含有量です。銀の含有量は、初めの頃はずっと高いのですが、どんどん低下していきます。西暦二四〇年、つまり日本で気候が悪化して、五賢帝が終わってローマ帝国が衰亡していく。それに伴い銀の含有量も低

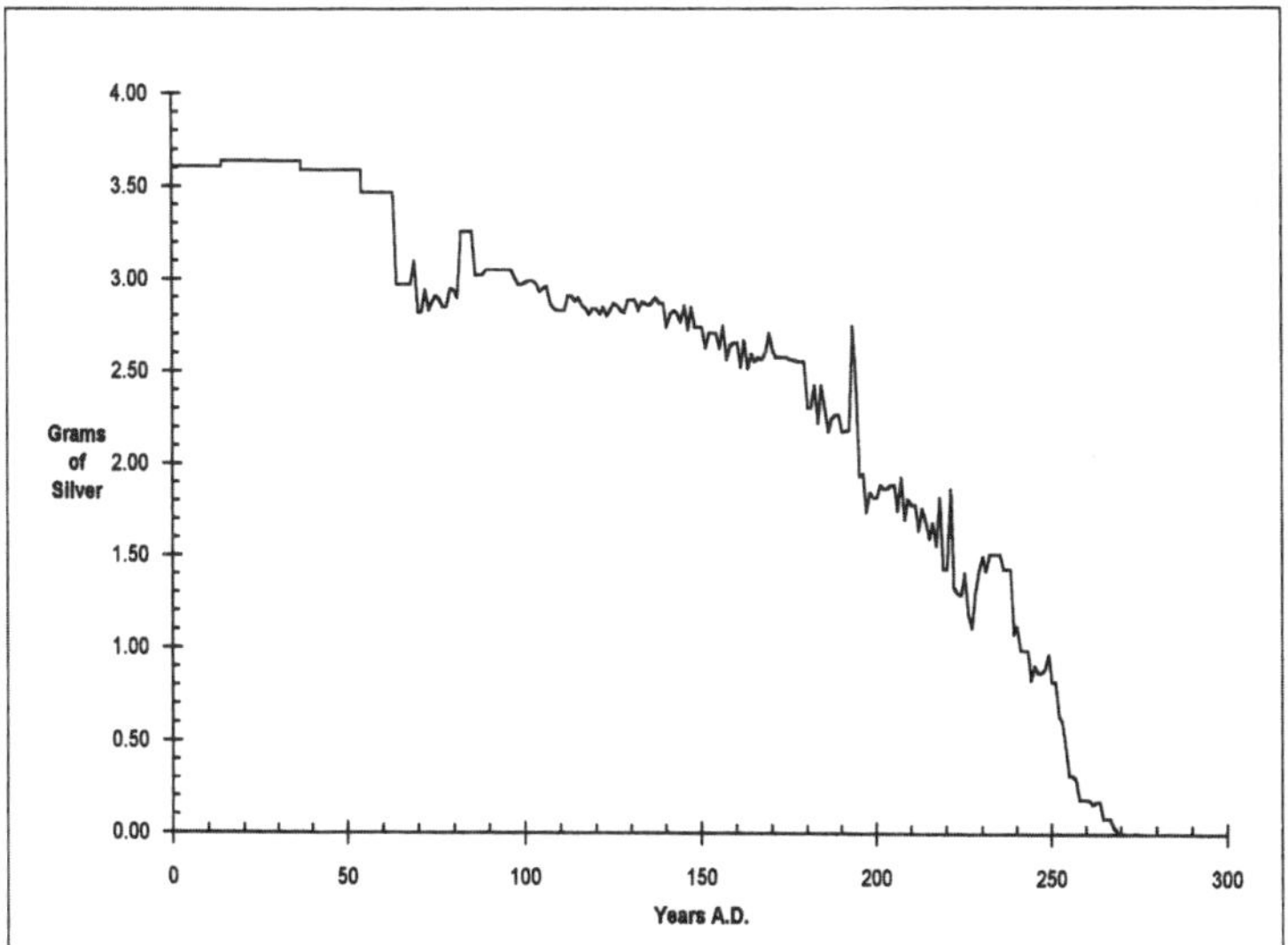

図３　ローマコインの銀の含有量
(Tainter and Crumley, 2007)

下していくということです。

図4が、死海の年縞のなかに刻まれた、西暦二四〇年の小さな砂層です。これが気候の悪化を示しています。見ていただいたらわかると思いますが、西暦二四〇年の砂層を境として、上は白いでしょう。これはアラゴナイトといって、石灰分が多いのです。乾燥の影響が非常に強くなって、気候が極めて不安定になったということを示しています。ところが、西暦二四〇年よりも下は白い層が少ないでしょう。これは、雨が多くて気候が安定していたということです。西暦二四〇年を境にして、それ以前が弥生時代、それ以降が古墳時代だというのが私（安田、二〇〇九a）の考えです。

三　鳥は天地の結合のシンボル

古墳時代の人々は鳥を崇拝しました。鳥取県淀江町の角田遺跡の弥生時代後期の土器（図5）には、鳥の羽飾りをした人が舟を漕いでいる図があります。これは、先ほど亀井先生が出雲大社と宗像は非常に深い関係があるとおっしゃいました（本書第Ⅲ章三）が、出雲大社と考えられるところに向かって舟を漕いでいます。太陽のシンボルが描かれています。

図4　西暦 240 年の気候悪化を物語る
イスラエル死海の年縞にはさまれた砂層（撮影安田喜憲）

図５　鳥取県淀江町の弥生時代後期の土器

出雲大社とみなされる建物にむかって船をこぐ羽飾りの帽子をかぶった人々と、その背後に太陽が描かれる。（撮影小川忠博／米子市教育委員会所蔵）

図６　羽山・端山に造られた四隅突出型古墳

弥生時代後期、洞ノ原墳墓群で国内最多18基の古墳が発見された。（米子市教育委員会提供）

それから、いわゆる四隅突出型古墳（図６）というものがあります。突出部は墓道だと言われています。私は、これは墓道だとは思いません。鳥の足だと思います。なぜかというと、この古墳が作られているところは羽山、つまり、鳥の羽の羽山に作られているのです。だから「これは鳥の足だと考えたらどうなんだ」、と私が言ったら、また「バカなことを言っている」と言われました。でも、私は墓道と言っているほうがおかしいのではないかと思っています。実は鳥の足ではないかと私は思います。

四二〇〇年前に大きな気候変動があり、中国大陸から、雲南省や貴州省に住んでいた人々が台湾に逃げてくるわけです。台湾のルカイ族やパイワン族は、今でも鳥の羽を飾った帽子を身につけます(図7)。アメリカインディアンのようでしょう。そして、我々は何を崇拝していますか。八咫烏を崇拝しています。これはどこから来たのでしょう。長江から来ているのです。稲作漁撈民のシンボルです。しかも、足は三本です。三が聖数なのです。ですから、宗像三女神も、宗像四女神ではないのです。三というのが稲作漁撈民の聖数ですから、三女神でなければいけないのです。

そして、北米のアメリカインディアンのみならず、南米アンデス文明の人々も、皆、ケツァールコアトルなど鳥を崇拝しました。稲作漁撈民の祖先も、鳥の羽根飾りの帽子を被っていたわけです。

それから、柱です。先ほどの亀井先生(本書第Ⅲ章三)は『日本書紀』のなかに、宗像三女神の三柱が出てくるとお話されました。柱も天地を結合しているのです。

柱を崇拝することは中国の少数民族、ミャオ族に今も残っています。ミャオ族の人々は、今でも蘆笙柱の上に鳥を掲げて崇拝しているわけです。アメリカインディアンも、やはり柱の上に鳥を置いています。我々も、宗像三女神の三柱だけではありません。伊勢神宮でも、心の御柱を崇拝しています。

なぜ、鳥や柱を崇拝するのでしょう。それは、鳥や柱は天と地を結合するからです。天地の結合です。図8は、長江文明の人々が使った玉器です。長江文明の人々は、金銀財宝ではなく玉を崇拝します。図8は、

図7　台湾のルカイ族やパイワン族などの少数民族

彼らも鳥と蛇、太陽・柱を崇拝し(右)，そしてアメリカインデイアンと同じような羽飾りの帽子をかぶっていた(左)
(撮影安田喜憲)

五〇〇〇年前のものです。これは玉琮といい、玉のなかで一番、風格の高いものです。宗教的なもので、必ず丸と四角の結合からなっています。丸は何かというと、中国人にとって天を指します。四角は大地です。つまり、これは天と地の結合を表したものです。柱も天と地をつなぎます。鳥も、天と地を往来します。つまり、天地の結合こそが、稲作漁撈民にとって最も重要だということです。玉は山のシンボルですが、山も天と地を結合させることによって、豊穣の雨をもたらします。そして、その雨が稲作地帯を潤すわけです。天地《あめつち》の結合、これが最も重要な世界観であるからこそ、我々は柱を崇拝するのです。

なぜ長江の人々が、丸と四角の結合する玉琮をこれほど崇拝するのか、一〇年間、わかりませんでした。私だったら玉を貰うくらいなら、金銀財宝を貰ったほうが嬉しいです。こんな石ころを貰っても、何の意味もない。ところが、彼らは玉を大事にしています。そして、アメリカインディアンのような羽飾りの帽子を被った人がいて、トラの目に触っている。これは、鳥人間なんです。足を見てください。三本指の鳥の足です。つまり、鳥人間ですから、天地を往来するのです。身体には渦巻―生命の再生と循環、命の循環のシンボルである渦巻が描かれています。命の再

図８　長江文明は玉器文明だった

玉は山のシンボルだった。玉の中でもっとも品格の高い玉琮は、丸（天）と四角（地）の結合からなっていた。アメリカ・インデイアンを彷彿とさせる良渚の玉琮に彫られた神獣人面文様の直径は、約3cm前後（『良渚文化玉器』文物出版社による）

生と循環、それが渦巻のシンボルによって示されています。

同じような世界観は、太平洋を渡ったマヤの人々にもあります。マヤの人々も、玉を崇拝します。後漢の馬王堆の人々も、同じように玉で身体を包んでいました。

四　前方後円墳は上円下方墳だった

古墳時代を代表するのが古墳です。なかでも前方後円墳は、古墳の中の古墳です。その前方後円墳は、天地の結合のシンボルであるということを私は提示しました（安田、二〇〇九b）。前方後円墳というのは、丸と四角の結合です。なぜ前方後円墳は丸と四角の結合なのでしょうか？丸と四角の結合ということは、まさに丸と四角―天と地を結合しているんです。その発想は、どこから来たのでしょう。それは、長江から来たのではないでしょうか。それを、高句麗や黄河文明とのつながりでみるとわからなくなるのではないでしょうか。そのことを、少し考えてほしいと思います。つまり、日本の古墳のルーツは、長江の土墩墓にあるのではないでしょうか。

このことを最初に指摘されたのは、樋口隆康先生です（樋口、二〇〇〇）。しかし日本の考古学者には、全く認められませんでした。この古墳のルーツは長江の土墩墓にあるということを指摘された樋口先生の説は全く注目されませんでした。

たとえば始皇帝の陵があるでしょう。遺体は、地下何メートルのところにありますか？地下三〇メートル、四〇メートルの穴を掘って埋めている。泥棒が多いから、それくらい人が信用できないのです。ところが、長江の土墩墓は、墳丘は作りますが、遺体はすぐその下の地下に埋めています。では、日本の古墳はどうですか？地下何メートルも掘って埋めていますか？ほとんどの遺体は地表部に埋められています。その古墳を作る際の世界観、考え方は、長江の人々と我々とで同じなのです。黄河文明のように人を疑って、地下深くに埋葬するような古墳の形式ではないのです。そのことを樋口先生はもうずっと前から指摘されていました（樋口、二〇〇〇）。私はこのお考えが正しいと思います。樋口先生は「地下水位が高いところでは、埋めるために深く掘れない」と指摘されているが、地下水だけでなく、私は人に対する信用が深くかかわっていると思います。したがって前方後円墳は、長江の玉琮と同じく上円下方墳で天地の結合をあらわしていたのではないかと思います。

五　日本神話のルーツは長江にあった

日本の神話のルーツも長江に起源がある。そのことを、ぜひ、皆さん、考えてもらいたいと思います。我々は、稲作漁撈民です。お米を食べて魚を食べています。ですから、畑作牧畜型の、パンを食べて肉を食べて、万頭を食べてうどんを食べる、黄河文明とは原理が異なるのです。尖閣列島の問題が起きたときに、「犬と日本人はお断り」という看板が、香港のレストランで出されました。これを見て、なぜ犬なのか、どういう意味なのか、わからない人がたくさんいました。しかし、これについては『三国志』に書いてあります。『三国志』は、紀元二二〇〜二八〇年の陳寿が編纂したものです。そこに、「魏志東夷伝倭人条」というものがありますね。対馬国の大官は卑狗―卑しい狗、副官は卑奴母離―卑しい奴隷の母と書かれています。卑弥呼でさえ卑しい巫女である可能性があるのです。大官とは、知事のようなものです。中国人、つまり漢民族から見れば、日本人は犬と同じなのです。その始まりは、すでに「魏志倭人伝」の時代からありました。中国人は二〇〇〇年も前から、日本人を卑しい狗と呼んでいるのです。今に始まったことではないのです。

こういったことを踏まえて、もう一度、日中関係を見直したいと思います。友好のためには歴史学、歴史認識が大事です。歴史学者が日本の古墳時代を考えるときに、いつも高句麗や黄河文明との対比のなかで考えていたのでは、何もわからないのではないでしょうか。むしろ、長江流域の長江文明と日本の古墳が、深い関係があるのではないでしょうか。そう考え直すことが、大事なのではないか、というのが、私の提案でございます。

日本神話と長江文明との深い関係については、拙著『日本神話と長江文明』（安田、二〇一五）に報告したので興味のある方はそちらをご参照いただきたいと思います。

参考文献

欠端　実　二〇〇七「説話が運ばれた道」『比較文明』二二

中川　毅　二〇一三『水月湖の年縞はなぜ重要か」『号外地球』六三、海洋出版

中川　毅　二〇一五『時を刻む湖』岩波科学ライブラリー

樋口隆康・梅原　猛・厳文明　二〇〇〇『長江文明の曙』角川書店

安田喜憲　二〇〇九ａ『稲作漁撈文明―長江文明から弥生文化へ―』雄山閣

安田喜憲　二〇〇九ｂ『山は市場原理主義と闘っている』東洋経済新報社

安田喜憲　二〇一五『日本神話と長江文明』雄山閣

Tainter, J. Crumley, C.L.:（2007）Climate, complexity, and problem solving in the Roman empire. Costanza, R. *et al.*（eds.）: *Sustainability or Collapse*?. The MIT Press, Cambridge, 61-75

Ramsey, C. B. *et al.*:（2012）A complete terrestrial radiocarbon record for 11.2 to 52.8 kyr B.P.. *Science*, 338, 30-374

三　国家権力と海上交流

西九州大学教授　マーク・ハドソン

皆さん、こんにちは。西九州大学のハドソンです。佐賀県の神埼市、吉野ヶ里遺跡のすぐ近くに住んでいます。吉野ヶ里と言いますと、弥生時代には日本の一つの中心地だったと思うのですが、私も学生のときは、少し弥生時代の研究をしました。そのときも、西谷正先生にたいへんお世話になりました。しかし、その後は弥生時代以降に日本の中心部の人たちが農耕民になってから、農耕をしていない人たち、そのまま狩猟採集を続けている周辺の人たちをメインに研究してきました。具体的に言いますと、沖縄の南とか北海道のオホーツク海など、明治時代までは日本ではない、周辺の地域を研究してきました。ですから、最初に今回のシンポジウムの話をいただいたとき、少し困りまして、何の話をしようかな、と思っていました。古墳時代と同じ時代の研究をしていますが、北海道と沖縄には古墳文化がありません。

それで、どんな話をしてみようかな、と思って少し考えてみますと、この三〇年間、海との関係のこともかなり研究してきたと気がつきました。たとえば実際、学生のときから島での発掘調査も行ってきました。それこそ三〇年前に東京にいた頃は、ちょうどバブルのときで、開発が多くて、大島、新島、神津島、八丈島といった伊豆の島々にいて調査をしていました。考古学的には、たとえば神津島は黒曜石が出ますので、海の歴史では非常に大事な場所です。それぞれの島には独特な文化、食べ物があって、新島の調査のときにはお昼にくさやのおにぎりが出るんですね。大変でした。

その後は筑波大学へ行って、今度は北海道の島ですね。この一〇年間、礼文島、利尻島の調査を行い、同時に沖縄の南のほうの宮古島で岩陰遺跡と風葬墓、その前の貝塚を長く発掘調査してきています。

また、もう一つはロンドン大学の学部生のときですが、経済史のチャウドリー先生にたいへんお世話になりました。インド洋の経済史が専門の先生で、『Asia Before Europe』(K. N. Chaudhuri 1991) 等の本を書いています。彼は海の交流が専門で、歴史学者です。考古学にも詳しくて、とくにケンブリッジのコリン・レンフルー先生の地中海における海上交流の理論(コリン レンフルー、一九七九)にとても影響を受けていました。

もう一つは最近のことで、ちなみに私の発表で対馬海峡の話はこれだけですが、数年前から、アラスカ大学のカーラ・フーバー先生と共同研究をしています。ご存知の方も多いと思いますが、弥生時代に入っても北西九州の海岸のところで縄文人がまだ残っているというか、骨の形質としては縄文系の人で、貝塚を残して海のものを食べているという遺跡が多いのです。それで、フーバー先生がアラスカから研究費を得て、今、温暖化や気候変動の大変化のなかで狩猟採集民がなぜそのまま残っているかという大きいテーマで研究をしていまして、北西九州がその参考になるのではないか、ということで人骨を調べていました。要するに、この辺に住んでいる人たちの健康状態はどうか、ということです。弥生時代に入って、一〇〇〇年くらい続けて狩猟採集をしています。しかし、骨で見る限りは健康的でしたので、生活が大変で苦労してから農耕に変わったのではなくて、おそらく自分の選択で少しずつ変わったということが言えるのではないかと思います。

さらに、最近少し関わっているフランスのプロジェクトですが、Océanides という海の歴史の大きな研究です(www. oceanides-association.org 参照)。そこで、日本の先史時代の海のことを書いてくれということで、先週、パリのシンポジウムに行ってきました。行って驚いたのはやはり地中海が中心で、本当にアジアのことにはあまり関心がないようでした。私が参加したシンポジウムは古代、中世編（チャールズ マン、二〇一六）ですが、当然、ヨーロッパは近世になりますと、今度は大西洋が大事になって、アメリカとの交流などが主要なテーマになりますが、古代は地中海が中心でした。あまりに驚いたので、今後のミッションとしては、フランスに日本の考古学をもっと宣伝したいと思っています。イギリスやドイツでは関心が高いのですが、フランスでは関心が低いので、今後のミッションとしたいところです。

そういうことで、今日は三つの内容でお話したいと思います。最初は海の一般的な話です。それから、私に与えられたテーマ「国家形成、国家権力の例、国家とは何か」ですね。そして、最後に、海と国家の関係についてお話をしたいと思います。

一　海と交流

まず、海のごく一般的なことです。海の利用ということで、一つ大事なのは食べる資源です。魚、貝、塩、あとは海苔です。図1は、宮古島でアーサという岩海苔を採っているところです。図2も宮古島で撮った写真ですが、おばあちゃんが海辺で貝殻を掘り出した風景です。

次に、当然ですが移動手段としての利用です。縄文時代は丸木舟を使って川

図1　宮古島でアーサ採集

図2　宮古島の海辺で採集された貝殻

や海で移動します。縄文人も、結構、島に渡っていたので、そのときも丸木舟を利用したでしょう。

それから、交易です。すでに交易の話も出ましたが、図3は礼文島の船泊遺跡の風景です。この遺跡では、縄文人が貝を使ってビーズを作っていました。

情報を伝えることで、宗教なども広い意味で情報と考えられますが、新島の田原遺跡では、縄文時代の配石遺構が出ています。縄文早期です。くさやのおにぎりを食べながら、発掘しました。今、この配石遺構は新島の博物館で復元されています。

また、戦いというか、海というのは海賊など、外からやってくるところでもあります。良い交流もあるけれど、一方で悪い交流もあります。

もう一つ、海の大事なこととしてはコミュニケーションなんですね、これはとくに先史時代、狩猟採集民には大きな問題になります。人間は、基本的に社会的な動物で、社会ネットワークがとても大事です。たとえば結婚相手を見つけるためには最低、五〇〇人くらいは必要と言われているように、社会ネットワークが大事です。ですが、海岸や島になりますと、これがかなり難しくなります。つまり、普通のネットワークだと自分が

図３　礼文島の船泊遺跡

真ん中ならどこでもつながっていけます。しかし、海岸や島の場合、ネットワーク構造が細長く、交流がさらにむずかしくなります。細長いネットワークの場合は、それを維持するコストが高くなります。

日本は島国なので、ネットワークに関するいろいろな良いケーススタディがあるわけですが、大きく言いますと、日本では三つのパターンがあると思います。一つは、沖縄・奄美型で、すごく交流が盛んなパターンです。先史時代、縄文や弥生もそうです。九州と沖縄の交流が非常に盛んです。もう一つが千島型で、これは交流が盛んなときもあるけれど、そうではないときもあります。そして最後、先島型です。これはほとんど交流がなく、自分たちだけで生活をおくるというやり方です。

沖縄・奄美型　まず沖縄では、九州から縄文人が渡って琉球縄文文化ができます。沖縄本島の土器にはやはり九州との共通点がたくさんあって、すでに九州との情報交流があります。

先島型　しかし一方で、先島諸島ではまず縄文文化が進出していません。行っていないです。非常に孤立して、外との交流がほとんどない、世界的に見ても非常に珍しい文化です。ちなみに、沖縄本島と宮古島の間が二五〇キロくらいで、これはそれこそ環太平洋で非常に長い──今では何でもないですが、先史時代には非常に長い距離で、なかなか先史人は二五〇キロの距離を越えられなかったようです。

千島型　もう一つが、千島列島です。ワシントン大学のベン・フィッツヒュー先生らの調査結果から、千島列島では先史時代の居住パターンが時期によってかなり違うということが分かります。時期によって人口も全然違うことが推定できます。たとえば、オホーツク文化時代は千島列島の人口が一番多いと推定しますが、その時代の終わりには人口が急に減りました。フィッツヒュー先生は、オホーツク文化期の人口増加の背景に、黒曜石や土器の交易ネットワークが千島列島で特に盛んとなったことを挙げています。そのネットワークが崩れると、人口が急に減ります（Fitzhugh *et al.*, 2016）。

三　地中海の交易

海上交易のことですが、古代は、少なくとも西アジアの場合は、やはり地中海が中心になります。文明の一つの発祥の地が中近東にあって、そこからだんだん西のほうに移動するということです。今はかなり砂漠化されていますが、ローマ時代には、中近東や北アフリカでムギを栽培して、イタリアなどのほうに運んでいました。北アフリカが非常に豊かな時代があったのです。

今までの多くの研究から、交易が古代の社会的、経済的変化の大きな原因となったことが分かります。その代表的な研究が、コリン・レンフルー先生のエーゲ海の国家形成論です。『文明の誕生』(コリン レンフルー、一九七九) という本ですが、日本の考古学にもかなり影響を及ぼしました。

一方、東アジアでも地中海的な研究が前から指摘されていて、国分直一先生が最初かどうかは分かりませんが、少なくとも七〇年代から〝東亜地中海〟という言葉を使っています(国分、一九七六)。また、京都の国際日本文化研究センターのプロジェクトで、やはり「東アジア地中海」というプロジェクトがありました。その成果が、『海の古代史：東アジア地中海』(千田編著、二〇〇二) で出版されています。それからもう一つ、最近、同じ京都で、総合地球環境学研究所の「東アジアの内海」という、七年間の大きな研究プロジェクトもありました(内山・カティリンドスロム編、二〇一〇〜二〇一二)。

地中海の交易研究では、ベルギー人のピレンヌ説を聞いたことのある人もいるかもしれません。『ヨーロッパ世界の誕生』(中村・佐々木 訳、一九六〇) という本では、七世紀のアラブ人の征服によって、中近東とヨーロッパの交易ができなくなったという古典的な理論が論じられています。しかし、ピレンヌ説で取り上げた商品が金、絹、パピルスと香辛料というを四つのものだけであり、そのなかのパピルス以外の商品は高級品物でありました。

最近の研究では、高級品の長距離の交易も大事ですが、一番大切なのは各地域内の交易品ではないかと主張されています。オックスフォード大学のクリス・ウィクハム教授の大作（C. Wickham, 2005）がその代表的な研究です。

一方では、海の交流を考えるときに、気候変動も問題となります。中世の温暖期になりますと、たとえば九世紀、一〇世紀くらいになりますと、ヴァイキングの人たちがアイスランドやグリーンランドに渡ってくる、という時代です。グリーンランドでは、一つ大事な商品として、セイウチの牙があります。これは、アラブ人の征服によって、アフリカのゾウの牙がヨーロッパまで入ってこなくなったので、別の起源地が求められたということです。牙を使っていろいろなものを作りますので、当時の中世ヨーロッパ人にとっては非常に大事な材料ですから、それをセイウチから手に入れたのではないか、という考えがあります。逆に、地中海によって交易が再び盛んになって、アフリカのゾウが入ってくると、今度はセイウチの需要がなくなったので、グリーンランドのヴァイキングが絶滅したという考えもあります（Arneborg, 2000）。

それから、もう一つ大事なのは文化です。イギリスやデンマークの石器時代、農耕以前、中石器時代には、貝塚などがたくさんあって、海のものをたくさん食べていますが、新石器になると、急に海のものを利用できなくなったという研究成果があります（Schulting, *et al.*, 2004）。この研究は人骨の安定同位体分析によるものです。その後、北西ヨーロッパでは、一〇〇〇年頃から漁業が商品化され、ニシンなどの魚を内陸でもたくさん食べるようになります。また、キリスト教の普及とともに、肉を食べない「断食」の日には魚を食べることが一般化されます。ヨーロッパの歴史から、海の資源利用と文化が密な関係を持つことが分かります。

四　国家権力とは何か

次に「国家権力とは何か」ということを、簡単にまとめたいと思います。まず、平等社会とは何か、首長社会とは何か、国家社会とは何か、そしてその違いについて少し説明しまして、海との関連を中心に述べていきたいと思います。

まず、平等社会とは、縄文時代などが基本的にそれに当たると思います。縄文時代にも、おそらくリーダー的な人はいました。しかし、そのリーダーは一時的な役割を持っている人です。それは特別な地位を持っている、たとえば戦争になったときに特別な勇気を持っている人、そういう人がいました。そして、次のおそらく弥生時代に当たると思いますが、首長社会になりますと、常に身分の高い人たちがいます。チーフといわれている首長は、身分の高い人たちのなかから選択されます。たとえば吉野ヶ里遺跡なら、墳丘墓がありますが、そのなかに埋葬されているのは、まだ一人ではないんですね。何人かが埋葬されている。それは、身分の高い人たちです。何かの親族関係はあると思いますが、そういう人たちがいます。

こういう首長社会は、規模が大きくなると社会を維持する経済的なコストも高くなります。もちろん、権力の基本はイネなどの農作物です。その一方で、いわゆる威信財、吉野ヶ里なら貝の腕輪とか、金属、青銅器などがそれに当たると思いますが、そういうものは交易によって手に入れられる場合が多いです。

首長社会は、官僚的な組織はまだ未発達です。いわゆる官職は少ないです。それがだんだん社会が複雑になると、官職が多くなります。たとえば『魏志倭人伝』を読みますと、邪馬台国が一番官職が多いです。他の国は二つしか書いていませんが、邪馬台国は四つあり、一番官僚組織が発達しているということが言えると思います。まだ官職が少ないということは、実際の権力が薄いということです。基本的に首長が自分で全部やらなければいけない。地方の人が勝手に自分の好きなことをやる危険性があるので、不安定なところもあります。そうしますと、実際の支配下の範囲が狭いんですね。多くの研究者は、一日範囲くらい、三〇キロの範囲くらいしか実際に支配できないといっています。

次に、本当の国家になりますと、今度は官職がたくさんあります。そういう社会は、実際にそれぞれの人の権力が制限されているにしても、制度としては非常に力を持っている社会です。一方で、こういう制度になりますと、政治的中心地が海から離れているところを支配することが初めて可能になります。

実際の古代国家は、最初の実質的なものとしては、メソポタミアとかエジプトになりまして、多くの場合は内陸にあります。海に近いところにもありますが、基本的な社会権力の背景が内陸にあるということは言えると思います。ただ、その次に二次的な国家になりますと、少し変な言い方ですが、海の国家もあります。古代ギリシアがそうです。古代ギリシアの場合は、ベースは陸の農産物ですが、それを海で再分配します。。一方では、交易だけで国家権力を保っている、たとえば琉球王国という国家もあります。

五　海と権力

最後に、海と権力ということを考えます。まず、イギリスの王様、カヌート一世という人の名前を聞いたことはありますでしょうか？　日本ではどうか分かりませんが、イギリスでは、この話は結構、有名です。本当の話かどうかは分かりません。ただ、このカヌート一世はイギリスの王様で、同時にデンマークとスウェーデンの王様でもあります。彼は海に入って波を止めようとしますが、自分ではできないことを認めるという話しです。これは、周りの人に、王様の力に制限があるということを見せたかったと言われています。本当かどうかは分からないのですが、とても象徴的な話ではあると思います。つまり、王様や国家が海を支配することが難しいということです。それは、良い側面も悪い側面もあります。日本では、江戸時代の鎖国体制が、世界史のなかでも、海を「支配する」体制の一つではないかと思います。普通は、そこまで海を閉鎖させることは難しいです。

ここで、国家にとっての海のプラスマイナスを考えたいと思います。まず、プラスですが、それは食べ物です。割とたくさんあって、安定的な食料にもなります。それから、近代の鉄道ができる前は、船の交流が陸より安くて早いです。それによって、交易品の流通範囲が広がっていきます。普段、近くにないものを手に入れることが可能となります。それは、とくに日常的に必要はないかもしれないけれども、政治のためには必要とされているものも入ります。

それから、海があると、一方では外の世界から守られます。イギリスの歴史では、日本と違って外から多くの侵入がありましたが、大陸ではもっと多くの戦争などがあるわけです。

一方、マイナスとしては危険性があるということです。海の津波や潮は、政治的に管理できない世界です。また、海賊やいろいろな人がやってきます。海の文化はハイブリッドな文化で、これは必ずしも悪いとは言えませんが、政治的には難しい課題をかかえていると考えてもいいと思います。このような問題は、とくに北西ヨーロッパでよく見られ、たとえばオランダ辺りの大潮や洪水です。オランダでは、近世から大きな土の堤防を作ります。それから、ヴァイキングの人たちがやってくるなど、非常に不安定なところもあります。イギリス人は、長く外からやってくる海賊も怖がっていますが、自分たちも結構、海賊行為を行ってきています。

シェイクスピアの『リチャード二世』は、芝居としてはあまり有名ではないかもしれませんが、イギリスの島国性に関するスピーチが有名です。イギリスが島ということで、「自然の砦」とか、「病気も入ってこない」とか、「敵も入ってこない」とか、「海がこの島を守り」とか、そういうスピーチがあります。

もう一つ、古代では大事なことがあります。海上交流の限界ということで、やはり季節が大事です。地中海でも、冬は嵐があってなかなか交流が難しいです。交流は、いつでもできるわけではなくて、海流や風、季節、台風などいろいろな問題があります。

日本の弥生時代に戻りますと、『魏志倭人伝』を昨日、一昨日当たりで、もう一度読んでみましたが、海がすごく中心に書かれています。しかし、長距離の交易の話は出てきません。対馬などでは、田畑がよくないので市に行って交流をします。『魏志倭人伝』では、弥生時代の長距離交易は出てこないですが、考古学的に見ますと、そのような交易はかなり盛んでした。たとえば沖縄の貝殻が、九州、それから北海道の有珠一〇遺跡まで出てきます。ちなみに、学生のときも有珠遺跡の発掘に行きました。なぜかずっと島の発掘をやってきました。

日本では全く有名ではないと思いますが、レッドヤードというアメリカの研究者が、弥生時代・古墳時代の「倭の制海権」という論文を書いています（G. Ledyard, 1975）。この論文のなかでは騎馬民族説を批判しています。倭国は騎馬民族ではなくて、海を中心とする制海の国ではないかということを、論文で書いています。しかし、その論文のなかでは、あまり海と権力との具体的な話は出てきません。

六　結　論

結論に行きますと、古代国家の基盤はやはり農耕です。図4は神埼駅の北側からみる吉野ヶ里遺跡です。現在、この地域では夏から秋は水田となりますが、春はムギですね。ウシも飼っていますが、やはり農業です。これが、国家権力の基盤となる経済制度です。図5は、沖ノ島の灯台から撮った写真です。平な土地がなくて、農耕ができない場所です。ですから、当然、沖ノ島は国家の経済基盤とはなりません。しかし、海の象徴的な支配の場所としては、とても大事な場所です。

最後に少し地中海の例を紹介したいと思います。この前、パリに行くまで知らなかったのですが、ヴェネツィアの海の結婚式という儀式があります。紀元後一〇〇〇年くらいからありますが、もともとは海上安全の祈りか

図４　神埼駅からみる吉野ヶ里遺跡

図５　沖ノ島

ら始まりました。それが一三三〇年頃から「海と結婚」というかたちに変わってきます。つまり、意味としてはヴェネツィアの町と海が結婚して同じものになるという考えです。これは、現在でも行われているそうです。今は市長さんが海に行って式を行うそうです。

そういうことで、結論ですが、古代国家の権力は、基本が農作物ですが、海の交易によって農作物は再分配されています。国家の領域が広まっていくということがあります。それから、長距離の交易によって、特別なものを使って、権力が高まることもあります。しかし、一方では、ヴェネツィアの「海の結婚式」のように、海の象徴的な力は大きいですが、直接の支配は難しい。そういう意味では、対馬海峡の沖ノ島は世界的に見ても、海と国家の関係が分かる、すごく大事な例だと思います。以上です。、ご清聴ありがとうございました。

参考文献

内山純蔵・カティ　リンドスロム 編　二〇一〇〜二〇一二『東アジア内海文化圏の景観史と環境』全三巻、昭和堂

国分直一　一九七六『環シナ海民族文化考』慶友社

コリン　レンフルー　大貫良夫 訳　一九七九『文明の誕生』岩波書店

千田　稔 編著　二〇〇二『海の古代史：東アジア地中海』角川書店

チャールズ　マン　二〇一六『1493―世界を変えた大陸間の「交換」』紀伊国屋書店

中村　宏・佐々木克巳 訳　一九六〇『ヨーロッパ世界の誕生』創文社

Arneborg, J.（2000）'Greenland and Europe', in W. Fitzhugh and E. Ward (eds.), Vikings: The North Atlantic Saga, Smithsonian Institution Press (London): 304-317.

C, Wickham,（2005）*Framing the Early Middle Ages*, Oxford Univ. Press

G. Ledyard,（1975）Galloping along with the Horseriders: Looking for the founders of Japan, *Journal of Japanese Studies* 1: 217-254

Fitzhugh, B., E. Gjesfjeld, W. Brown, M. Hudson, J. Shaw（2016）Resilience and the population history of the Kuril islands, northwest Pacific. Quaternary International.

K. N. Chaudhuri,（1991）*Asia Before Europe*, Cambrige University Press.

Schulting, R. J., Tresset, A. and Dupont, C.（2004）From harvesting the sea to stock rearing along the Atlantic façade of north-west Europe. *Environmental Archaeology* 9, 143-154.

ディスカッション

矢野　ありがとうございました。

安田　日本人の考古学者や歴史学者が、戦後、心酔したのが騎馬民族国家説でした。

戦後日本人が、新しい国家を目指して動きだしたときには、騎馬民族国家説が注目されました。古墳文化のシンボルは騎馬民族という、江上先生の騎馬民族説からはじまりましたが、これは、根本的には戦争に負けたという、負の側面が影響しています。自信がなくなったということに基づいた歴史観であった可能性が非常に高いわけです。それ以降、日本人は皆、自国の歴史で考えるときに、騎馬民族説で考えたように、大陸地を中心として国家の権力を考えて、陸地史観で物事を見ようとしてきました。自分たちが海に囲まれているということの価値を、まったく再考察しようとしなかった。ところが、実際は先ほど言ったように、「魏志倭人伝」でも入墨をして、海人の集落で一生懸命、魚を獲ってということがちゃんと書かれています。そういう文明の原点、それこそが我々稲作漁撈民の原点であって、人間は生きるためにはタンパク質を食べなければならないけれど、ミルクを飲んで肉を食べる人々がいる一方で、我々は魚介類を食べてきたわけでしょう。その違いは、非常に大きいわけです。

肉を食べるためには、ヒツジやヤギを飼わなければいけないから、それが自然を支配して、森林を破壊していきました。それに対して、魚介類を食べる人間は、魚を黙って食べていればいいわけだから、森を破壊する必要はありません。自然に優しいライフスタイルをしていたわけです。にもかかわらず、戦後七〇年も経って、やっとこの重要性に気づいてきた。それまでの歴史学や考古学者の功罪は、非常に大きいわけです。

ですから、これから根本的にものの考え方を改めて、「我々はやはり稲作漁撈民の文明の伝統を持っているんだ」と考えないといけない。神話でさえも、長江からの文明の影響で考え直さなければいけない。そういう時代になってきたということを再認識したいと思います。ハドソンさんはどちらかというと陸地史観で、さすがに牧畜民生まれの人ですね。日本にきて日本人の持っている優しさに触れた。その日本人の優しさはどこから来ているのかというと、海から来ていると思います。

ハドソン　おっしゃる通りで、海に関する対応や考えが、考古学の研究や歴史の研究に影響がありますね。あまり意識していませんが、そういう根本的なことが研究には影響があると思います。

清水　マークさん、ありがとうございました。清水と申します。

先ほど先生におっしゃっていただいた、北西九州の人たちの骨を見ると、やはり健康な人たちが多かったとおっしゃいましたが、なかにもし病気というか、健康ではない骨を見た経験があれば教えていただきたいと思います。

ハドソン　見たものは、歯では、虫歯と成長が止まると歯に細い線ができる「エナメル質減形成」というもの、あとは貧血、眼窩の後ろの骨に穴ができるものと、体の対称性です。健康的な人は、骨も歯も左と右がまったく同じ、本当に数ミリ以下の範囲ですが、そういうものを見ました。お考えのような特別な病気は見ていません。縄文人も弥生人も変わりません。弥生人を中心に割合だけを見ましたが、大きくは北西九州の人々は海のものを食べて、自分の伝統的な生活を守るかたちでそれを続けたという結論です。

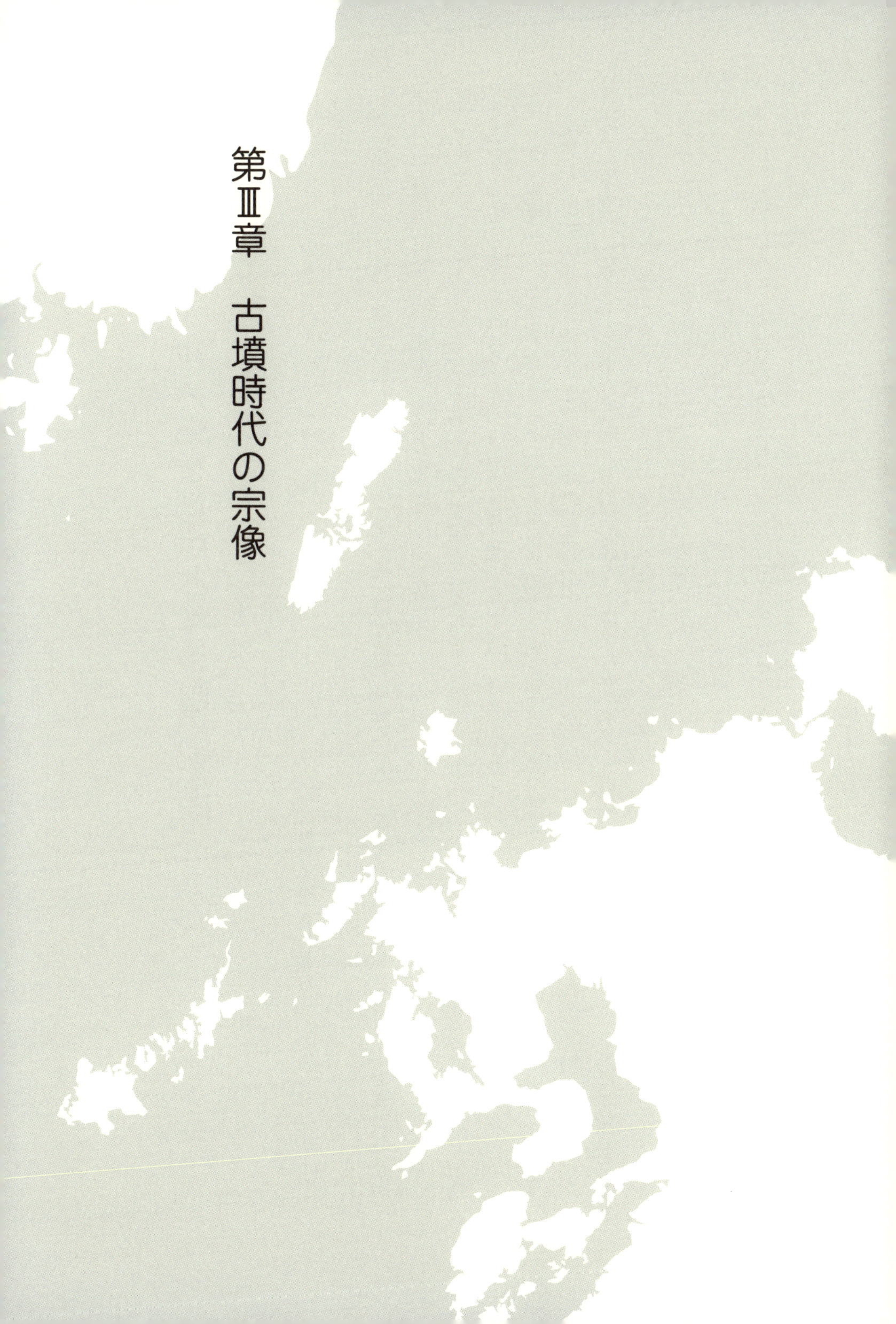

第Ⅲ章　古墳時代の宗像

一　宗像、沖ノ島を基点とする直線配置

福岡教育大学名誉教授　平井正則

福岡教育大学名誉教授の平井正則と申します。自己紹介を兼ねて、宗像市市民サービス協働化事業のひとつ「むなかた電子博物館」を進めております。ここからすぐの海岸に、〝北斗の水くみ公園〟を、最近、宗像市が作りました。この地は北斗七星が北極星の下側を西から東に抜ける時に（子午線下方通過）、北斗七星がまるで柄杓で水をくんでいるように見える、世界でも珍しい場所で、我々は〝北斗の水くみ〟と呼んでおります。北極星の高い北の場所、たとえば東京だと、北極星は海面から離れて高い空にきますから、〝水くみ〟にはなりません。ちょうど水面にかかる地（緯度）が、この宗像であるというわけです。それからもう一つの条件は、北側に水平線または海が必要です。本当は静かな水面のほうが良いのですが、幸い宗像は北に海があります。世界地図を調べますと（非常に凝った方は、チュニジアの地中海を望む北海岸でも条件を満たすとおっしゃる方もおられます）、優雅に北斗七星が水をくんでいる格好のところは、この宗像しかないといえます。そして、公園が設置されましたから、以前「北斗の水くみ」観測会を開催すると、年配の方は「夜中に海岸に出るのは怖い」とおっしゃったこともありますが、現在は水をくむ姿を安全に楽しむことができます。毎年、この現象が見える夏の終わりから秋にかけて、是非、公園にお出かけください。

一　直線に並ぶ宗像三宮

今日は主催者から、「宗像、沖ノ島を基点とする直線配置」というテーマをいただきました。私は天文学者で、「恒星の分光学的研究」という、いかめしい名前の研究者であります。もちろん、かなり前にリタイアしました。星の光を観測、分析していろいろなことを研究してきました。また、この地の福岡教育大学で、三〇年以上、勤めました。星に関する人間との結びつきにも、非常に関心をもっています。考古学や歴史の研究者の方々には、「星なんて苦手」とおっしゃる方が意外と多いんですね。それで恐縮ですが、少し星のことをお話し申し上げて、ぜひ参考にしていただきたいということで、このテーマに取り組みました。

それでは、「直線配列」について、お話し申し上げます。沖ノ島、宗像大島、宗像大社の三つの社が直線に並んでいるという話を、いつ頃聞いたのかよく憶えておりませんが、おそらく、宗像大社の関連の方から聞いたのではないかと思います。どこかに書いてある

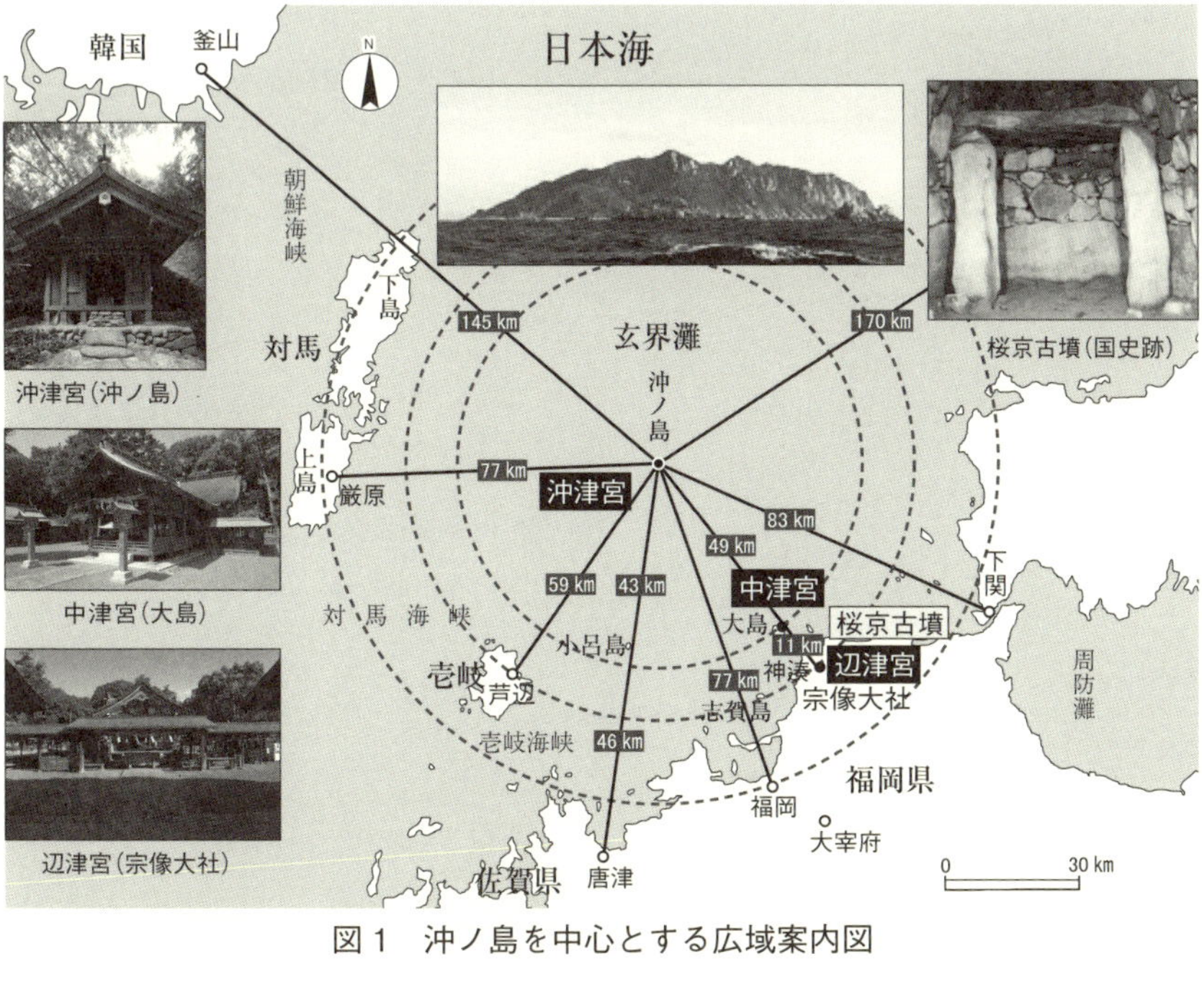

図１　沖ノ島を中心とする広域案内図

図２　宗像北海岸と沖ノ島の眺望（南東線は著者記入）

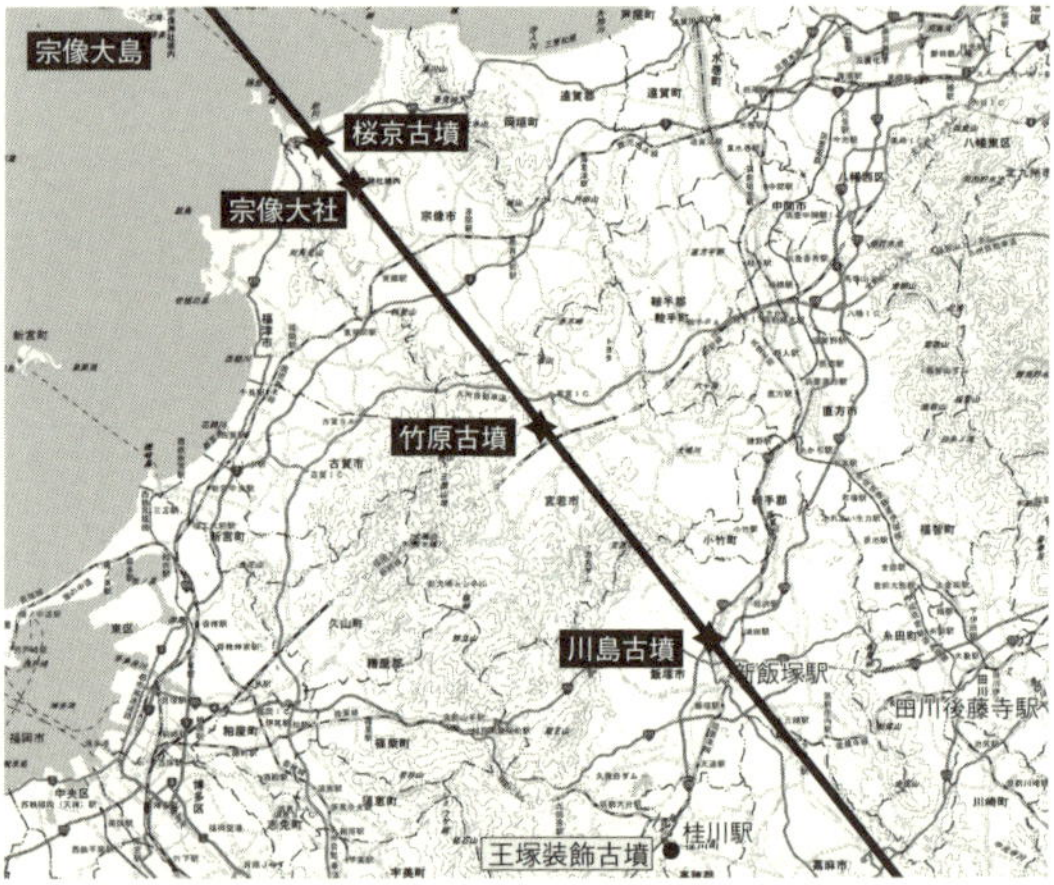

図３　大島より飯塚に至る広域地図
（国土地理院ホームページより）

かな、とずいぶん探しましたが、ただいま、出典不明です。実際そうなのかな、と思いまして、どのくらい良い直線か確認してみようと思いました。

この研究のために、沖ノ島上陸の経験はありません。宗像大島へは、七夕祭りに星を観に行く機会が何回かありましたが、宗像大島に測量器を持って行って位置を測る、ということはしていません。

図1は沖ノ島を中心とする広域案内図です。沖ノ島沖津宮、宗像大島中津宮、宗像大社辺津宮を黒枠で示しています。三社は確かに直線に並んでいます。

図1を見ますと沖津宮の沖ノ島がありまして、この線を北西に延長すると対馬の東を通って朝鮮半島へ達します。この北西線の延長は必ずしも対馬にかからないのは注目です。

宗像大島と宗像大社の間に桜京古墳があります。

図2は宗像北海岸の眺望で、この論文の結論の直線を白で記入しました。はるか沖ノ島、大島、陸にあがって

宗像大社があります。また、桜京古墳が宗像大島と宗像大社に挟まれてあります。

宗像市を中心に宗像大島から三社の直線を南に延長して飯塚まで入った地図です（図3）。

この桜京古墳は装飾古墳であることを頭に入れて、さらに南に延長していきますと、ご存じの竹原古墳がございます。さらには南に川島一号墳（飯塚市）があることに気づきました。

この論文の結論で注目した神社、古墳の位置を黒の十字で、直線を黒線で地図に記入してみました。

これらの装飾古墳というのは、ほぼ三社殿の建設後七世紀くらいに作られたようですので、古墳築城にあたって、この直線が意識されたのではないかと考え、三社の直線を南に延長した直線上の装飾古墳も加えて、直線配置を調べたわけです。

次に、もし直線とすれば、どうやって引いたのでしょうか？

これは、私には非常に興味ある問題です。おそらく天測を行ったに違いありません。そのあたりについての議論をさせていただきます。夜空を使うからには、夜空の常識をもっていなければいけません。六世紀頃の東アジアの天文学に関する知識についてお話ししたいと思います。

次に、直線とすれば、その直線は何を意味するのか、という問題です。

これは多分、皆さん、とくに歴史の先生方にお考えいただいて、「こうだよ」とアドバイスをいただければと思います。このあたりの歴史には疎いのですが、原田大六氏の著書『磐井の反乱』（原田、一九六三）に、この件で示唆に富む、興味深い説明を見つけました。この指摘をもとに、この直線を考えてみたらどうかという提案です。

二　直線の精度を調べる

最近はインターネットでGoogle Mapが使えますので、それを利用して、位置を決めて直線かどうかをチェッ

表1　神社・古墳の緯度・経度と平均直線（＊）からのずれ

神社・古墳	緯度(°)	経度(°)	距離(km)	直線からのずれ (km)＋東 －西
沖ノ島・沖津宮	34.2419	130.1040	0	+0.7
大島・中津宮	33.8973	130.4318	49	－1.5
桜京古墳	33.8431	130.4947	58	－0.5
田島・辺津宮	33.8311	130.5143	60	+0.3
竹原古墳	33.7330	130.6106	74	+0.01
川島古墳	33.6609	130.6924	85	+1.0

（＊）最小二乗平均。　傾き -1.007（E°/N°）± 0.017
1"→経度　26m（1'→1.6km）
1"→緯度　31m（1'→1.8km）

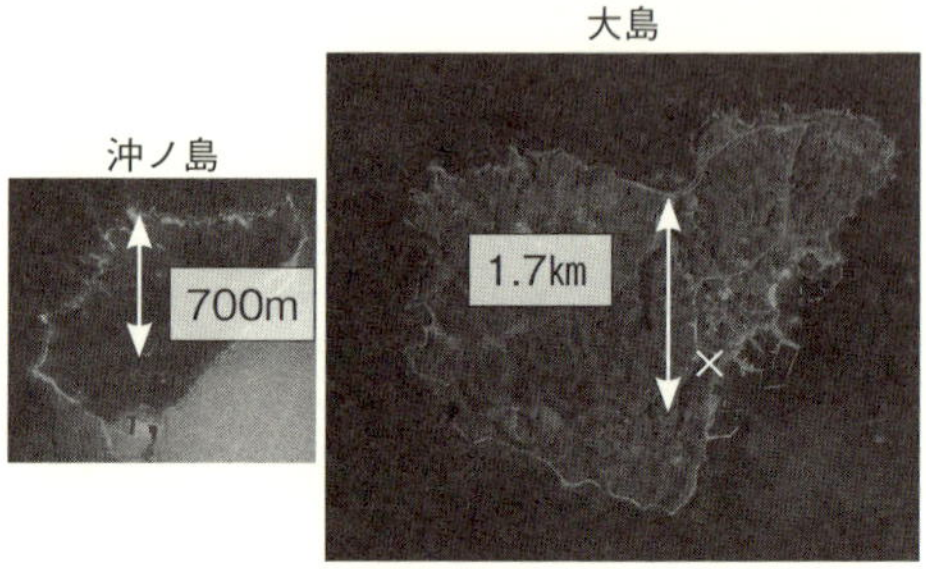

図4　沖ノ島・大島全景
（地図は国土地理院ホームページより）

クしました。

まず、注目した神社、古墳の位置の緯度・経度をGoogle Map で決めて、経度が緯度の1次式と仮定して（経度と緯度はどちらをとっても良い）最小二乗法によって平均直線を求めました。

求めた平均直線の傾き（1次式の係数）は一・〇〇七（南東向き）度です。非常に精度良く決まり、つまり、経度（縦軸）に対する傾きは四五度の南東線でした。

表1の第一欄は取得した神社・古墳の名称、第二欄は緯度下四桁（〇・三六秒角まで）、第三欄は経度下四桁（〇・三六秒角まで）、第四欄は起点沖ノ島からの累積距離（km）、第五欄は平均直線からのずれで東はプラス、西にマイナスで単位はkmです。

表1下に、経度方向一秒角は実距離二六メートル、緯度三一メートルを示します。これは、経度一秒角あたりの距離が緯度によって、地球の回転楕円体の効果で変わり、緯度で五〇％くらい値は変わります。ここでは取得位置の標高は無視しています。

神社、古墳の敷地のどの場所を取得するかによって線の位置は変わります。

以下、どの場所を取得するか、その考えられる各神社、古墳の位置の誤差について議論します。

図4左図は沖ノ島です。多分、この港から上がるところに社があって、測定点は岩上遺跡の場所から少し離れ

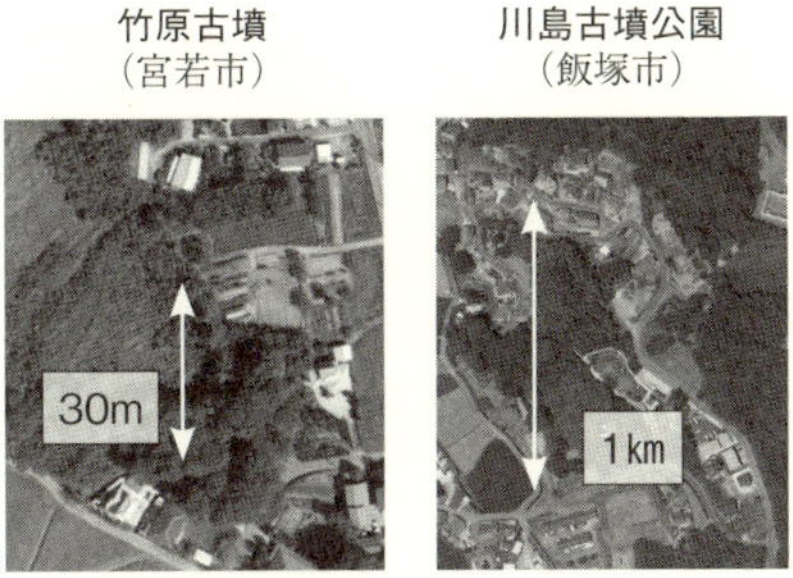

図６　竹原古墳と川島古墳
（国土地理院ホームページより）

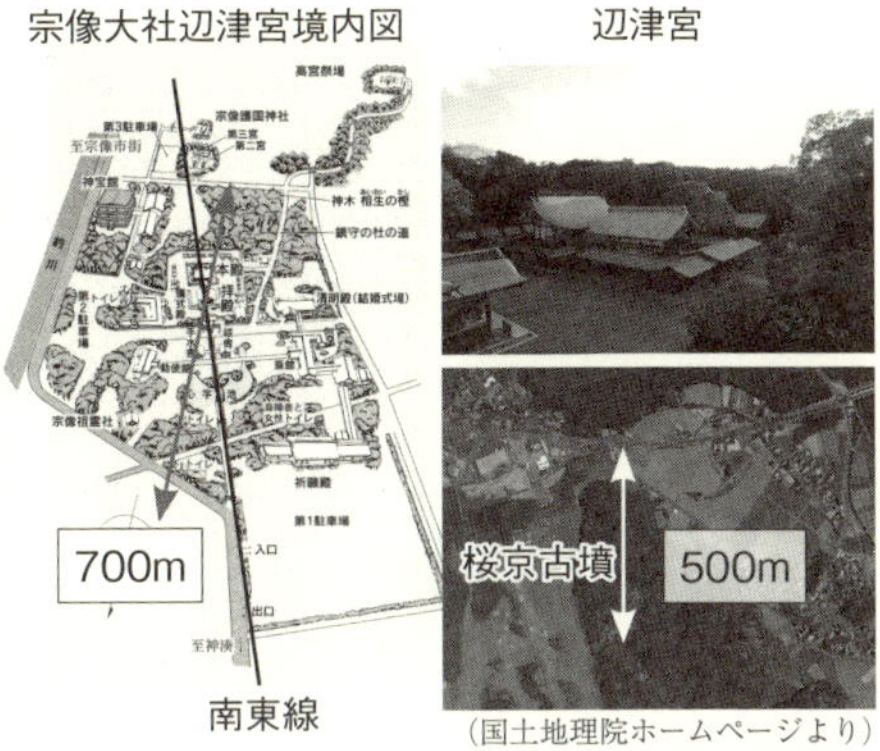

（国土地理院ホームページより）
図５　宗像大社辺津宮と桜京古墳全景

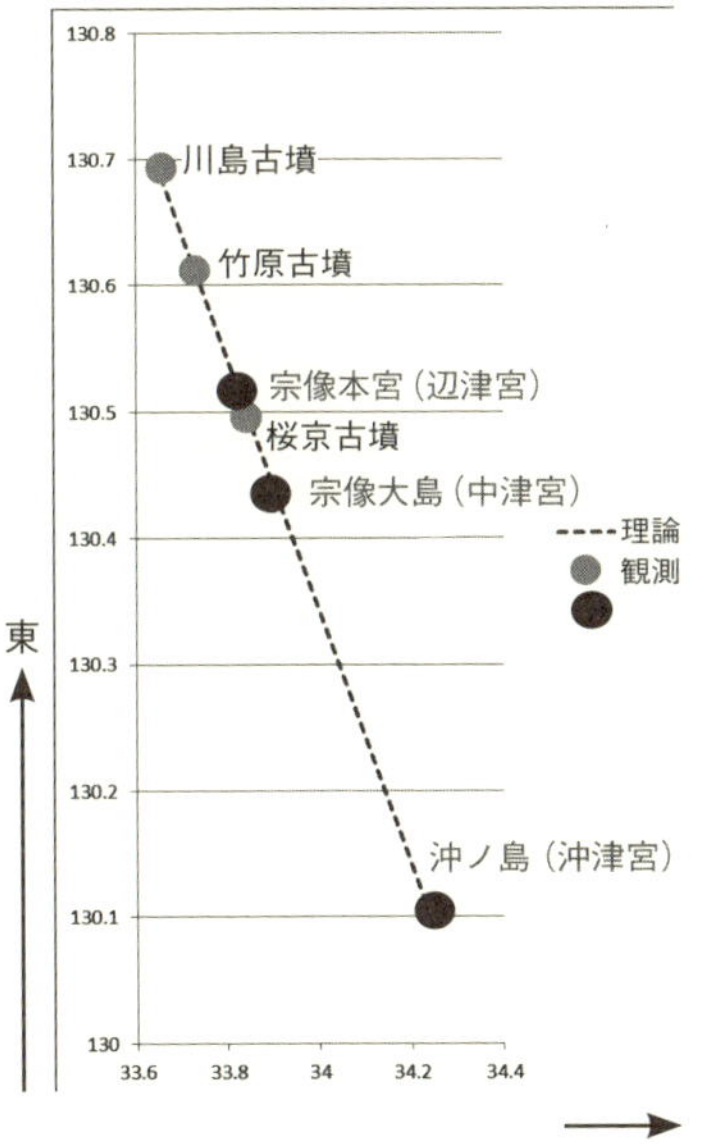

図７　直線配置の観測と平均直線とのずれ

ています。起点の沖ノ島は南北向きで、約七〇〇メートル（図4左図白線）以上に取得位置のずれは考えられません。

宗像大島の場合（図4右図）では、神社の位置がおそらく×印になります。港を通って上がっていくと、社があります。宗像大島は沖ノ島より大きく、最大ずれは南北一・七キロメートル（図4右図の白線）にもなります。

引いた直線は、南北方向で、これ以上ずれはないという意味です。このくらいのアバウトなかたちでも、きちんと直線上に位置が特定されます。

次に行きますと、図5左図は宗像大社の見取り図です。黒線がここで引いた南東線で、この絵は少し手前側に斜めになっています。敷地内は矢印で七〇〇メートル、これ以上はずれないでしょう。その間に挟まっている桜京古墳（図5の右下図）の範囲（白矢印）は、南北五〇〇メートル内です。

竹原古墳（図6左図）は非常に精度が良く、どんなに外れても三〇メートル（白矢印）以内です。

飯塚の川島古墳（図6右図）は、複数の古墳があります

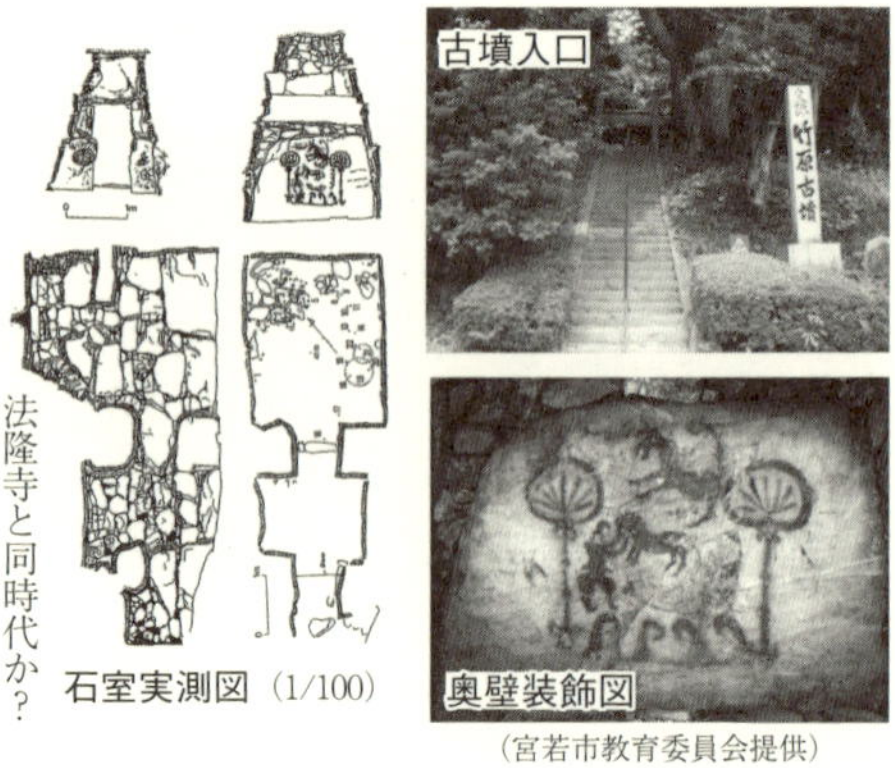

石室実測図（1/100）
法隆寺と同時代か？
（宮若市教育委員会提供）

図８　竹原装飾古墳

が、ここで注目した一号墳を含む古墳公園は、東西向きで最大一キロメートルくらいの範囲です。
縦軸は経度、上が東、横軸は緯度、黒点線が計算された平均直線（表１）です。平均直線からのずれは宗像大島が一番大きくて、ほぼ一・五キロメートル、次に川島古墳のずれでほぼ一キロメートル、竹原古墳は一〇メートルです。なんと古墳の大きさより小さいずれしかないのです。

結局、起点沖ノ島から八五キロメートルの川島古墳までの直線配置が判明したことになります。

まず、この直線配置が偶然ということはないと思います。

ここからは、当然直線配置に意味があるとして議論します。この直線は明らかに南東線です。どのようにしてこの線を引いたのでしょうか？

まず、三つの社は互いに見えます。つまり、天候の良い日は、大島から沖ノ島が見えますし、大島は宗像大社からよく見えます。ですから、棒を立てて、その向きに直線を引けます。

ところが、見えないところはどうするか、これが問題です。

見えない場合はその地点で天測を行い、南北線か東西線を引いて、数学を使って四五度（南東線つまり正方形の対角線）を引いたと考えます。

その前に少し注意したいのは南東ということで、ここに非常に意味があることがだんだんわかってきました。

南東というのは面白い線で、宗像大島から沖ノ島は北西にあります。ですから、北西（南東）線は島と島の地理的位置として自然にあるのです。これを真っ直ぐそのまま北西へ伸ばしますと、朝鮮半島南岸に行きつきます。歴史書には、南東の季節風〝海北道〟にのって北部九州に来た、という話がたくさんあります。それで、朝鮮半島南岸からの北部九州の南東線を南へ延長するのは、非常に人為的なのかもしれません。

単に直線ということでなくて、自然の南東風という意味をもつ直線の可能性があります。自然の季節風にのって大陸から日本に達した〝海北道〟で、その延長が宗像三社、さらには古墳のもつ直線配置につながります。

そういう点で注意してみますと、竹原装飾古墳（図8）は船と波の絵をもちます。

図9に見るように、川島一号古墳も奥壁に装飾のある装飾古墳です。

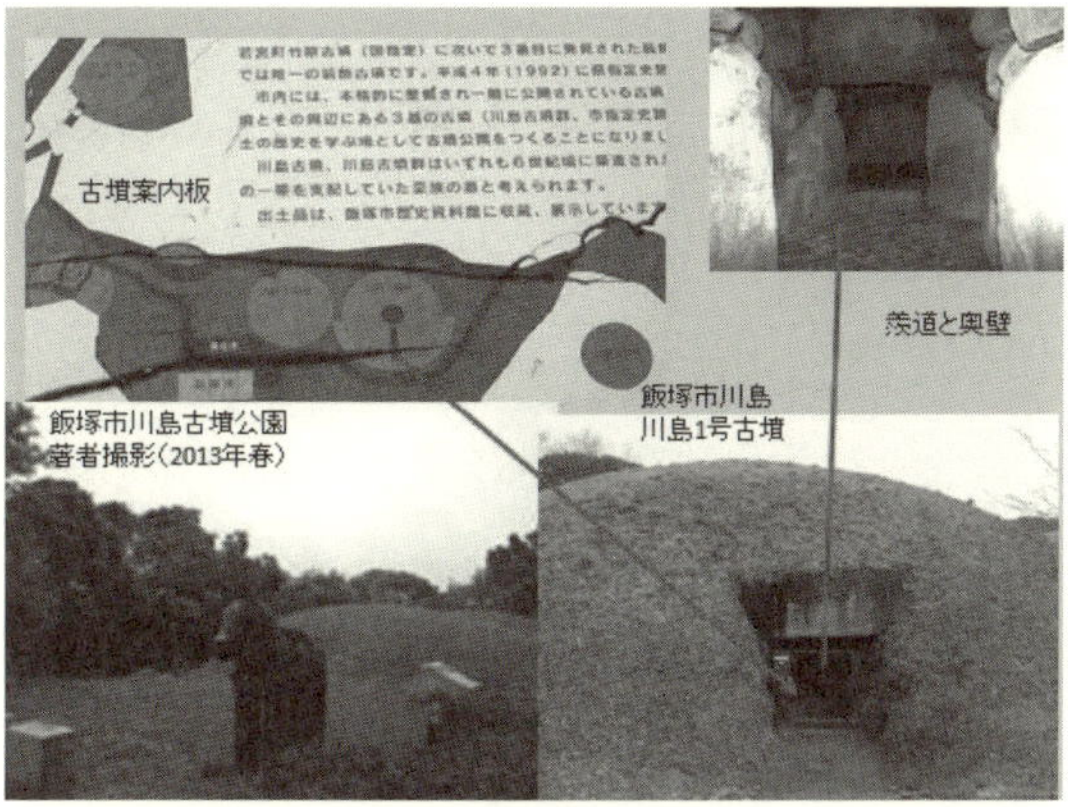

図９　川島古墳公園（著者撮影写真）

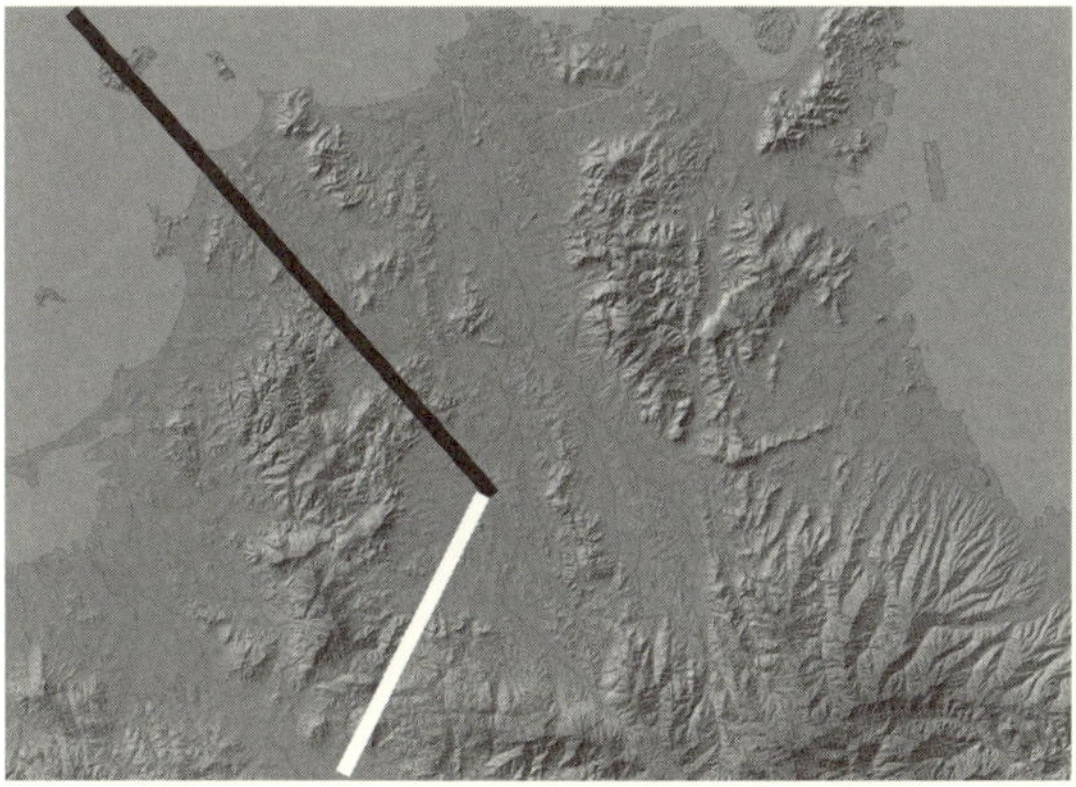

図10　宗像大島から飯塚の広域地図
（国土地理院ホームページより）

南東線（黒線）は宗像大島から川島古墳（飯塚市）に達し、これが有明湾への古い街道（白線）につながっているのです（図10）。結論に関わるのですが、ここ飯塚（川島古墳）からは有明のほうに向かって古い時代からの陸路（現在の冷水峠）（白線）があります。ある時代、大陸と繋がるために有明湾から、大陸の文化はこの街道を回って遠賀川を通って宗像に伝わったのではないでしょうか（原田大六氏の指摘〈前述〉）。そこに直線配列の意味があるのではないかと思います。

この図10で見ていただきたいのは、宗像から飯塚への南東線（黒線）はいくつか山を通過します。平地ならある程度簡単に直線が引けるでしょう。しかし、三〇〇メートルとか二〇〇メートルとかの山々を通って直線を引くためには、天測しかないと思います。

三　東アジアの天文知識

天測を行うには、天文学的基礎が必要になります。六世紀頃作成された天文図からは、当時、東アジア地域に天文の知識や技術はほとんど共有されていた可能性が強いと思います。次に、そのいくつかを紹介します。

図11の左の図は方格規矩四神鏡の裏面です。文様からＴＬＶ鏡とも言われ、いろいろな用途が指摘されていますが、私の理解では実は日時計なんですね。

図11の下右図を見てください。鏡面の文様（Ｔ・Ｌ）を参照した長短二本のノーモンを鏡中心と鏡端に立てると、ノーモン先端を結ぶ線は冬至の太陽の高度を示すという提案があります（ニーダム、一九九二）。この日時計をコマ型日時計と言いますが、これを使うことによって、その当時の太陽の高度がわかります。それは、現在、地球自転による歳差の計算をしてみると、当時の太陽高度とよく合っています（図11右下）。これは、非常に面白い方格規矩四神鏡の使い方です。図11の右上は、最古の中国内モンゴールで発見された日時計です（ニーダム、一九五九）。この方格規矩四神鏡は、前漢初めごろのものになるのでしょうか。その時期には、私の予想ですが、戦争のときに一番先頭にこの鏡を持って行ったと思います。そして、この鏡で進軍位置を測ることができたのです。そういう軍事的な道具の可能性も強いのです。

それから、もう一つ、韓半島北から天文学の技術が伝わってきました。朝鮮の青銅器時代の北斗七星が描かれている、アデキ村の石板（図12左の上・下図）や、もっと時代が下がりまして、高句麗では天井天文図（真坡里4号墳）（図中央）のなかに北斗七星があります。それから、私どもが最近二〇一一年に出した論文（Hirai & fujiwara, 2011）のなかに、ジャンク（東アジアの外洋帆船）に積んでいた星座盤（右上）、そして、佐賀藩江戸藩邸に保存されていた星座盤二枚の研究があります。これらは、航海時の羅針盤として星座盤が使われた可能性が高いものです。その羅針盤のなかには星の図が描いてありまして、その星座の星の位置を調べると、星座盤の観測した位置や時代が

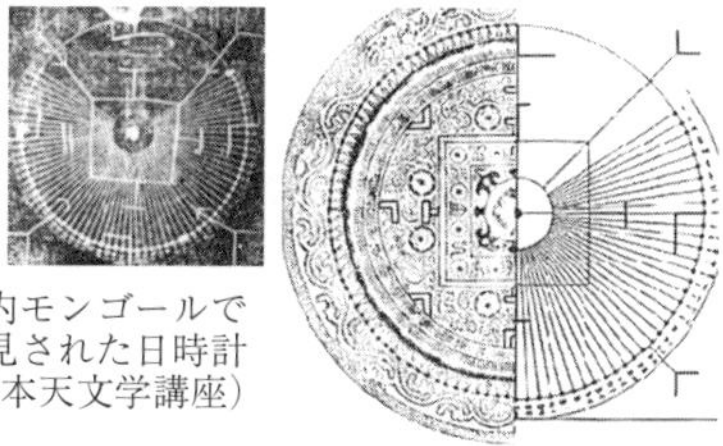

中国内モンゴールで
発見された日時計
（日本天文学講座）

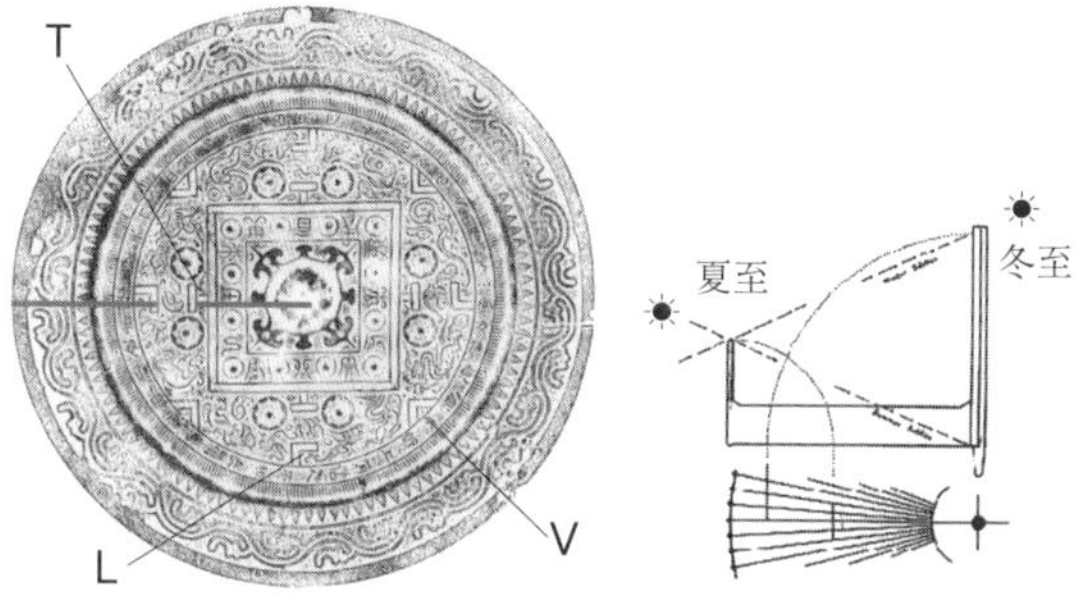

図11　方格規矩四神鏡・日時計としての機能
（ニーダム，1991, pp.159-160 より）

韓国アデキ村の
石板天文図

ジャンク（外洋航行可能な帆船）に
搭載されたと思われる天文図（羅針盤）
（Hirai.M, Fujiwara,T ICOA-7, 2010）

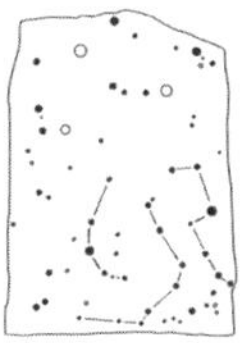

上写真の模写

高句麗古墳
真坡里４号墳
天井天文図

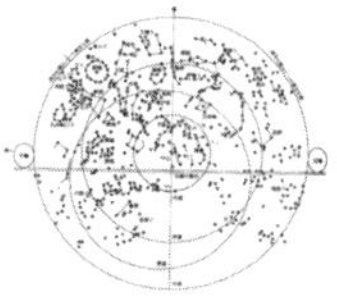

キトラ古墳天井天文図
（宮島和彦）

図12　朝鮮の青銅時代アデキ村の石板に
描かれた北斗七星
（Hirai & Fujiwara, 2011, pp.141-145 より）

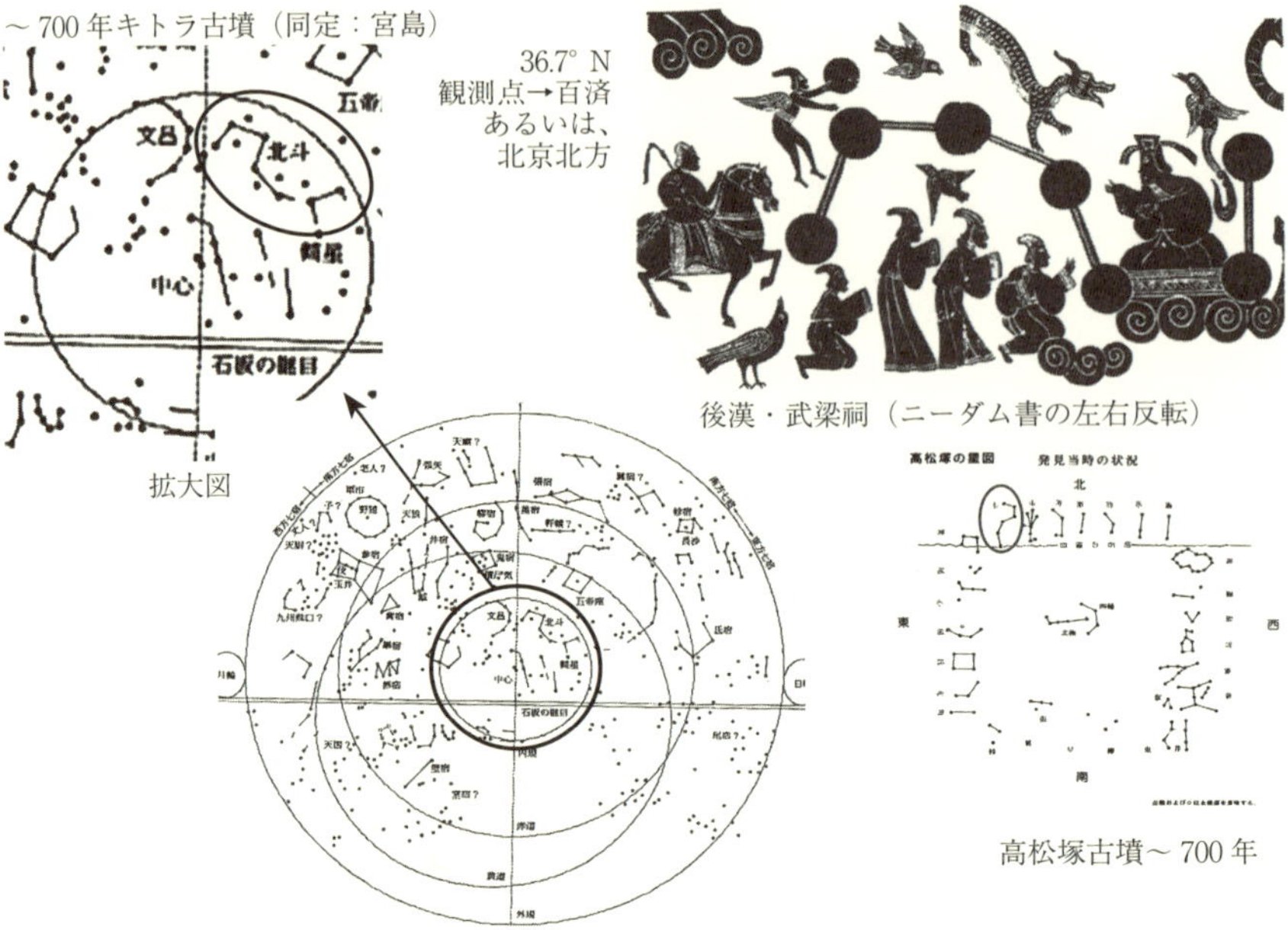

図13　当時の東アジア天文資料
北極星トランシットから南北線を引く→天測資料残ってない。
（ニーダム ,1991, p.74・大塚 ,1995, p.167・Miyajima, 1998 より）

わかります。キトラ古墳天文図（図12右下）でもその分析が行われました（Miyajima, 1998）。我々も同じことをこのジャンクの羅針盤で行って、だいたい六〇〇年ごろに現在の北京よりもう少し北くらいのところで観測したようです。

図13右上は中国の後漢にあるレリーフです（ニーダム、一九九一、七四頁）。これは天人相関の図で、北極星が皇帝、その周りを人々である星が回っています。皇帝が各地を巡行している図です。人々は一人ひとり星であるというものです。中国の漢の時代の星図には、星の丸印に大きさがありません。皆、同じ丸で描いてあります。理由は、一つ一つの星は一人の人であり、彼らは生まれるとだんだん輝き始めて、晩年になってだんだん消えていきます。ですから、人には〝気〟があって、気によって星の明るさが変わります。星の明るさは一定ではありませんので、星図上では、位置だけに意味があるのです。そういう理由で、中国星図には同じサイズの丸しかないのですね。と

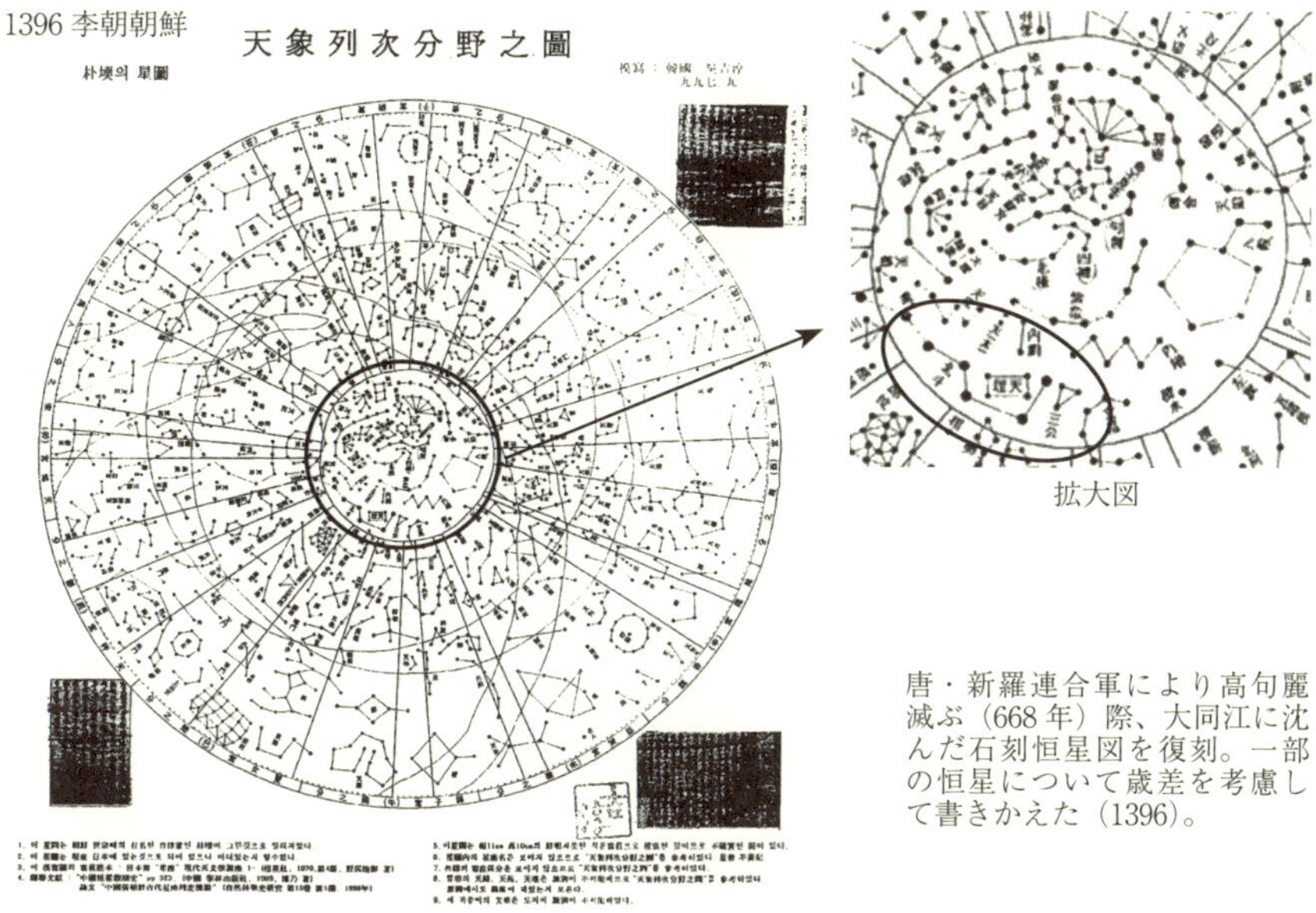

図 14　朝鮮系の「天象列次分野之図」（呉，1997 より）

ころが、韓半島の北に残された天文図のなかでは、明るい星は大きく描いてあります。暗い星は小さくなっているのです。明らかに、中国と自然に対する考え方が違っていることを示しています。図13左はキトラ天文図と北斗七星部分の拡大図、右下は高松塚古墳天井天文図です。

キトラ古墳天文図は、あまり星の大きさは変わりません。そういうふうな事情を天文図のなかで調べることができます。

図14は朝鮮系の「天象列次分野之図」（図14右はその北斗七星部分の拡大図）といいますが、星の大きさはほとんど変わっていないように見えますが、確かに北斗七星の星は大きく描いてあります。つまり、明るい星は若干、大きく描いてあります。それで、韓半島の人たちには、「我々の祖先は、自然を本当に見てスケッチする力があった、中国人は、一つの観念に囚われて、自然をちゃんと見なかった」という意見をもつ人もいます。

このような天文の技術や知識があれば、天測から南

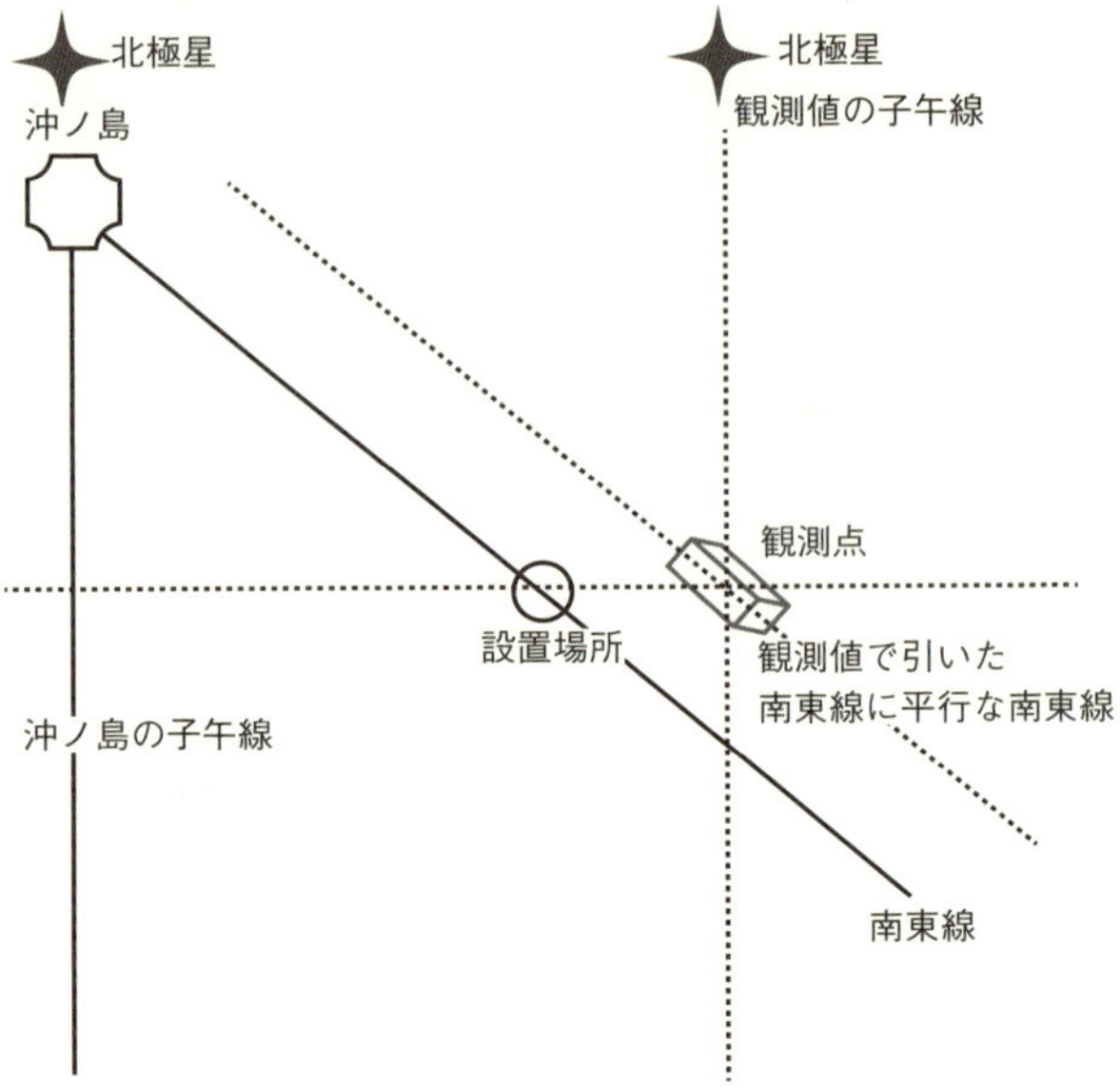

図 15　天測からの南東線の引き方

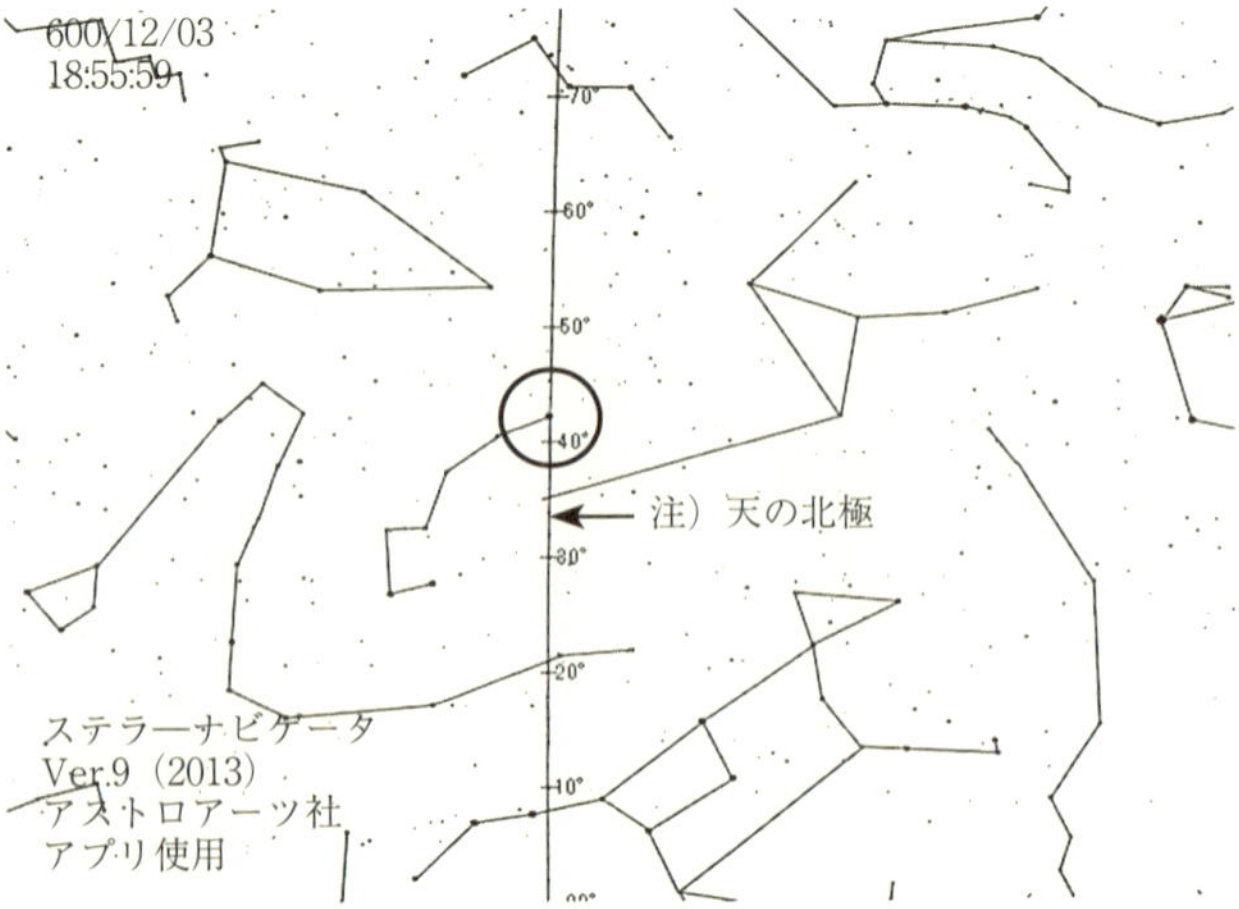

図 16　西暦 600 年の北の夜空の図と北極星の位置

東の直線を引くことができます。次に説明します。

図15の子午線というのは設置点を通る南北線です。

まず、南北線を決めることです。太陽が春分の日か秋分の日に真東から上って真西に沈むのを見てその影を測れば、東西線は決められます。ただし太陽は大きさがあるので、回折によって日影には半影と本影ができ精度がよくありません。もっと良い精度で測れるのは、星（北極星）によって南北線を決めることです。次に四五度の南東線は、数学を使って簡単に引けます。

これは六〇〇年くらいのときの北の夜空の図と北極星の位置です（図16）。天極はこの辺（図中の矢印）にあります。北極星は現在より天の北極より離れています。ですから、当時の空で星を見ただけで「あ、あれが北だ」ではないんですね。当時の北斗七星から北極星を使って南北線を引く方法を説明します。

北極星は、北斗七星から見つけます。

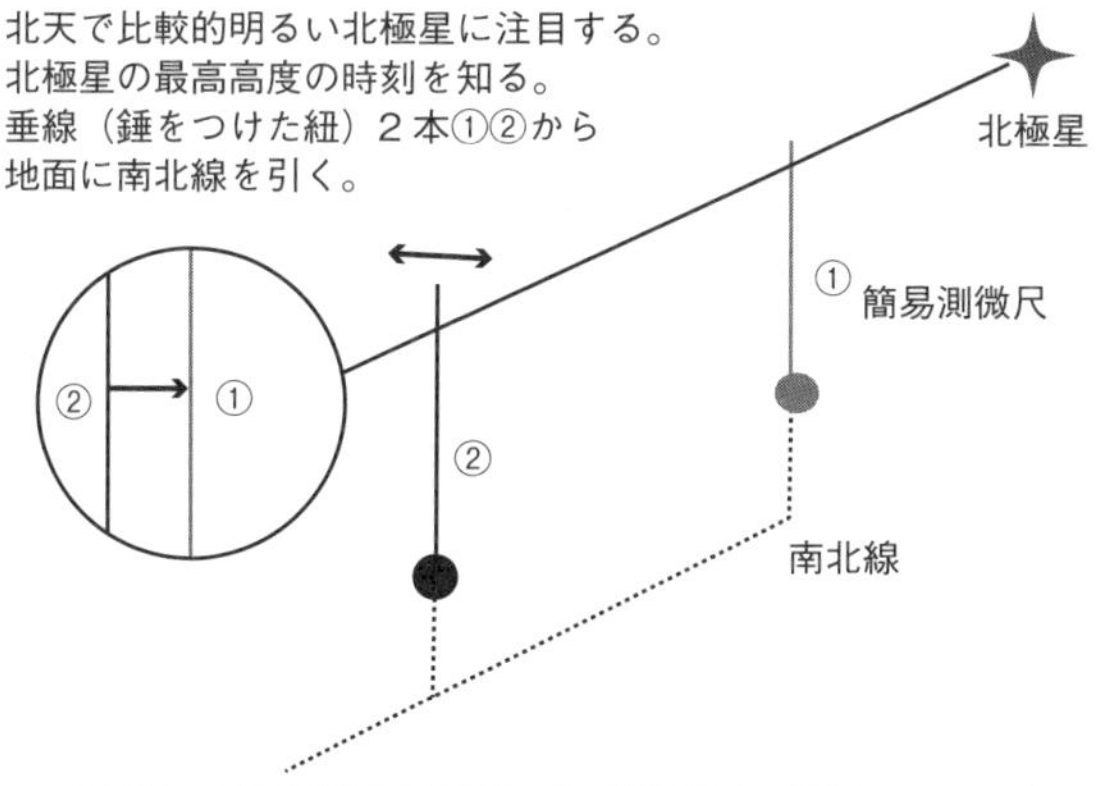
北天で比較的明るい北極星に注目する。
北極星の最高高度の時刻を知る。
垂線（錘をつけた紐）２本①②から
地面に南北線を引く。
北極星
①
簡易測微尺
②
①
②
南北線

図17　南北線の天測による引き方（考えられる例）

北極星の動きを見るとだんだん高度が高くなって、最高点を通って低くなります。一番高い（低い）ところを通過するとき、ちょうど子午線（北）を通過しています。ですから、高さが一番高い（低い）時の北極星の真下が真北の方向です。こういう知識は天文図が書けた当時、よくわかっていた可能性が高いと思います。

当時の南北線の天測による引き方を説明します（図17）。

まず、紐①を下げまして、次に、もう一つ別の紐②を下げて、北極星が視線で重なる位置に移動します。次にもう一つの紐を最初の紐を垂らしたところより後ろに下がった所に下げます。二つの紐の真下の点をつなぐと南北線になります。天文学で呼ぶトランシットの観測です。こうして必要な点の南北線が引けます。

私の想像ですが、南北線はわかっていますから、そこから東西に移動して、移動した分だけ南北に移動するんです。そうすると、必ず四五度線

①Ａで南北線を求め、それに垂直な東西線を引く。
②Ａの見える東西線上を移動する。(Ｂ)
③Ａ―Ｂ間と同じ距離を南北線上を進みＣ旗をたてる。
④Ｃ点で①から③を繰り返す。

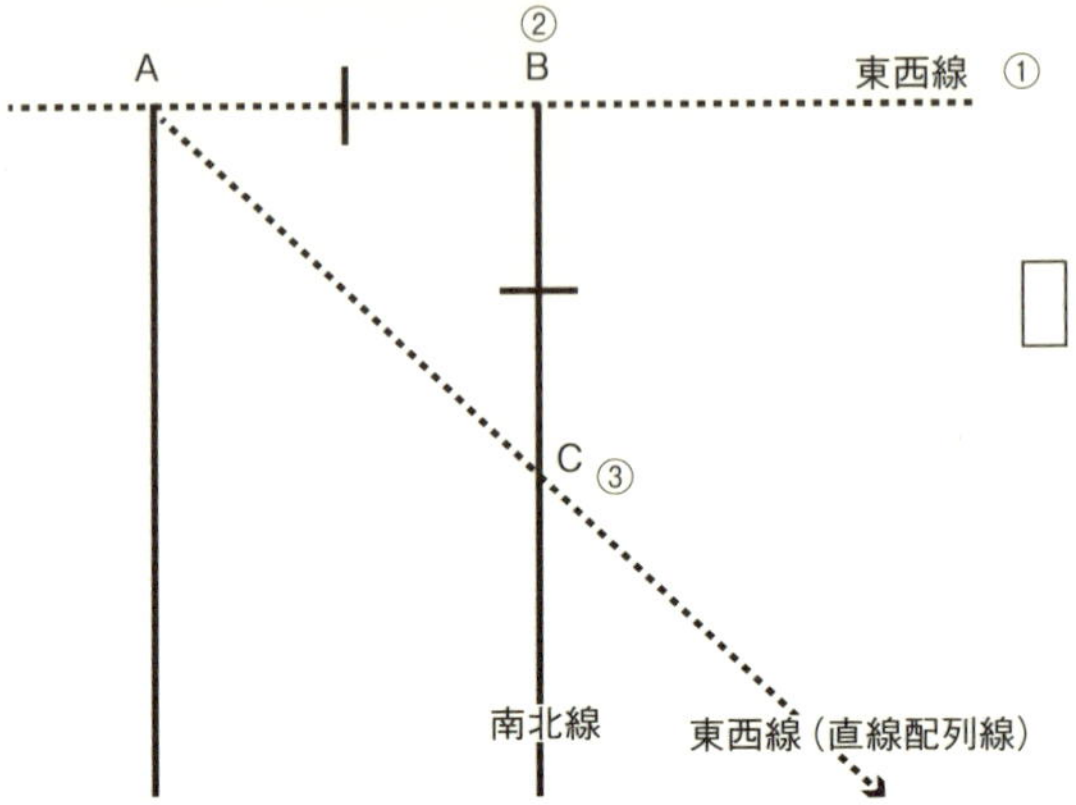

日没の太陽から東西線が引けるとして、凹凸のある山林、平原で正確な移動距離をどのようにして測定できるだろうか？ 天測による南北線を引く方法が勝るのではないか（著者の意見）。

図18　陸上で南東線を引く方法（考えられる例）

になります。南北線さえはっきり決めれば良いのです。その南北線は、星で決めるということです（図18）。

四　直線配置の意味

　では、なぜ直線にしたかということについて、お話しします。

　宗像大神が有明の豪族とリンクすることによって、九州勢が中国へ行くモチベーションを提供した時代があるのではないかということです。図19は原田大六（前述）氏の「磐井の叛乱」第22章八女の水門の第32図を引用したものです。ほぼ七世紀の南東線、有明湾から冷水峠を越えて飯塚地域へのルートが説明されています。

　有明の豪族（水沼氏）が、宗像族を使うことによって自分の軍団を強くしたという指摘です。その当時、今、先ほどから議論になっていました〝海北道〟というものがありますが、原田大六氏によると、有明から済州島を通って百済、中国へ向かう道、ルートがあったのではないか。このためには、宗像三女神と有明のグループがお互いにリンクする必要がありました。そうだとすると、二つのグループがお互いに敬いあい、リンクするための一つのシンボルとして、装飾古墳を並べたのではないでしょうか。そのために直線配置の必要がありました。そ

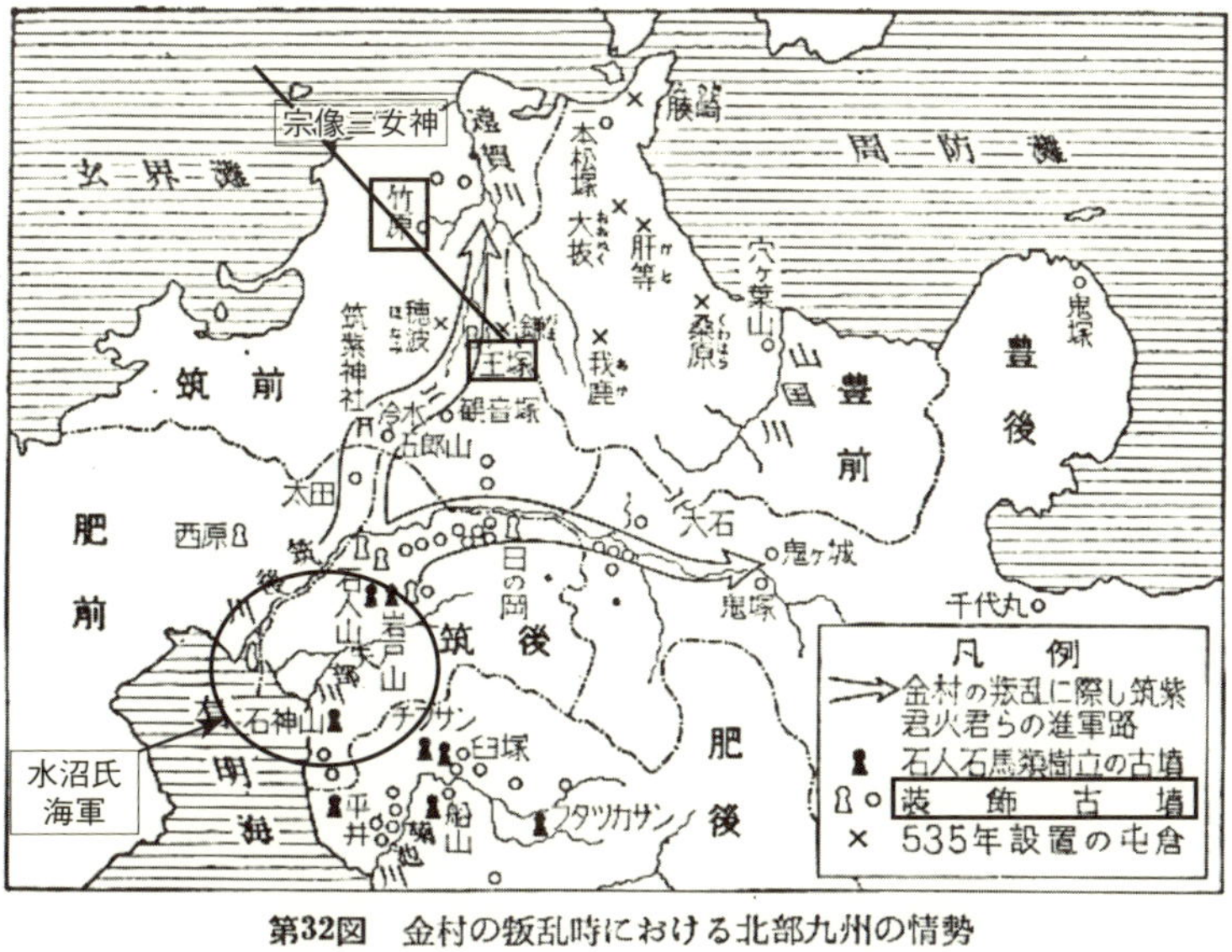

第32図　金村の叛乱時における北部九州の情勢

図19　原田大六氏の「磐井の叛乱」図

（原田, 1963 第22章八女の水門　274頁の第32図を引用）

れが私の今日の結論です。

原田大六氏は、石人石馬類の分布に対して、その後の装飾古墳の分布が、新たなかたちで道程をつけるような並びをしている、古墳文化の変遷のなかに文化の流れが読めることを指摘しております。この直線配列は何か意味をもっているのではないかなと思います。

結論は宗像三女神の沖ノ島沖津宮、宗像大島中津宮、宗像大社本殿と桜京装飾古墳、竹原装飾古墳、川島装飾古墳は直線配置され、全長八五キロメートルに及ぶといえます。特に、古墳築造には七世紀天文図などの作成に必要とされる天文学的知識、技術を基礎に天測が使われたと想定できます。

この直線配置の目的は原田大六氏の示唆に基づき、この直線は〝海北道〟南東の延長上にあり、古墳の配列は韓半島、大陸に進出する有明湾豪族が街道（冷水峠）の陸路を通って、祭祀のための宗像三神を結ぶ直線であると考えたいと思います。

直線にのっているということの意味がもう少しわかれば、逆に、天文図に関わる研究としても意味をもっているのかもしれないし、また、さらに天文図からいろいろな情報を得られるかもしれません。ぜひ、皆さんも議論していただければと思いました。ご清聴ありがとうございました。

参考文献

大塚初重監修　一九九五『高松塚古墳』読売新聞、一六七頁
呉　吉淳　一九九七「天象列次分野之図」模写,private communication
ステラナビゲータ,Ver.9,アストロアーツ社、二〇一三
ニーダム.J.　一九九一『中国の科学と文明　第5巻　天の科学』思索社
Miyajima.K, Pro.the 3rd ICOAO ed. By Hirai.M, FUE,1998
原田大六著　一九六三『磐井の叛乱』河出書房、二七四頁
Hirai.M & Fujiwara.T, ICOA-7,2011, pp.141-145

写真資料協力／宗像大社・宗像大社文化財管理事務局

ディスカッション

矢野　平井先生、どうもありがとうございました。
　それでは、少し時間がありますので、会場からご質問のある方、お願いします。

質問1　直線の意味について、おたずねします。神社もそうなのですが、もともと神社信仰は自然崇拝ですね。自然の山、あるいは丘の頂上など、そういったところが御神体になっていて、ほとんど社殿はなかった。ですから、最初はそういう山のピークや大木など、ランドマークになるようなものを信仰して、その上に社殿を建てたりしたのではないかというふうに、勝手に推測しています。ですから、社殿など人間が作ったものと自然とを分けて、直線の意味を考えなければいけないというふうに理解するのですが、そのあたりはいかがでしょうか。

平井　ありがとうございます。
　おっしゃるように、今回の南東線は、おそらく自然の重要な風の向き、あるいは大島と沖ノ島を結ぶという、自然に意識された直線だと思うのです。その自然の直線上に三つの社が配置されたことに、やはり作為があるのではないかな、ということです。
　ただし、ペシミスティックなことを言うと、飯塚のほうは結構、どこでも線は引けますね。ですので、私はまず三社が直線にのるということの意味を考えてみたいと思います。自然にある特異性（季節風の向きとか）の上に、一つの信仰に関わる意味があったのではないかと考えております。ありがとうございます。

質問2　福岡から来ました。一〇年前に実はこの話を宗像大社で聞きまして、不思議だなとずっと思っていまして、半分くらい目が開かれたような感じがしています。

それで、思ったことは、先生は天文学がご専門で、今日はいわば、古墳文化で考古学中心の人の集まりだと思いますが、ここに古代の航海術を研究しているような歴史学者がいたりすると、この問題はもう少し深く議論されるのではないかという感じを、非常に強くもちました。感想で恐縮ですが、何かそれについて先生の思われることがありましたら、ご意見いただければと思います。ありがとうございました。

平井　ありがとうございます。

一つだけ、この頃いろいろな冊子のなかにある例ですが、定年になって暇だから、いろいろなところへ遊びに行ったりするときに、地図を見て真っ直ぐ引いたら、線上に、ここのところとここのところが同じだ、というふうに楽しんでおられる方がいますね。そのなかにはヨットマンもいて、いろいろな山の向きを見てヨットは進むんだよ、という経験をおもちの方もいます。それで勉強なさって、「これとこれは結べる」という話を、ポピュラーにお話ししているのをよくお聞きするんです。

ただ、そういう方々にぜひ、考えていただきたいのは、「何でか」ということを入れないと、線はいっぱい引けるんですね。ですから、その辺について、ぜひもう一歩進んで、お互いに議論し合っても良いですし、何か根拠があればと思います。今回、安田先生からもお話があったように、やはり何か一つの学術的根拠を議論して、そういうものが出るともっと発展すると思うので、ぜひ皆さんのアイデアを踏まえて勉強していければと思います。以上です。

二　海の道と古墳時代後期の社会

北九州市立自然史・歴史博物館学芸員　宮元香織

ただいまご紹介にあずかりました、北九州市立自然史・歴史博物館学芸員の宮元香織と申します。私に与えられた題目は、「海の道と古墳時代の社会」というタイトルでしたが、古墳時代後期を中心に勉強しておりますので、後期という言葉を一つ入れさせていただきました。今回のシンポジウムの主旨に沿うかどうか非常に心もとないですが、現在研究している内容について、お話したいと思っております。よろしくお願いします。

はじめに私が今、働いております博物館の紹介をさせていただきたいと思います。こちらにお住まいの方は、北九州市の八幡東区といいますと、八幡製鉄所を思い出されるかと思いますが、その跡地に建ちました、北九州市立自然史・歴史博物館、愛称は「いのちのたび博物館」という博物館で、学芸員として働いております。

この博物館は、生命の進化と人の歴史を紹介する総合博物館です。二〇〇二年一一月、約一〇年ほど前に開館した博物館で、現在、私を含めた歴史系の学芸員が七名と、自然史系の学芸員一一名で働いております。いのちのたび博物館は、恐竜の博物館だという印象が強いと思いますが、実は歴史系の学芸員もおり、それぞれ近現代史や考古学、民俗学、古美術工芸など、いろいろな分野の研究をしております。私はこのなかで、古墳時代担当の学芸員として働いております。当然、博物館ですので、展示、企画、調査研究などが主な仕事でございます。

現在は〝ユニバーサルミュージアム〟という、すべての人にとって優しい博物館を目指し、英語圏だけでなく、中国、韓国からのお客様に対するサービスを充実させようと取り組んでいます。

私が勤務する北九州市には、とても面白い遺跡がございます。小さな島に造られた古墳群なのですが、学生の頃から、こういった海に造られた古墳—海辺、島、海峡の崖など、海のきわめて近くに造られた古墳に興味をもって調べてきました。

といいましても、「海の道」というテーマを頂戴しておりますので、それについてまず述べます。海の道というのはしばしば使われる言葉ですが、私の勤務する博物館でも「海の路」や「路」というテーマで展示を構成しています。当然ながら、海の上に道はないわけですが、海を介したつながりというものは、とても多様な現象をもたらしています。日本列島内でも、南島の貝製品が北海道で出土したり、新潟県産のヒスイが、縄文時代から九州などの各地に運ばれているという現象があります。また、鉄やガラス、純金製の耳飾など、いろいろなものが海を介して日本国内だけでなく、朝鮮半島、中国へと移動します。様々な物や情報が海を行き交っていた、この状況を海の道と呼べるのではないかと解釈しています。

一　文献にみる海人の姿

さて、そういう多様な交流の舞台となった海の古墳に葬られた人は、一体どういう人だったのでしょうか。一般的に言われているのは、海の古墳に葬られるのは海人《あま》、海の人と呼ばれる海人族とされますので、その海人の様子について、簡単に文献をみていきたいと思います。

『魏志倭人伝』には、倭つまり日本の水人のことが書いてあります。「倭の水人はよく水に潜って魚蛤《ぎょこう》を捕る。文身《ぶんしん》し亦以て大魚《たいぎょ》・水禽《すいきん》を厭《いと》う」、つまり、入墨をして魚に襲われることを避けている、という記述です。中国の文献ですが、日本の水人たちが入墨をしていたということが描かれています。彼らはおそらく漁撈を生業とする人々だと思われます。

また一方で、『日本書紀』など日本の文献には、神功皇后が朝鮮半島へ侵攻した際の記述のなかに、吾瓮海人《あへのあま》烏摩呂《おまろ》に関わる記述があります。これは、小倉北区藍島の海人の吾瓮海人烏摩呂を西海に派遣して、国があるのかないのかを確かめさせた、という内容です。西に派遣して、国の有無を確認させる、つまり外洋航海に出ることができる海人だったのでしょう。外洋航海に長けた海人の姿を、この記述から見ることができます。

これに続く内容は、吾瓮海人烏摩呂が「国はなかった」と報告し、次に派遣された志賀《しか》の海人が「国がありま す」と報告した結果、朝鮮半島へ攻めていくという構成になっています。吾瓮海人烏摩呂らは外洋航海に長けていたのかどうかはわかりませんが、少なくとも国があるかないかを外洋に出て確認することができる海人であったことがわかるかと思います。

海人と呼ばれた人々は、漁撈だけに従事する場合もあるでしょうし、漁撈だけでなく農耕などその他の生業にも従事する者、半漁半農の人々もいるでしょう。また、外海への航海にのみ従事していた海人もいたと思われます。こういった海人の一部は、海部《あまべ》や安曇郷《あずみごう》などの地名に痕跡を残したり、彼らが漁に使った漁撈具などが遺跡から発掘されるなどして、その姿を追うことができます。

一方で、海人のなかには漂泊民と言われるような、船の上に生まれて船の上で死ぬという、人々もいるわけです。民族例としてもみられるこういった人々は、地名や考古学的根拠を残さないと思われます。このように海人を追いかける際には、いろいろな形態をとるということを想定しておかなければいけないと考えています。

二　海の古墳

（一）相島積石塚群（福岡県新宮町）

まず一番宗像に近い島の古墳から、見ていきたいと思います。図１は今回対象とした古墳群の位置関係を示した北部九州の地図です。地図の中央あたりにあるのが新宮町の相島積石塚群です。他地域において相島と同じような海に臨んだ古墳群がみられることから、これらを仮に「海の古墳」と呼んでおります。

糟屋郡の新宮町にあります相島積石塚群は、一・二五平方キロメートルという小さい島の海岸部に、約二五〇基の積石塚が造られます。ただしこれらのなかには墳丘を持っていないような小型のものもあり、それらを含めて二五〇基ということです。一時期に造られた墓は少ないかもしれませんが、出土品としては、通常の群集墳と同じような鉄刀、鉄鏃、水晶、耳環などが出土しています。長期にわたる造墓が想定されている群集墳です。

図１　対象とした古墳群の分布図

もともと礫でできた海岸ですので、その礫を拾い上げ、積み上げて墳丘を構成しています。出土遺物によると、かなり古い時期、四世紀後半から造墓が続けられています。図2は六世紀後半、比較的新しい相島一号墳の石室です。明確な入口部を持った、横穴式石室という形式の墓です。また、最近の調査で一二〇号墳、一二一号墳が別々の古墳だと思われていたものが、接続する可能性があるといい、前方後方墳の存在も指摘されています。

しかしながらこれら二五〇基の古墳群のうち、墳丘を持つものは、全体の半数以下です。そのほとんどが、浜の石材を脇によけて平らに整地し、そこに四枚の石材を四角に配した簡素な石棺です。これらの小さい墓からの出土遺物としては、土器片のみが確認されます。礫浜ですので、石の間に土器が落ちてしまって、拾うのが難しいようです。

規模の小さい主体部は長さ一メートルもなく、幼児の墓、もしくは一度骨になった人を再葬した石棺ではないかと考えられます。出土遺物には、五世紀代の須恵器などもあります。

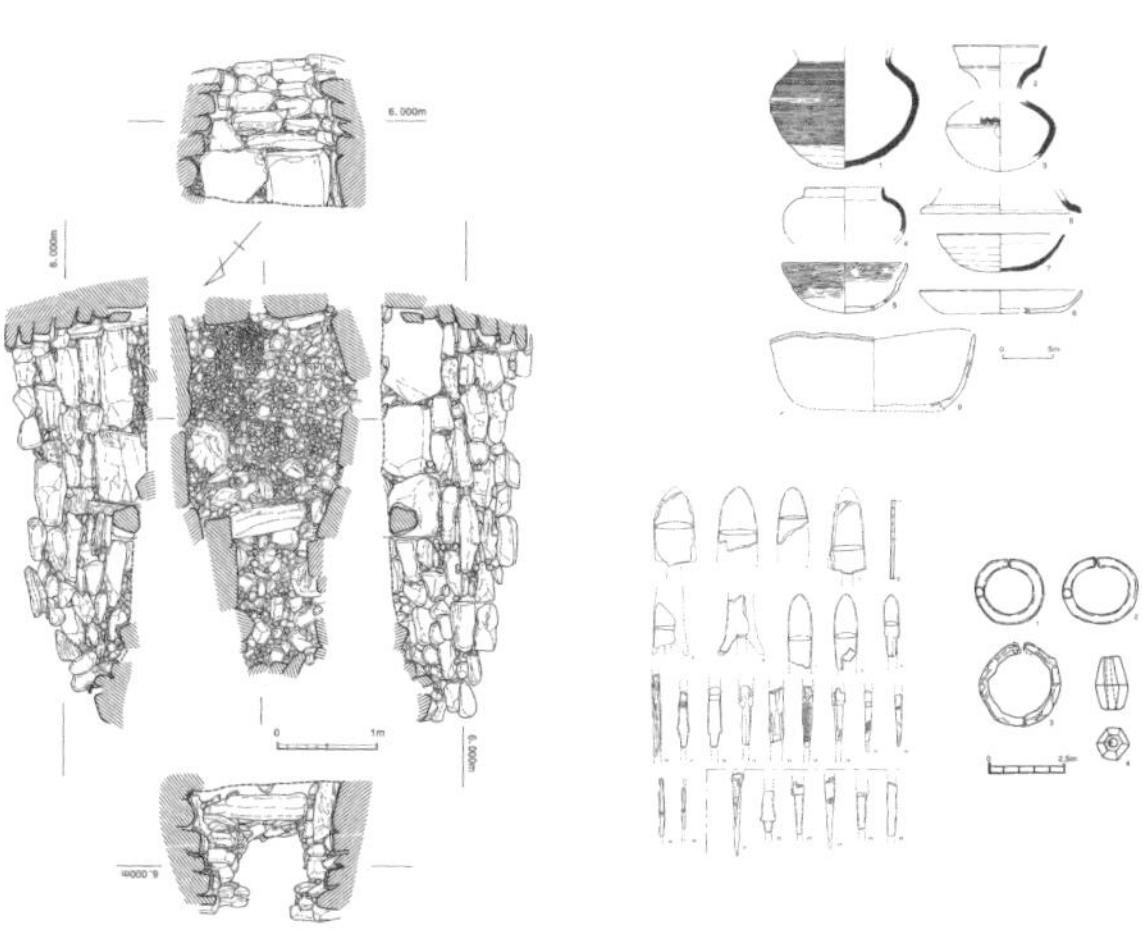

図2　相島1号墳

（二）指江古墳群・明神古墳群（鹿児島県長島町）

続いて、鹿児島県の長島にある指江《さしえ》古墳群です。こちらも、相島積石塚群と同じ積石塚群です。指江古墳群と明神《みょうじん》古墳群は、似たような時期に築造されますが、若干明神古墳群のほうが古い時期に造られます。それぞれ数基ずつの固まりを持った古墳群を形成しています。指江古墳群の総数は一四〇基程度、明神古墳群は三〇基程度です。一部に墳丘を持つものも含まれます。副葬品としては土師器、須恵器、鏃、剣など通常の群集墳によくみられる遺物が確認されています。時期的には五世紀後半～六世紀末とみられており、長期にわたり形成された相島古墳群の造墓期間中におさまるくらいです。

指江古墳群からは外海である東シナ海を臨むことができます。主体部は主に横穴式石室が中心です。相島積石塚群と同じく積石塚ですので、礫浜の石を積みあげた構造の主体部です。

石室の開口部《かいこうぶ》は、人が出入りできる構造になっており、横穴式石室という墓室形態をとってはいますが、埋葬の方法としては、開口部を使わないで上から埋葬したと考えられます。

古墳群は礫浜を若干上がった高い場所にあり、この立地は、相島積石塚群と同じです。相島積石塚群も指江古墳群も浜を下りたところはあまり使用せずに、少し上がったところに群集墳を形成します。

続いて、明神古墳群です。明神古墳群は指江よりも若干、古い時期に造られた古墳群です。指江古墳群と同様、海辺から上がったところに群集墳が造られています。明神古墳群の出土遺物は鏡や鉄鏃などで、五世紀後半のものと思われますが、これらは通常の群集墳に多く認められるような出土品です。

(三) 曲崎古墳群 (長崎市)

牧島という島に造られた曲崎《まがりさき》古墳群です。これはいずれも礫浜に石を積み上げて造った石室で、約一〇一基で構成される古墳群です。時期的には、五世紀後半～六世紀前半という短い時期に集中して造られた古墳群です。出土遺物としては、土師器、須恵器、小玉などのように、通常の群集墳でよく出土するものが確認できます。先行研究ではこの曲崎古墳群のような積石塚群の被葬者は、いずれも墳墓の立地から考えて、漁業を生業とする海人集団、海人族の墓であるという指摘がなされてきました。

この古墳群は牧島の曲崎という、ちょっと曲がった岬の外側に位置しますので、外海ではなく内海に向いた古墳群です。相島積石塚群などと同様、礫浜の石材を除けて整地した後、主体部を造っています。

横穴式石室を簡略化したような主体部が、曲崎古墳群にもみられます。相島積石塚群、指江、明神古墳群と同じく、海岸から少し上った高台部分に造墓がなされます。曲崎古墳群は一〇〇年経たない間に約一〇〇基の古墳が造られました。

(四) 貝島古墳群(北九州市)

次に少し積石塚を離れて、海にかかわる古墳の話をしたいと思います。貝島古墳群は、北九州市の藍島という島の属島である貝島、これは海蝕台地なのですが、そこに造られた古墳群です。五世紀末~六世紀後半の時期に一三基の古墳が造られますが、出土遺物として興味深いのが、離頭式銛《りとうしきもり》です。獲物に刺さった際、銛の頭部が外れる仕組みになっています。その他、釣針や須恵器、土師器、鉄鏃、鉄剣なども出土しています。

藍島は、周囲〇・六八平方キロメートルくらいの小さな島です。この島の北側に、さらに小さい貝島があります。干潮時に歩いて渡ることができます。藍島に渡る渡船の時間と潮の満ち引きなど、いろいろな時間を換算すると、この貝島に歩いて渡り調査して戻ってくるまで、正味二時間程度しかないので、徒歩での見学は非常に困難です。

貝島古墳群の石室構造は非常に特徴的です。石材を選んで壁体を構成しており、入口にも大きさを合わせた石を柱状に配します。内部には棺のような囲い(屍床)を造ります。また、板状の石で石室入口を閉塞するという、非常に特徴的な石室構造を持っています。

図3は出土遺物と石室の図面です。大型の釣針と、離頭式銛や銛などが出土しました。

これまで海に近い地に造られた群集墳三つ、曲崎古墳群と明神古墳群、指江古墳群と紹介してきましたが、いずれの古墳からも漁撈具は出土していません。この貝島はたった一三基の古墳群ですが、複数の漁撈具が出土している点が注目されます。

(五) 間島古墳群 (北九州市)

大潮の時に歩いて渡れる島が、もう一島、北九州市にあります。間島古墳群といい、こちらはカブトガニの産卵地としても有名な干潟のなかの小さな島で、島内に一三基の群集墳が見られます。出土遺物は知られていませんが、上空からみると三角形をした小さな島です。付近は近世の水田開発によって干拓されていますので、旧来の海岸線は現在より陸地側だったと思われます。

間島の北側の陸地には下吉田古墳群という、同じ時期の群集墳が形成されています。私は北側の陸続きの古墳群と、この間島に造られた古墳群は一連のものだと考えています。

間島には細長い砂州が取り付きますがこの砂州には須恵器など、古墳時代の土器が漂着します。島は礫ではなく土でできた島ですので、墳丘を造ってそこに石室を造りその上を封土で覆います。こちらもしっかりとした配

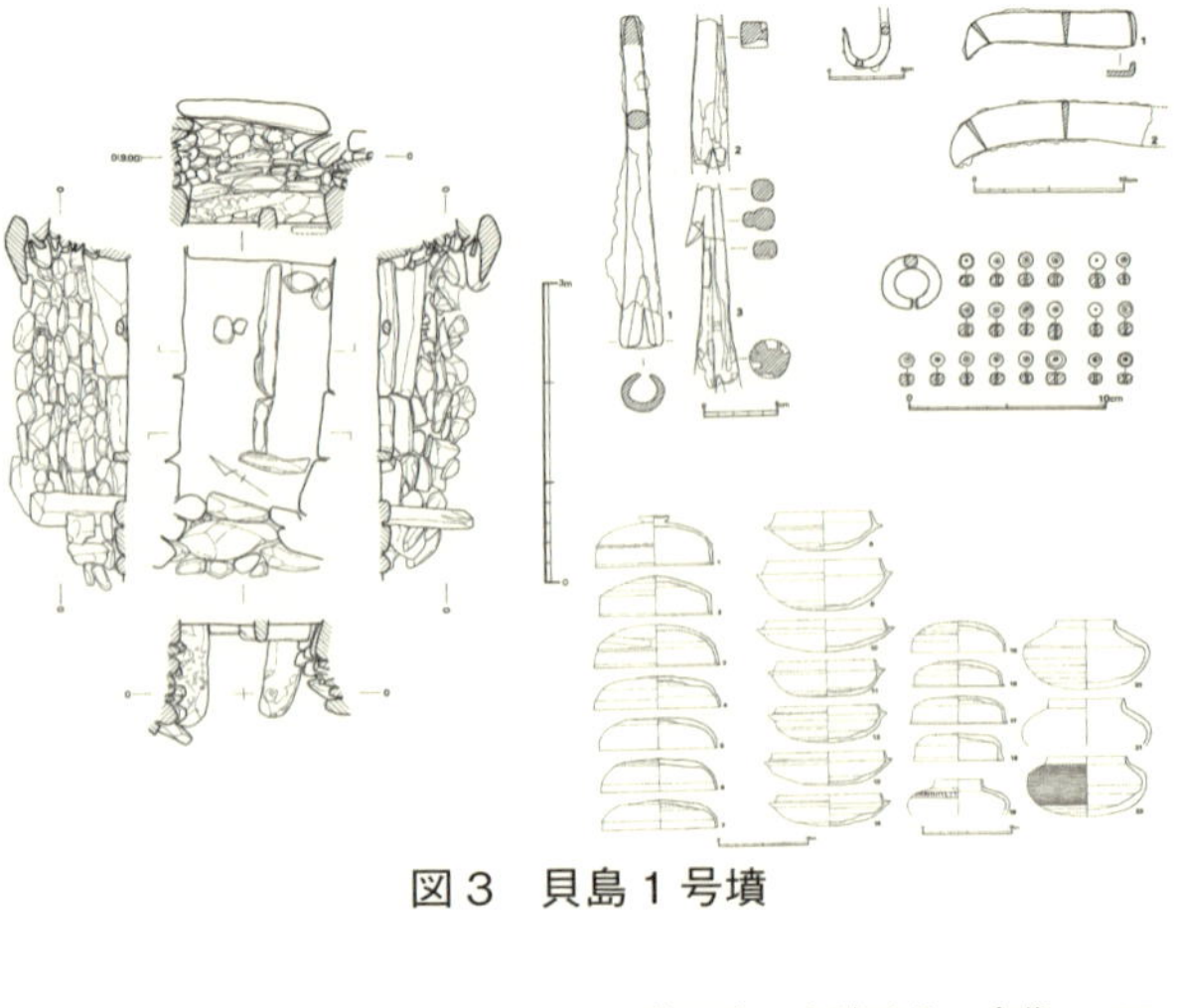

図3　貝島1号墳

石です。奥に鏡石と呼ばれる基準となる大型の石を置いてその上部に小さな石を積み上げるという、横穴式石室の一般的な石積み方法です。出土遺物は知られていません。

（六）見島ジーコンボ古墳群（山口県萩市）

最後にもう一つ、積石塚がある島として有名なのが、山口県萩市にある見島です。こちらに、見島ジーコンボという群集墳があります。約一八〇基の古墳で、八平方キロメートルくらいの小さな島に形成されます。六世紀末～八世紀中頃に築造された積石塚群です。これまでの研究では、七世紀半ばくらいから八世紀にかけての墓群だと言われています。しかし、実際の出土遺物などをみるともう少し古く、他の一般的な群集墳と似たような時期に造られ始めたと思われます。

見島の南海岸には礫浜があり、ここを少し上がったところに古墳群が形成されます。横穴式石室が退化したような簡易な配石の内部主体があり、独特の石使いがみられます。

出土遺物は身分を示すような銅製のベルト金具、刀の吊金具（平安時代の貴族がつけるようなもの）、あるいは銅碗、そしてこれはよく朝鮮半島で見る銅匙やU字型の簪、腹帯のついた鈴なども出土しています。

その他、海の近くに造られる古墳はまだいくつもあると思われます。例えば北九州周辺では海が工場で埋め立てられているため、とても海の近くとは思えない立地の古墳でも、航空写真などで確認すると、当時の海岸線に近接していることがわかります。そのようにしてみると、海のきわに造られた群集墳ももう少し増えるのかもしれません。

三　古墳時代後期の海の古墳

さて、駆け足で海の古墳をみてきました。これらから何が言えるでしょうか。今まで見てきたのは指江、明神、曲崎古墳群、相島積石塚群です。見島ジーコンボ古墳群と貝島古墳群は一旦除いて考えてみましょう。これら一〇〇基を超える積石塚群に共通する特徴としては、数百メートルというきわめて狭い海岸に、異常に墳墓が集中しているということが挙げられます。また、群内に明確な首長墳というか、群集墳のなかで代表格となるような、盟主と思われるような古墳がない、ということも指摘できます。さらに海のすぐそばという立地にもかかわらず、漁具などの特殊な遺物、いわゆる海に関わるような遺物が一点も出ていない点も注目されます。発掘が古くにおこなわれたせいで資料が失われた、もしくは石の間に落ち込んで見つからないなどという可能性は、もちろん否定できないのですが、現時点で一点も漁具が見つかっていません。また、立地ですが狭い範囲に造りますので、占地にはずいぶんと制約を受けていて、主体部についても通常の群集墳より小さく、また遠くから石材を運んだりせず、通有の横穴式石室より簡易な造りの石室構造が多いといえます。また、先ほどから申し上げているとおり、古墳時代後期、六世紀後半～七世紀前半くらいに最も盛行する、という特徴をみることができます。

一方、指江、明神古墳群のある長島には、積石塚群が集中する海岸とは異なる地に単独で形成される、地域の首長墓に相当する古墳、ある程度階層の高い古墳群も形成されます。ただ、先ほど見た積石塚のように、海岸の礫浜に密集して造られるのとは異なり、景観の良い高いところに数基認められます。また、岬の突端に単独で造られる古墳などもあります。そういった単独墳と群集墳とが、小さな島のなかに混在している状況を見ることができます。

ところで、九州で造られて定型化した横穴式石室が、山陰を経由して北陸のほうに、最も遠くは新潟まで日本海側を移動していくというか、造られる傾向を見ることができます。つまり五世紀末～六世紀前半にかけて、日本海側に九州系とされる横穴石室が拡散していく状況を認めることができます。この時期には朝鮮半島南西部において、いわゆる前方後円墳が造られる時期とも重なっています。こういった五世紀末～六世紀前半にかけての一連の動きは、島嶼部に積石塚群が盛んに形成される時期と重なってきます。つまり、島嶼部における積石塚群の形成時期は、日本列島において九州系の横穴石室が各地に造られ始める時期、また前方後円墳が朝鮮半島にも築造される時期――、そして、おそらく倭の五王が活躍した時代であると考えられます。

島嶼部に積石塚群というかたちで、狭い範囲に集中して築かれた群集墳や積石塚群については、埋葬施設や、副葬品、その構成については周辺の同クラスの古墳との格差を見ることができない、という状況があります。一方で、翻って今度は先ほどの帯金具など、特殊な遺物を出土する見島ジーコンボ古墳群などの群集墳は、日本海側に存在しています。この見島ジーコンボ古墳群の性格については、再考し直す必要があると思います。研究史上は防人の墓、いわゆる島嶼部や辺境の地を守った人たちの墓だと言われています。身分表象とされる石製や青銅製の帯金具、銅の素材などが遺跡から出土しています。つまりある程度、青銅製品の製作や修理も、この見島でおこなわれていたことがわかっていますから、見島ジーコンボ古墳群については、また少し性格を考え直す必要があるのではないかと思っています。官人層、身分のある人たちが集中的に住んでいたという考えや、交易の民、朝鮮半島に重きを置いた交易民たちの墓だという考えもあります（乗安編、一九八三ほか）。

ただ、先ほどから申し上げているとおり、島嶼部の狭い範囲に集中して古墳を造るということについては、何らかの選択あるいは強制があったのではないかと思います。島のなかに、他に古墳を造ることのできる土地があるにもかかわらず、礫浜だけを選んで集中的に造っていることについては、何らかの理由を考えなければいけないのではないかと思います。その一つの答えとして、吉留秀敏さんが二〇一一年にお書きになった論文の中に、漂着してきた外国人の話が文献上増えてくる時期が、この積石塚群が成立する頃に該当するという指摘がありま す（吉留、二〇一一）。その外国人たちの存在は、速やかに大宰府に連絡され、中央に送り出されるという状況が見られます。防人という体制が整備されるのは、まだ先のことでもあり、そういった漂着民や帰化を希望する者、遭難者たちに向けて何らかの対応をする存在として、一定の地域に集めて住まわされた人たちがいたのではないか、という考えです。今後、これらについて検討したいと思っております。

以上で終わります。ありがとうございました。

参考文献

乗安和二三編　一九八三『見島ジーコンボ古墳群』山口県埋蔵文化財調査報告第七三集、山口県教育委員会
吉留秀俊　二〇一一「不知火海沿岸の古墳文化と積石塚の出現」『海の古墳を考えるⅠ』海の古墳を考える会

ディスカッション

矢野　どうもありがとうございました。それでは、時間もありますのでご質問のある方はどうぞ。

質問1　たいへん面白かったのですが、ちょっとお聞きします。

先ほどの相島の積石塚群です。積石塚の浜はちょうど津屋崎（福津市）のほうを向いているわけですね。非常に距離も近い。八キロくらいです。一方、津屋崎のほうにある古墳群は大型の古墳が多くて、ただ群集墳はあの辺りにはありません。ですから、そういう首長の下でいろいろと仕事をしていた人たちが対岸に造ったのではないかということは、誰かがおっしゃっていたと思いますが、そういうことについてどう思いますか？

宮元　相島積石塚群の構成法、中心部があって、その周辺に小さなお墓を造るという方法が、古賀市や新宮町などの群集墳の築造状況ときわめて似ていると考えております。そういう目で見ると古賀市の花見古墳群などは、当時の海岸線から考えるとかなり海辺に造られた古墳群だと思われます、そういった類型の一つとして捉えてもいいのではないかと考えています。ただ、相島積石塚群はさすがに四世紀前半から七世紀という長い期間の造墓ですので少し違う面もあるかと思います。そういう意味では、津屋崎に群集墳がないというのは、糟屋郡、古賀市、新宮町まで含めて、全体でもう一度考え直したいと思っているところでございます。これで答えとさせていただきたいと思います。

質問1　ありがとうございます。

それで、今少し申し忘れたんですが、相島積石塚群にはほとんど水がなかったんですよね。朝鮮通信使のときに、井戸を一生懸命掘ったわけです。ですから、それまではほとんど水がなくて、『続風土記』に「田がない」と書いているくらいです。ですからあそこに二五〇人の墓を造れるほどの人が住んでいたわけではないけれど、いずれにしろ対岸に造ったのではないかと思ったのです。

宮元　はい、そのように思います。なにも古墳のある島に住んでいて、その島に造らなければいけないというのではなく、対岸の海で暮らしていて、この島に墓を造った、という考えももう少し検討したいと思っているところです。ありがとうございます。

矢野　他に質問はないでしょうか。

質問2　お墓の話をされたのですが、埋葬の母体となった人間集団の話が全然なかったので、もしわかっていることがあったら教えて欲しいのですが。たとえば、当時の氏族たちの階層などですね。生業とか、あるいは住居とか集落、経済とお墓の関係など、なにかわかることがあったら教えていただければと思います。

宮元　まず、私が対象としているのが海辺の古墳ということで、なかなか集落まで押さえきれていないというのが正直な回答です。勉強させていただきます。

また、古墳を造った人たちの階層については、ある程度、石室の構造から、どれくらいの階層かについては考えているところでございます。今回、島嶼部の古墳として題しました、「海の古墳」と呼んだ積石塚群、少なくとも指江、明神、曲崎古墳群や相島積石塚群に関しては、首長と呼べるほどの人がいたということについては、疑問に感じています。おそらく群集墳の主たちを統率した、彼らをまとめるような人たちは、また別のところに墓を持っていたのではないか。具体的には指江、明神古墳群のある長島に造られた加世堂古墳などのような、単独の古墳の存在もあります。

矢野　他にございませんでしょうか。

それでは、私から少し気になったことがありまして、小さな島の古墳群の存続期間は、どの程度に考えたらいいでしょうか？　先ほどの対岸との関係といったことをうかがって、それと比べて非常に限られるとか、あるいはそれと差がないとか、どうでしょうか。

宮元　それぞれ異なります。相島積石塚群なら二五一基ですが、小さな墳丘のない主体部、いわゆる小石室まで も埋葬主体として数えています。ですから、そういったものを、たとえば小児用や再葬の可能性のあるものなど、数を少しずつ減らしていくと乱暴な言い方かもしれませんが、だいたい二五年に数基程度という築造状況ではないかと思っています。とくに相島積石塚群については、二五〇基のうちの半数以上が墳丘を持たない小さな古墳です。そのなかで墳丘を持つものを集めて、さらに石室がしっかりしたものを集めていくと、実数はそんなに多くないのではと考えています。

矢野　実際には小規模なものが、ある程度、連続して造られるということですか。

宮元　はい、そうですね。

三　玄界灘と宗像神・胸形君

福岡教育大学名誉教授　亀井輝一郎

一　はじめに―宗像の地理的位置―

今、ご紹介いただきました、亀井です。

まず最初にお話をしようと思うのですが、歴史というと、基本的に私たちは人間の歴史を考えるわけですが、人間は自然環境のなかで自然との関わりをもって日々の営み、生活をしています。私たちは政治、経済、文化、宗教、軍事などいろいろなものを含む社会生活、営みの歩み、軌跡を自然的社会的空間のなかで、時系列的な視点を持って考えなければならないだろうと思います。

私は、摂津国八部郡から筑前国宗像郡に来ましたが、向こうは比較的温和な瀬戸内海気候で時には六甲おろしが吹くことがありますが、こちら宗像は夏暑く冬寒く少し厳しいところがあり、気候的には日本海気候だということです。日本海側の出雲地方などでいわれているようですが、「弁当忘れても傘忘れるな」というようなところがあるのではないかと思います。ここ宗像で展開された歴史を考える場合にも、自然環境、地理的環境を承知し、考え合わせることも必要だろうと思います。

筑前国宗像郡の地理的位置は概ね、北側は玄界灘、一部、響灘で区切られています。東側は南から蔦ヶ岳《つたがだけ》（城山《じょうやま》）、金山《かなやま》、孔大寺山《こうだいじやま》、湯川山《ゆがわやま》の独立的な「四ツ塚」で区切られ、北の玄界灘に至っています。南の方は鞍手などに接していますが、もちろん山が廻って境をなしています。西の方は糟屋郡に接していますが遮るものは少なく、比較的開いているといってよいと思われます。近年は異常気象ですが、糟屋郡との境界辺りで気候に少し違いがあるのではないか、といわれています。このように区切られた一つのまとまりをもった空間、こうした地理的環境のなかに宗像郡はあるということです。

郡内の河川で、二級河川の釣川《つりかわ》というのが私たち住民にとって重要な河川、水源です。この釣川は『宗像市史』（宗像市史編集委員会編、一九九七）でも触れられているように、少なくとも現在の東郷橋付近までは、縄文期には海が入っていました。福津市の津屋崎の方でも、勝浦辺りまでは入り海であったという自然環境であり、その入り海に沿って津屋崎古墳群が点在しているのです。入り海部分の多くは近世になって塩田化され、現在は農耕地になっています。宗像の地では玄界灘を低気圧が通過するとき、北西の方角から風雨に見舞われ、この釣川があたかも「風の通り道」ともいうべき様相をみせることがあります。

また北の方では玄界灘と響灘に面していますが、地島《じのしま》から、鐘崎《かねざき》にかけては潮目が走っていて海の色も違っています。これが響灘と玄界灘の境と考えてよいと思われますが、玄界灘の西の境はどこかというとよくはわからないようです。この潮目の辺りは『万葉集』（巻第七）の「ちはやぶる　金の岬を過ぎぬとも　われは忘れじ　志賀の皇神《すめかみ》」と詠まれたように、海の難所でした。奈良時代の神護景雲元年（七六七）八月に宗形郡大領の宗形朝臣深津と妻の竹生《たけふ》王が「金埼の船瀬」造営の功を賞されていることからも、そうした場所に港湾施設が整備されていく一端を見て取ることができるでしょう。それが鐘崎の辺りということです。

こうした玄界灘を擁する地理的、自然的環境のなかで、社会的空間を形成しつつ宗像の歴史は展開していくのです。これはいささか学問的ではないかもしれませんが、「ゲンカイ」灘の表記ではカイは「海」とも「界」とも書くことがありますが、いずれの場合も「ゲン」には「玄」の字が使われています。「玄」は黒色を意味し、五行説でいうところの黒は方位の北に当たります。そうすると、玄海は北の海、北海ということになり、まさに『日本書紀』（第六段瑞珠盟約章）の宗像三女神誕生神話の神勅にみえる「海北道中」（第三の一書）の海北に相当しそうな感じがします。

二　神話のなかの宗像神

さて、次にそういうなかで生起した宗像の姿の一端を、現在に伝わる文献史料から少しみていきたいと思います。まず最初に文献にみえるのは『古事記』『日本書紀』（以下『記』『書紀』と略す）の神話に登場する宗像神、宗像三女神です。宗像神は古代の代表的な海の神様で、他には綿津見神《わたつみのかみ》（阿曇神）と筒之男命《つつのおのみこと》（住吉神）が著名な海神として知られています。これらの海の神様は三柱で一神であるという特徴をもっています。綿津見神は阿曇連《あずみのむらじ》が奉斎している神様で、漁撈のことに深く関係している神様です。阿曇連氏は律令時代においても天皇の食膳の調理を担当する内膳司の長官の職（奉膳）を襲っています。説話伝承からは特に海産物の調理と関わってくるという点が注意されます。

それから筒之男命（住吉神）は津守連《つもりのむらじ》が奉斎すると考えられる神様で、『延喜式』（巻九）などを見ると津守連の祖先神は「大海神」であるようです。そうすると、畿内の王権との関わりで奉斎するようになった可能性があるようです。津守の文字面に引きずられるわけではありませんが、住吉神というのは港湾をベースとする海の神様と考えていいでしょうし、神功皇后伝承の一部には、住吉神の縁起譚が入っている可能性があるだろうともいわれています。

阿曇神も住吉神もいずれも男性神であり、『記・紀』の神話（『書紀』では第五段四神出生章）ではイザナギノミコト、イザナミノミコトの黄泉《よみ》の国の話のなかで、イザナギが筑紫の日向の小戸《おど》の橘の阿波岐原《あはきはら》での「禊祓《みそぎはらい》」（祓除）によって誕生したとされ、それぞれの三柱の神の出生場所が海の表面（海表）、海の真ん中（海中）、海底とされています。海との関係が明瞭に、また海を垂直方向でとらえて語られています。一方、宗像神は宗像君が奉斎する三柱の女性神であり、『書紀』では第六段瑞珠盟約章に語られています。この部分は天孫降臨神話にもつながっていくところで、最も政治性の高い神話の部分で、後代的な要素もあると考えていいところだと思います。アマテラスオオカミ（日神）とスサノヲノミコトが高天原で「誓約《うけい》」を行い、天真名井《あまのまない》で物実《ものざね》の玉や剣を洗って清め、噛み砕いて吐き出す息吹のなかから三女神が生まれてくると語られており、その出生の方向は水平方向というわけです。

祭祀儀礼においては神聖な水を重要な要素としますが、宗像神の出生場所は阿曇神や住吉神と違って高天原であるということ、そして天真名井や天安河《あまのやすのかわ》が神話構成要素として表れるが、海との関わりは直接には知られないということは注意しておいてよい点と思います。ただ、神様の名前は海と関係がありそうだということです。三女神の名のタキリ（タコリ）ヒメ、タギツヒメなどは海にかかる霧や渦巻く潮、潮流、海流といった自然現象を擬人化したものではないかと考えられるわけです。イツキシマヒメの「イツク」は神様をお祀りする「斎く」という意味で、斎き祀る、祀られる神様が鎮座まします島の姫神を表象していると思われます。文献の上では他の二柱の神とは違って、イツキシマヒメやオキツシマヒメというように「シマ（島）」という言葉がすべての所伝に必ず入っていて、「島の姫神」が島神の性格を有する中核的な神としての要素をもっているということだろうと思います。安芸の厳島は「イツク（キ）シマ」で宗像三女神が主神ですが、『延喜式』（巻一〇）段階では「伊都伎嶋神社」とあって宗像との関わりは知られません。宗像と関わってくる契機として、平安期の平清盛との関わりを考えてみる必要があるのかもしれません。

海神宗像三女神の神名を海の自然現象ということから考えてみると、潮流、海流と霧（海霧）は神名に反映しているが、海で重要な自然現象としては風の問題があります。動力船出現以前の船の舟航では、潮待ち、風待ちということがよく行われていましたが、この三女神の神名などからは風のことがうかがえないのは、少し気になっていたところです。

宗像神出生の神話のなかで、アマテラスオオミカミとスサノヲノミコトが物実を噛み砕いてプッと吐き出す。これを「狭霧の気噴《きぶき》」と書いています。霧のように拡散する様子を気噴といったかどうか

表 1　宗像三女神誕生神話

	出典 要素	古事記	日本書紀				
			第6段				第7段
			本文	第1の一書	第2の一書	第3の一書	第3の一書
1	誓約者	天照大御神 建速須佐之男命	天照大神 素戔嗚尊	日神 素戔嗚尊	天照大神 素戔嗚尊	日神 素戔嗚尊	日神 素戔嗚尊
2	物実の交換	○	○		○		
3	三女神誕生の物実	須佐之男命の 十拳剣	素戔嗚尊の 十握剣	日神の 十握剣 九握剣 八握剣	素戔嗚尊の 八坂瓊の曲玉	日神の 十握剣 九握剣 八握剣	日神の 十握剣
4	素戔嗚尊所生子による判定	女＝潔白 男＝邪心	女＝邪心 男＝潔白	女＝邪心 男＝潔白	女＝邪心 男＝潔白	女＝邪心 男＝潔白	女＝邪心 男＝潔白
5	天照大神所生 日神所生	三女神	三女神	 三女神	三女神	 三女神	 (三女神)
6	三女神 (出生順)	多紀理毗売命 * 市寸嶋比売命 ** 多岐都比売命	田心姫 湍津姫 市杵嶋姫	瀛津嶋姫 湍津姫 田心姫	市杵嶋姫命 田心姫命 湍津姫命	瀛津嶋姫命 *** 湍津姫命 田霧姫命	
7	亦名	* 奥津嶋比売命 ** 狭依毗売命				*** 市杵嶋姫命	
8	鎮座所	胸形之奥津宮 胸形之中津宮 胸形之辺津宮			遠瀛 中瀛 海濱		
9	子の交換	○	○				清心の兒等を姉に奉る
10	天降り			○ 居道中、奉助天孫、而為天孫所祭		○ 葦原中国之宇佐嶋、海北道中、道主貴	○ 女児は葦原中国へ降す
11	奉祭氏族	胸形君	筑紫胸肩君			筑紫水沼君	
12	天真名井	○	○	○	○		○
13	天安河	○				○	
14	素戔嗚尊所生	五男神	五男神	五男神	五男神	六男神	六男神
15	五男神誕生の物実	天照大御神の 珠	天照大神の 御統（玉）	素戔嗚尊の 御統の瓊（玉）	天照大神の 剣	素戔嗚尊の髻の 御統の瓊（玉）	素戔嗚尊の髻の 御統の瓊（玉）
16	五男神 (出生順)	正勝吾勝勝速日天之忍穂耳尊 天之菩卑能命 天津日子根命 活津日子根命 熊野久須毗命	正哉吾勝勝速日天忍穂耳尊 天穂日命 天津彦根命 活津彦根命 熊野櫲樟日命	正哉吾勝勝速日天忍骨尊 天津彦根命 活津彦根命 天穂日命 熊野忍蹈命	天穂日命 正哉吾勝勝速日天忍骨尊 天津彦根命 活津彦根命 熊野櫲樟日命	勝速日天忍穂耳尊 天穂日命 天津彦根命 活津彦根命 熯之速日命 熊野忍蹈命	正哉吾勝勝速日天忍穂根尊 天穂日命 天津彦根命 活目津彦根命 熯速日命 熊野大角命

ですが、プッと吐き出す（吹き出す）というのは空気の風でもあります。この神話のなかで気噴というのが風を表象しているのではないだろうか、いささか強引な風呂敷かもしれませんが。

この宗像三女神の神話は、表1「宗像三女神誕生神話」で若干の整理を加えたように、物実や誕生した子の交換などをはじめ複雑な構成と要素をもっています。神話伝承の加担者としても胸肩（形）君と水沼君の二氏の名が知られ、その構成や要素にも相違がみられます。特に注目されるのは、「汝三《みはしら》の神、道の中に降り居《ま》して、天孫を助け奉りて、天孫の為に祭られよ」（第一の一書）という神勅や、「今、海の北の道の中に在《ま》す。号けて道主貴《ちぬしのむち》と曰《もう》す」（第三の一書）という記述が胸肩君系の所伝にはなくて水沼君系にのみ出てくる点は、水沼系神話の成立時期を含めて十分に検討すべき問題だと思います。先の気噴の要素は宗像系の神話のなかには出てきますが、水沼系には出てきません。水沼君は筑後の三潴《みぬま》郡地方を本拠とした豪族です。谷川健一氏のご研究などによると、水沼君は水神の水沼神を斎祀《まつ》っていたといわれています（谷川、一九九五）。その説を援用するならば、水沼君にとっては宗像神との関わりは二次的で祖先神的なものではないと考えることができると思います。それに対して宗像の地の共同体を代表する胸肩（形）君と、もとは共同体の神であっただろう宗像神は祖先神的なものであって、二次的な神ではないと考えてよいと思います。こういった違いも考えておきたい点です。

三　海と胸形・宗像

海との関係をもう少し考えてみますと、大海人《おおあま》皇子（天武天皇）と結婚した胸形君徳善の娘が尼子娘《あまこのいらつめ》です。尼の子と書く尼子を当て字と考えれば、尼子は「海の子《あま》」と解することができます。ある地方の方言では、アマは水を意味する場合もあります。尼子娘は海の子ども、娘さんという、宗像氏に相応しい名前ではないかと思います。大海人皇子の名も「海人」であり、大海宿禰が養育氏族と考えられることもその背後に「海」とのつながりがうかがえるのではないでしょうか。

宗像と海との関わりを推測させるものとして、「ムナカタ」の表記をあげることもできると思われます。ムナカタの表記として、宗教の宗に人形の形を書く「宗形」は、長屋王家木簡にもみられ奈良期を中心とした表記です。また、現在の宗教の宗に現像の像と書く「宗像」は、主として平安期以降にみられる表記と考えられます。これに対して『記』や『書紀』のムナカタの表記「胸肩」「胸形」は、人間の身体の胸と肩で、「胸」が共通しているのです。『記』『書紀』は天武朝以降の編纂で、完成は大宝律令制下の和銅五年（七一二）と養老四年（七二〇）です。特に『書紀』にはいろいろな点での改変・潤色が加えられています。両書の編纂時期にムナカタの表記は宗形が一般的であったと考えるところからは、胸の字を使う表記は『書紀』や『記』の編纂者が見たであろう原史料にそのように表記されており、編纂者が改変の手を加えていないと理解することができます。特に『書紀』の通例からすれば、編纂当時に宗形が一般的であったとすれば、胸肩（形）を宗形に改変することも可能であったがそのようにしてはいないのです。原史料に忠実であり、「胸」に意味があるということになります。宗形から胸肩（形）への改変の可能性は限りなくゼロといえるでしょう。

宗像では昭和の三〇年代頃までは女性の海人（海女）さんが潜《かづ》く潜水漁法がみられたようですが、中世末から近世にかけて、宗像の海女が西は五島列島辺りまで、東の方は日本海沿いに能登の舳倉島辺りまで展開し、その途中に枝村を作ったりしています。残念ながら、瀬戸内海方面には知られていません。潜る海中は宇宙に勝るとも劣らず、何があるかわからない怖いところです。そういうようなところでは、魔除や未知な不可思議なことを避けるということがあったのかもしれません。金関丈夫氏の御説（金関、一九七八）などを援用させていただきますと、呪的なもの、魔除の如きものとして鱗型の入墨を胸や肩にしていた。それが「ムナカタ」の表象ではなかったか、と考えられます。この入墨の可能性については、阿曇連は阿曇部を統括しており、『書紀』の履中元年四月条によると彼らは目のところに入墨をしていましたが、これが阿曇の特徴、表象である「阿曇目《あずみめ》」です。阿曇連と阿曇部は漁撈と調理に関わり、神様も漁撈に関わる性格が濃厚です。海に潜る漁撈とも深い関係がある宗像にも、入墨があってもおかしくはなく、海とのつながりがうかがわれるのです。海は漁業や航海など、人間の営みと深い関係をもっています。

四　海上交通と宗像

次に、航海、海上交通ということを少し考えておきたいと思います。当時は「地乗り航法」が一般的であったと考えられますが、特に畿内と九州、そして九州を経由しての朝鮮・中国への航路は、常識的に考えれば大きくは二つ、細かくは三つあったと思われます。九州南端の経由は、一応は横に置いておいていいでしょう。一つ目は畿内から北に上がっていって、琵琶湖から敦賀、若狭の方に出て日本海、出雲を経由する日本海ルート、二つ目は大阪湾からの、瀬戸内海を本州南岸山陽沿いに行くルート、そして三つ目は瀬戸内海の四国北岸沿いのルートの三つです。

私たちは常識的には、瀬戸内海のどちらのルートを通っても関門海峡は必ず通ったというふうに、自明の前提で考えるかもしれませんが、関門海峡は通らなくても響灘・玄界灘や博多湾・唐津湾、有明海方面に行くことは可能です。もちろん通過してもよいのですが、それが絶対条件ではありません。国東半島のほうから企救《きく》半島にかけての、周防灘沿いの九州東岸のどこかに上陸すれば、筑豊方面等を通ってどこへでも行けます。有明海にも行けます。唐津湾、博多湾にも行けます。しかも、陸上を通るので安全です。陸上経由については、持統八年

（六九四）頃に没した筑紫大宰率《かみ》河内王が葬られた豊前国鏡山（『万葉集』巻第三）もこの内陸道路沿いであろうし、大宰帥大伴旅人の家から帰京するときに大伴坂上郎女《さかのうえのいらつめ》が宗像郡の名児山《なごやま》越えをしている（『万葉集』巻第六）のも、こうした内陸道路の利用をうかがわせるものと思われます。

もう一つ付け加えると、これも一つの解釈ですが、天平八年（七三六）の遣新羅使が、大阪を出発して海路西に進む所々で詠んだ歌が『万葉集』（巻第一五）にあります。諸歌は航海にそって順次詠まれていますが、佐婆《さば》の海中で逆風に遭って豊前国下毛郡分間《わくま》の浦に到達してから筑紫館に至るまでの間の歌が見当たらないのです。歌が歌われていないということは、乗船者の中で歌を詠む程度の地位の人々が、実は関門海峡や「金の岬」を通る船に乗船していなかったのではないか、ということも考えられます。大伴坂上郎女ではありませんが、どこかに上陸して歩いていって船だけ回航したか、博多湾や唐津湾などで船を用意したか、ということも考えられるのではないでしょうか。沖ノ島の「お言《い》わず様《さま》」のように沈黙を守ったというわけではないでしょう。ちなみに、文献の上で「お言わず様」が確認できるのは、近世の地誌、貝原益軒辺りだろうと私は思っております。

さて、日本海ルートについては、先ほど宗像は日本海気候の端にあるということをいいましたが、文献の上では『書紀』崇神六〇年七月条に出雲振根《いずものふるね》が筑紫に行って不在であったという記述があります。九州に行っていたのです。手前味噌かもしれませんが、筑前辺り、宗像の方に来ていたのではないか、と考えてみたら面白いのではないかと思います。日本海の長門国の角島《つのしま》（現在の下関市豊北町）辺りから西に進めば沖ノ島に至り、西海岸を南下すれば九州の北岸、豊前国企救郡や筑前国遠賀郡に至ります。現在、角島の漁師さんが沖ノ島周辺に出漁していると聞いたことがあります。また、『延喜式』（巻一〇）には伯耆国の式内社に胸形神社（現在の米子市）があり、その近くに東宗像遺跡があります。この遺跡の調査で、一部の墳墓には筑前宗像の古墳の石室と同類のものがあると報告されています。また、大国主命と胸形奥津宮に坐す神とされる多紀理毘売命との婚姻の話が、『記』にみえています。そして、先ほど申した近世の海女の展開があります。

琵琶湖、近江国を経由して北の日本海に至る日本海ルートは、思いのほか出雲との関わりがみられますが、近江国坂田郡の辺りを本拠とする古代豪族息長《おきなが》氏の存在も配慮してよい要因といえるかもしれません。息長一族は五世紀以降の王権と密接な婚姻関係をもち、特に推古天皇のあとの七世紀の舒明天皇は、その和風諡号「息長足《おきながたらし》日広額《ひひろぬか》」に息長を含むように、それ以降の新たな息長系王統の「始祖」であり、この王統の下でわが国の古代国家は成立していくのです。舒明と皇極（斉明）天皇を父母とする天智と天武の兄弟の果たした役割は大きく、そのうちの一人天武天皇（大海人皇子）が胸形君徳善の娘尼子娘と結婚していることをなども、このルートにおける息長氏の関係を除外するのが妥当かどうか考えるヒントになりそうに思われます。

それから先ほど申した周防灘に面した九州東岸部は、ヤマト王権にとって九州支配と畿内との交通、海上交通の掌握という点で重要性をもつところです。六世紀の筑紫君磐井の「反乱」を契機に、ヤマト王権の勢力は面として海岸部から内陸部に浸透していきます。後に「門司」が置かれた企救半島から筑後平野にかけての屯倉や古代山城（「神護石」系）の配置と展開、また天平一二年（七四〇）の藤原広嗣の乱にみえる板櫃鎮《いたびつのちん》・京都郡鎮《みやこぐん》・登美鎮《とみ》の三鎮の配置なども、ヤマト王権の支配と交通といった点でも重要な意味をもつのではないかと、私は考えています。

それでは次に、九州から朝鮮などへの航路を考えてみましょう。豊臣秀吉の出兵のことなども参考になると思いますが、最もオーソドックスなのが、壱岐・対馬を経由するルートです。『書紀』宣化二年一〇月条に大伴狭《さ》手彦《でひこ》の任那派遣のことがみえ、『万葉集』（巻第五）や『肥前国風土記』（松浦郡）の狭手彦と松浦佐用姫（弟日姫子）との別れの著名な説話からも知られるように、肥前唐津辺りから壱岐・対馬を経由するのが、目視可能な最も安全な航路だと思います。ところが、それ以外に五島列島（値嘉嶋、知賀島、血鹿嶋）を経由する、もう一つの航路の存在を文献からも知ることができます（東野、一九九四）。藤原広嗣が知賀嶋を発して耽羅嶋（済州島）方面に逃亡を企てたが西風に押し戻されるという話（『続紀』天平一二年一一月条）はよく知られていますが、百済の使節が帰国するに際して血鹿嶋を最終寄港地とし（『書紀』敏達一二年条）、また遣唐使の南路の泊地でもあったように（『肥前国風土記』松浦郡値嘉郷）、五島は外航航路の重要な拠点でした。そして宗像と対馬、さらには朝鮮との海上交通の上でも五島は無視できない地であったようです。『万葉集』（巻第一六）に、「宗像郡の百姓宗形部津麻呂と滓屋《かすや》郡志賀村の白水郎《あま》荒雄」についての有名な話があります。神亀年中（七二四〜二九）に大宰府から対馬に粮を運ぶ船の柁取《かじとり》を命じられた津麻呂が、「小事有り」「容歯衰老して海路に堪《た》へず」といって、荒雄に柁師の任を交替することを頼んだ。荒雄は「肥前国松浦県美祢良久《みねらく》の崎より船を発して、直ちに対馬を射《さ》して海を渡る」が、暴風雨に遭い海中に没したという話です。

　宗像郡ではなく隣接する糟屋郡の白水郎《あま》ではありますが、対馬に渡るのに五島列島の美祢良久に至り、反転して海流に乗るかたちで対馬に向かっているのは、沿岸流で西に向かって唐津辺りで反転して東流する潮流を利用するコースが航路として存在していたことを示唆するものではないでしょうか。宗像郡に隣接した荒雄の住む糟屋郡志賀村には、「志賀の皇神」とも詠まれた綿津見神（阿曇神）を祭る式内社の志加海《しかうみ》神社があります。現在でも宗像の海岸は沖合のある地点で深くなり、流れの速い潮によって壱岐・対馬方面にまで流される場合がある、といった話を聞いたことがあります。

　先に触れた水沼君系の神話にのみみえる、「道の中」や「海の北の道の中に在す」といった神勅の類や沖ノ島の祭祀遺跡などから、「沖ノ島経由の対馬や朝鮮との航路」の存在が推定されています。海図やレーダー等の機器の発達した現在でも、沖ノ島は、玄界灘の船にとっては自船の位置や進路を知る、目視できる「海の道標」としての役割を果たしていると思います。今日も緊急避難港の役割をもっている沖ノ島には、風を避けることのできる一角があるそうですが、かつては上陸もなかなか難しかったようです。この神勅は私自身は比較的新しいのではないかと今のところは考えていますが、水沼君にとって宗像神の祭祀は二次的なもの、即ち誰かに奉斎を命じられた可能性はないでしょうか。有明海方面の海の押さえの役割を期待されたかもしれません。六世紀後半の築造といわれる前方後円の彩色古墳である桜京《さくらきょう》古墳（宗像市牟田尻）の石室の石屋形は筑後川流域と、三角形の連続文様彩色は有明海沿岸との交流をうかがわせるといわれています。同じ頃の平等寺《びょうどうじ》瀬戸遺跡の一号墳（宗像市平等寺）の石室の石棚などもこれらの地域との関係を示唆するもののようです。磐井の「反乱」後のヤマト王権の、九州支配と筑後方面への宗像神の展開を想定することができるようです。

五　律令制下の宗像と出雲

先にも少し触れましたが、舒明天皇に始まる舒明系の王統は、六世紀末の隋による中国の再統一や続く唐の成立、朝鮮半島の三国の対立の激化と統一新羅の成立といった東アジア世界の激動のなかで王権を確立し、わが国の古代国家の「近代化」＝律令国家の樹立を推し進めることになりました。舒明の皇后でもあった皇極（重祚して斉明）天皇の果たした役割は大きかったと思われますが、次代を担う子の中大兄や大海人皇子で注目されるのは、弟の大海人皇子が宗像神を奉斎する胸形君一族と婚姻関係を結び、国東半島辺りの豪族大分君《おおきだのきみ》を舎人として抱えているなど、九州との関係が深いことです。兄の中大兄はむしろ王権の権力の中枢にいて権力の確立と掌握に努めているといえそうです。兄弟における役割分担的な有り様があったとすれば偶然ではなく、大王家の系統が替わって舒明・皇極のいわば新しい王統における、国際情勢や大王権力の確立というなかでの意図的な政策であったのではないか、そのようなことを考えてみてもいいのではないでしょうか。

この近代化の過程で祭政分離が図られる一方で、特定の神社に「神郡」が設定されました。神郡は、特定の神社

表２　宗像郡司・宗像神主等一覧

	年	月	人名	職名	位階	叙位	出典
1	709	和銅２年５月	宗形朝臣等抒	大領	外従五位下	外従五位上	続日本紀
2	729	天平１年４月	宗形朝臣鳥麻呂	大領	外従七位上	外従五位下	続日本紀
	738	天平10年２月		神主	外従五位下	外従五位上	
3	740	天平12年１月	宗形朝臣赤麻呂		正六位上	外従五位下	続日本紀
		天平12年11月			外従五位下	外従五位上	
	745	天平17年１月			外従五位上	外正五位上	
4	745	天平17年６月	宗形朝臣与呂志	大領	外従八位上	外従五位下	続日本紀
5	767	神護景雲１年８月	宗形朝臣深津	大領	外従六位下	外従五位下	続日本紀
6	778	宝亀９年４月	宗形朝臣大徳	大領	外従八位上	外従五位下	続日本紀
7	798	延暦17年２月	宗像朝臣池作	大領兼神主		外従五位下	類聚三代格
8	813	弘仁４年	宗形朝臣秋足	大領（故人）	外正７位上	（当年没）	類聚国史
9	817	弘仁８年１月	宗形朝臣勝麿		正六位上	外従五位下	類聚国史
	828	天長５年１月			外従五位下	外正五位上	
10	850	嘉祥３年７月	宗形朝臣豊子		外従五位下	従五位下	文徳実録

の祭祀や経営維持のために租・調・庸などを拠出する郡で、持統六年（六九二）が確実な初見例です。養老七年（七二三）段階では宗像神社の宗形郡や出雲大社の意宇郡のほかに、伊勢神宮・安房坐《あわにいます》神社・香取神社・鹿島神社・日前国懸《ひのくまくにかかす》神社などの神社で計八神郡が知られています。おそらく孝徳朝以降に設定されていったと考えてよいでしょう。紀伊国でも国造と名草郡郡司の兼帯例がみられますが、宗形郡と意宇郡でも俗官の郡司と祭祀に関わる神主、国造を一人の人物が兼帯しており、いわば祭政一致的様相を、少なくとも延暦期まで持ち続けているのです。

律令制下においては、中臣氏も神祇担当の中臣氏と政治の藤原氏に、行政組織でも太政官と神祇官に分かれていきます。このような祭政分離が行われるなか、両郡は依然として祭政一致を色濃くもっていたと考えられるわけです。神郡のなかでも出雲の意宇郡と筑前の宗形郡の郡司は、他の神郡の郡司に先がけて「三等已上の親の連任」を認めるという方針が、文武二年（六九八）に出されています。他の神郡では遅れて養老七年頃になって許されています。

『新撰姓氏録《しんせんしょうじろく》』は、畿内の氏族に対して出自や系譜などを提出させて平安時代の初め頃にまとめられたものですが、筑前から移住した畿内の宗形朝臣（右京神別・地祇）と宗形君（河内国・地祇）は、祖先は出雲系の吾田片隅《あたかたすみ》命《のみこと》の後裔であるといっています。宗像郡を本貫とする筑前の宗像朝臣も、同様の出自・系譜をもっていたと考えてよいでしょう。宗像三女神の誕生神話は、高天原系のアマテラスオオミカミと出雲系のスサノヲノミコトの誓約で三女神が生まれ、男神の方は天孫降臨につながっていく神話でした。崇神紀の出雲振根の筑紫行きもそうですが、出雲と宗像の類似性、深い関わりが知られるのです。

延暦期は神祇行政の上で一つの画期をなすといってもよい様相をみせ、九州では大宰府の関与もうかがえるようになってきます。『類聚三代格』所収の太政官符には、延暦一七年（七九八）三月に出雲について「旧例を改めて国造と郡領（大領）を職を分けて任命する」（巻七）ように定められ、同一九年一二月には宗像に対しても、「六年任期と定められた神主と終身官の郡司（大領）の兼任は穏便を欠き、職掌も別であるので兼帯を禁じる」（巻七）旨の決定が出されたことが記載されています。さらに宗像と出雲には、延暦一七年一〇月に祭祀儀礼の一端をうかがわせる太政官符が出されています。「出雲国造は神主を兼帯するが、新任の日に嫡妻を捨て多くの百姓女《ひゃくせいのじょ》子《し》を神宮采女と号し、娶って妾としている。これは妄りに神事に託して遂には淫風を煽るものである。今後はこうしたことをしてはいけないが、やむを得ず妾を娶り神事に供する場合は、国司が関与して一女を卜定するようにせよ。筑前国宗像神主もこれに准《なら》うように」（巻一）という官符です。出雲国造＝神主が新任の日に今まで俗世間で生きていた時の嫡妻を捨てて、新しく神宮采女を神妻的な妾として娶ることは、いわば、俗から聖へ「一新」するという儀式と理解することができるように思います。

この官符の日付が一〇月ですから、新嘗祭と関係するという理解もできそうですが、新嘗は毎年繰り返し実施されるものであり、「新任の日」と特定していることにそぐわないように思います。天皇の即位儀礼の大嘗祭は、在位中に一回のみ行う「新任」時の新嘗祭です。やはりこの出雲と宗像の場合も、当該人物の存在が俗から聖へ大きく変化する節目の一回限りの儀式と考えるのが順当ではないでしょうか。出雲の場合は、国造が亡くなると、すぐに部内、つまり一族内部において国造の地位の継承、祭祀（権）の継承が行われました。その儀礼が「火継神事《ひつぎしんじ》」といわれるものです。その後、新たに就任した国造は王権に対する服属儀礼として三度ばかり上京と帰郷を繰り返して、朝廷から承認を受けることになるわけです。族長の地位継承と祭祀権の継承が、ヤマト王権との歴史的関係を背後にもちながら、出雲の場合にはうかがえるということです。

こうした出雲のあり方に「准う」宗像においては、族長権の継承や宗像神の祭祀権の継承、さらにはそれに伴う儀礼は行われなかったのでしょうか。宗像の場合は出雲のように王権に対する服属の歴史は知られませんが、古代の豪族の場合、族長権の継承と儀礼は必ず行われたと考えていいと思います。宗像では族長（権）の継承や宗像神の祭祀（権）継承はなかったということを証明するのは、直接的にも間接的にも困難だと思います。しかしながら、他の事例などからして、族長（権）の継承と祭祀（権）継承が一体的なものとして執り行われたと考えるのが極めて順当な理解だと思います。こう考えてよければ、儀礼執行の場、空間は、どこであったのでしょうか。神話の中には三柱一神の宗像神が辺津宮（田島《たしま》）、中津宮（大島）、沖津宮（沖ノ島）の三カ所に分かれて鎮座していたことが既に記されています。宗像三女神のタキリ（タコリ）ヒメ、・タギツヒメが海の自然現象を擬人化した神名であり、「イック（キ）シマヒメ」「島の姫神」に対してどこか後代的な要素を持っているように思われます。宗像三女神の中核的な神、島神が鎮座する沖ノ島こそが宗像神の原郷といってよいのではないでしょうか。およそ五百年にも及ぶといわれる沖ノ島の「祭祀遺跡」とその「奉献品（出土遺物）」の性格をどのように考えるかという「理解」は、考古学や神道学の「解釈」などをはじめいろいろありますが、「非日常的空間・場としての沖ノ島」が、継承儀礼の場として最も相応しいのではないかと考えます。

六　宗像神と玄界灘の海の民

さて、宗像神と玄界灘ということに少し触れておきたいと思います。先ほど申し上げましたように、釣川は宗像郡を概ね北西に流れて今の江口《えぐち》の辺りで海に流れ込んでいますが、このほぼ延長線上に沖ノ島がみられます。また、玄界灘を低気圧が通ると、だいたい北西方向から風や雨が吹いてきます。釣川が風の通り道になっていて、その先に沖ノ島が位置し、海風が沖ノ島方面、宗像神の原郷から吹いてくるのです。海洋の自然条件、風・霧・潮です。

『延喜式』の段階でみてみますと、ムナカタと直接明記する神社は大和国城上郡と筑前国宗像郡の宗像神社三座以外には、下野国寒川郡と伯耆国会見郡の胸形神社、尾張国中嶋郡と備前国赤坂郡及び津高郡の宗形神社の分布がみられますが、玄界灘周辺では筑前の宗像郡を除いてはみえないようです。沖ノ島は宗像郡からはもとより、壱岐・対馬や博多湾方面等々の玄界灘周辺から目視することができ、沖ノ島の一の嶽などからも各方面を望むことができます。玄界灘を航行する船人や海の民にとって沖ノ島は船を導く道標であり、時には緊急避難港的な役割を果たしたかもしれませんが、普段に寄港し上陸する「日常的な島」であったのでしょうか。沖ノ島―大島―宗像本土の自然・地理的環境の中で、宗像の集団のいわばテリトリーと位置づけられ、生まれてきた信仰がローカル性をもった海の神宗像神であったと思われるのです。少し極端かもしれませんが、船と船人と津があれば航海は可能です。それぞれの海域には地形的・気候的特徴があり、時には死の危険がひそむ船の運航は、その海域に習熟した船人が担うのが一番よいことはいうまでもないと思います。かつて各地の船を操る集団の中には朝鮮半島と自立的な交流を行っていた集団があり、それは文献や出土遺物などからも認めることができます。宗像神を奉ずる宗像の海の民も玄界灘を舞台に、朝鮮半島などとの独自の交流を行っていなかったとは私も考えてはいませんが、「海北道中」が壱岐・対馬や五島経由のルートと同じような航路を意味するものかどうかなど、なお十分に史料批判を深め検証されなければならない課題があると思っています。

七　ヤマト王権と宗像

最後に、『書紀』の宗像関係の記事について少し触れておきたいと思います。崇神紀の出雲振根の説話は直接宗像について語っているものではないですが、『書紀』では五世紀代に相当する応神～雄略紀に三例の宗像の記事があります。すべて神様についてです。応神四一年二月条は阿知使主《あちのおみ》が呉国から将来した機織工女の兄媛を胸形大神の乞いによって献上した話、履中五年三月・一〇月条は、神の民、車持部を奪われたことを憤った「筑紫の三神」が宮中に現れ、天皇は祈禱のみで祭祀を行わず、三神の祟りで皇妃が亡くなったが、車持君が車持部と充神者を奪ったためと判明し、車持君に禊祓を課し、車持部を改めて神に献上した話、雄略九年二月条は胸方神を祠らせるために凡河内直香賜《おおしかわちのあたいかたぶ》と采女を派遣したが、壇所でことを行うときに采女を姧したため、逃亡した香賜を探索して斬刑に処したという話です。

応神紀の記事にみえる機織と神祭は密接に関係し、宗像郡のもう一社の式内社は織幡《おりはた》神社です。筑後方面と宗像との機織に関する説話は織女兄媛のほかに、『肥前国風土記』基肄《きい》郡（姫社《ひめこそ》郷）の荒ぶる神をトい祀る宗像郡人珂是古《かぜこ》と幡と機織と機織女性神の説話などにみることができます。機織の話が筑後方面と関係して語られていることは、水沼君の宗像神神話との関係からも注目されるところです。また、雄略朝の凡河内香賜と采女の性的関係の説話は、神と神妻との神婚的な本義の希薄化という点で、先の延暦一七年一〇月の太政官符の、神事に託して百姓女子を神宮采女と号して妾とすること淫風といって禁じる内容と一脈通ずるところがあるようにも思われます。

これらの説話は宗像神、宗像集団の王権に対する要求であり、王権はそれを拒否せずに受け入れていると理解できると思われ、宗像の勢力とヤマト王権とのある時期の関係を反映しているのではないでしょうか。ヤマト王権と宗像の関係を考える場合、王権による全国平定、とりわけ西国の平定と統一王権の強化という点で六世紀段階、また特に王統が蘇我系から非蘇我系の息長系に替わっていく、七世紀の舒明朝以降の時期が大きな意味をもってくるだろうと思います。まだまだ申し足りないことや言葉足らずの点があったことと思いますが、時間が参りましたので、これで終わらせていただきたいと思います。ご静聴ありがとうございました。

参考文献

金関丈夫　一九七八「むなかた」『えとのす』一一号、新日本教育図書
亀井輝一郎　二〇〇九「ヤマト王権の九州支配と豊国」『福岡教育大学紀要』第五八号第二分冊
亀井輝一郎　二〇一〇「沖ノ島と宗像神・宗像神主―宗像覚書―」『福岡教育大学紀要』第五九号第二分冊
亀井輝一郎　二〇一四「律令時代の宗像信仰」『悠久』第一三六号、鶴岡八幡宮
谷川健一　一九九五『古代海人の世界』小学館
東野治之　一九九四「ありねよし　対馬の渡り―古代の対外交流における五島列島―」続日本紀研究会編『続日本紀の時代』塙書房
宗像市史編集委員会編　一九九七『宗像市史』通史編第一巻、宗像市
宗像市史編集委員会編　一九九九『宗像市史』通史編第二巻、宗像市

四　日本における祭祀の時空と社殿の成立ー宗像神社をめぐってー

有限会社建築史塾Archist代表取締役・福岡県文化財保護審議会専門委員　山野善郎

はじめに　技術史から空間史へ

ただいまご紹介いただきました山野と申します。建築史を調査・研究する大学発ベンチャー企業『建築史塾Archist《あるきすと》』を二〇〇四年に設立しました。それまでは九州大学建築学科で、歴史的建築や街並みの研究を行い、講義しておりました。本日のテーマは、「祭祀の時空」ー日本のカミマツリにおける時間と空間です。

このシンポジウムのタイトルである古墳時代に関して、当時のカミマツリの施設が具体的にどんな姿であったか最も詳しい先生のお一人は宮本長二郎先生です。先生によりますと、棟持柱、地面から棟（屋根の一番高いところ）まで一気に立ち上る柱によって棟木を支える形式のことですが、そうした棟持柱を持つ高床祭殿は縄文時代中期末から存在する、とのことです（宮本、二〇〇八）。吉野ヶ里や、壱岐・原の辻遺跡などには、棟持柱のない祭殿がありますが、それは地方的例外と切り捨てておられます。この説によれば我々九州の人間は地方的例外の土地に暮らしているわけで、いささか釈然としない気もしますね。

ともあれ、今回のテーマである弥生時代末から古墳時代初期は、いわゆる総柱型祭殿が大規模化する時期であり、また、四面庇付き平屋祭殿の成立もこの時期だと、宮本先生は書いておられます（宮本、二〇〇八）。

また、タイトルに従えば当然触れるべきことがもう一つあります。災害遺跡の調査事例です。たとえば六世紀に少なくとも二度、榛名山噴火という痛ましい災害があり、中筋遺跡、黒井峯遺跡、金井東裏遺跡（すべて群馬県渋川市周辺）では、まるでポンペイのように、当時の暮らしがそのまま火山灰に埋もれたのです。そこには、カミマツリの具体的な諸相、特に建築部材関連の知見も含まれます。これとは別に古墳時代の建築部材一般に関しても、富山県の桜町遺跡、三重県の六大A遺跡、鳥取市の青谷上寺地遺跡などが続々と出てきております。古墳時代の建築技術と神社の原型について、もっと具体的にわかってくるかもしれません。

しかしながら、私の専門はモノに直結する技術や構造の研究ではなく、建築空間へのアプローチです。古墳時代を含めて今日まで、大陸の東のこの弧状列島には、霊的なことがらをマツる、どのような建築空間があっただろうか、という研究をこれまで三〇年ほど続けてきました。

それまで神社建築の研究は、多くが律令期以降を対象とし、大半は本殿形式に関するものでした。伊勢神宮の神明造、出雲大社の大社造、奈良・春日大社の春日造、大阪・住吉大社の住吉造など一度は耳にされたことがおありでしょう。このシンポジウム会場に近い宗像大社（宗教法人名、歴史的には宗像神社）の本殿形式は、両流造《りょうながれづくり》と呼ばれます。そうした本殿の形式論ももちろん大切ですが、空間構成に言及する研究が当時はなかったので、それを研究しました。と言っても史料は限られていますので、方法としては、神事記録や棟札に残る過去の儀礼を研究し、民俗学の成果を参照しつつ新たな解釈を加えて、通史的な空間論的アプローチを試みて参りました。

日本的祭式の特徴

そのなかで本日の講演に直結する研究があります。宗像・沖ノ島の世界遺産登録関連で書いた「日本における社殿の成立と宗像神社」（山野、二〇一二）です。その結論が前提なので、要点をご紹介します。論点は五つあります。

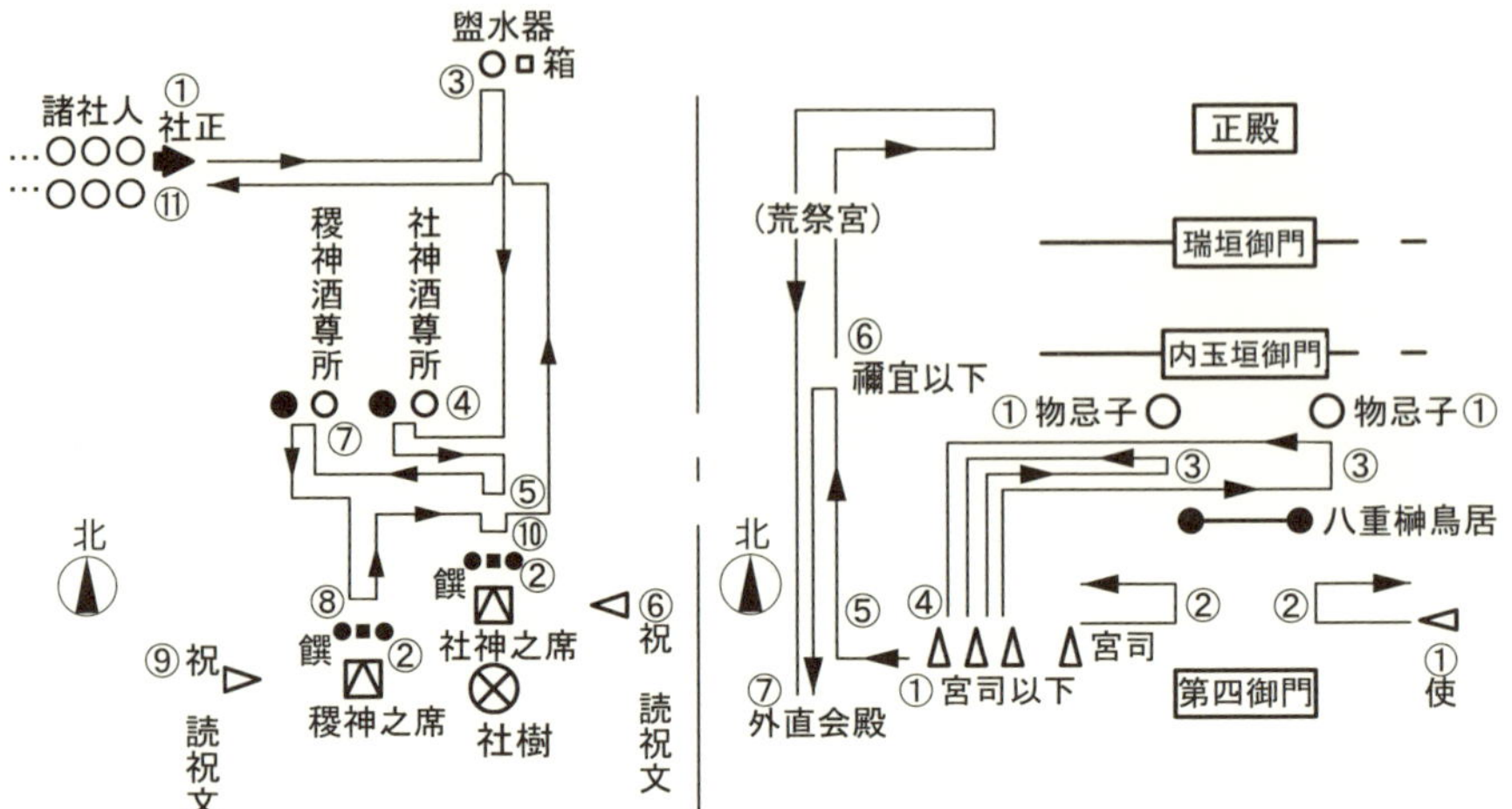

里での社稷祭行事パターン
（『大唐開元礼』に基づく）

年祈幣帛進奉行事パターン
（『皇大神宮儀式帳』に基づく）

図１　唐と日本の祭式

第一点は、社殿、特に本殿が常設される最も強い動機は、カミという姿かたちのない存在を、「見える化する」ことにある、という着眼です。この問題は今回の講演に深く関わるので、後ほど詳しく述べます。ただし誤解が生じやすいので最初にお断りしますが、神社本殿の場合、ギリシア神殿のように素朴な形式から次第に枝分かれして複雑になっていく、いわば系統樹が描けるモデルではなく、日本各地で同時多発的にさまざまな形式が成立し、それが淘汰された結果、現状の多様な本殿が残ったのではないかという見通しを私は持っております。

第二点は、八世紀、当時の大陸国家は唐ですが、その唐の祭式と同時期の日本の祭式とを比べると、本質的な違いが見えてきます。もちろん法文が残っているだけで実際にどこまで行われたかは不明ですが、皇帝祭祀を頂点とする唐のカミマツリ規則の要点は、華麗な祭具や音楽の演奏を伴って主宰者の所作が観衆の耳目を魅了することです。他方当時の日本では、幣《みてぐら》を神前に捧げる行為を、限られた参加者だけで行うよう規定されました。主宰者の民衆に対するパフォーマンスではなく、祭儀執行によって霊威を慰撫すること、具体的には幣帛、つまり供物を奉献することが日本のカミマツリ規則の要点です。図１に双方の行事パターンを図式化しました。左は『大唐開元礼』に描かれた里祭で、主宰者の動きを観衆が見守るので主宰者のパフォーマンスは重要です。右の伊勢『皇大神宮儀式帳』の場合は、祭儀の参列者が内玉垣御門の脇に繰り返し幣帛を供えるだけで、主宰者が華々しく動くということはありません。

また、唐のパフォーマンスは皇帝親祭から地方村落の里祭まで、簡素か煩雑かの違いだけで統一的な方式が規定されます。他方、日本で全国どこの神社でも一律にカミマツリを行うよう国が規定したのは、実は近代に入ってからです。明治五年（一八七二）大祓の祭式を「天下一般」に普及すべく地方官に通達され、明治八年（一八七五）には、官国幣社の神社祭式が布達されます。この時に神社の祭具や祭儀方式が統一されました。二拝二拍手一拝

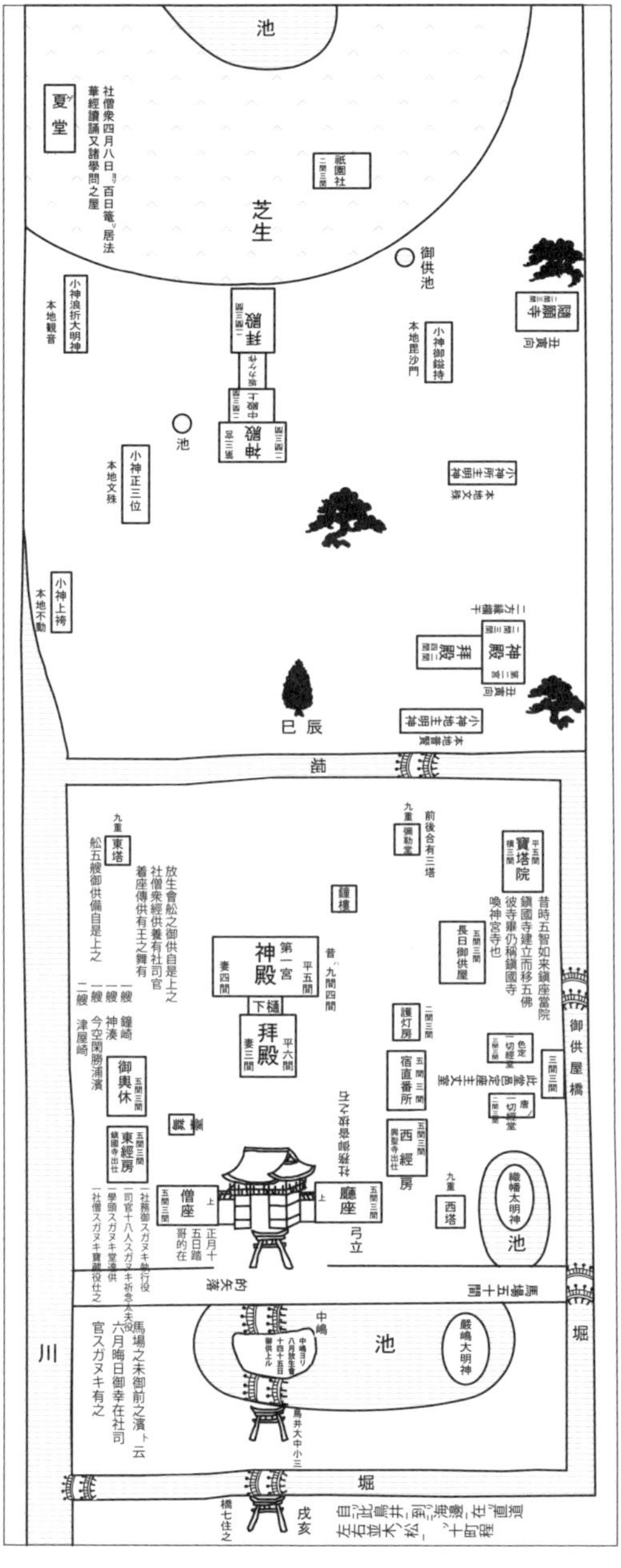

図２　最盛期の推定復元
（田島宮社頭古絵図・1617年『宗像神社史』口絵写真に基づき製作）

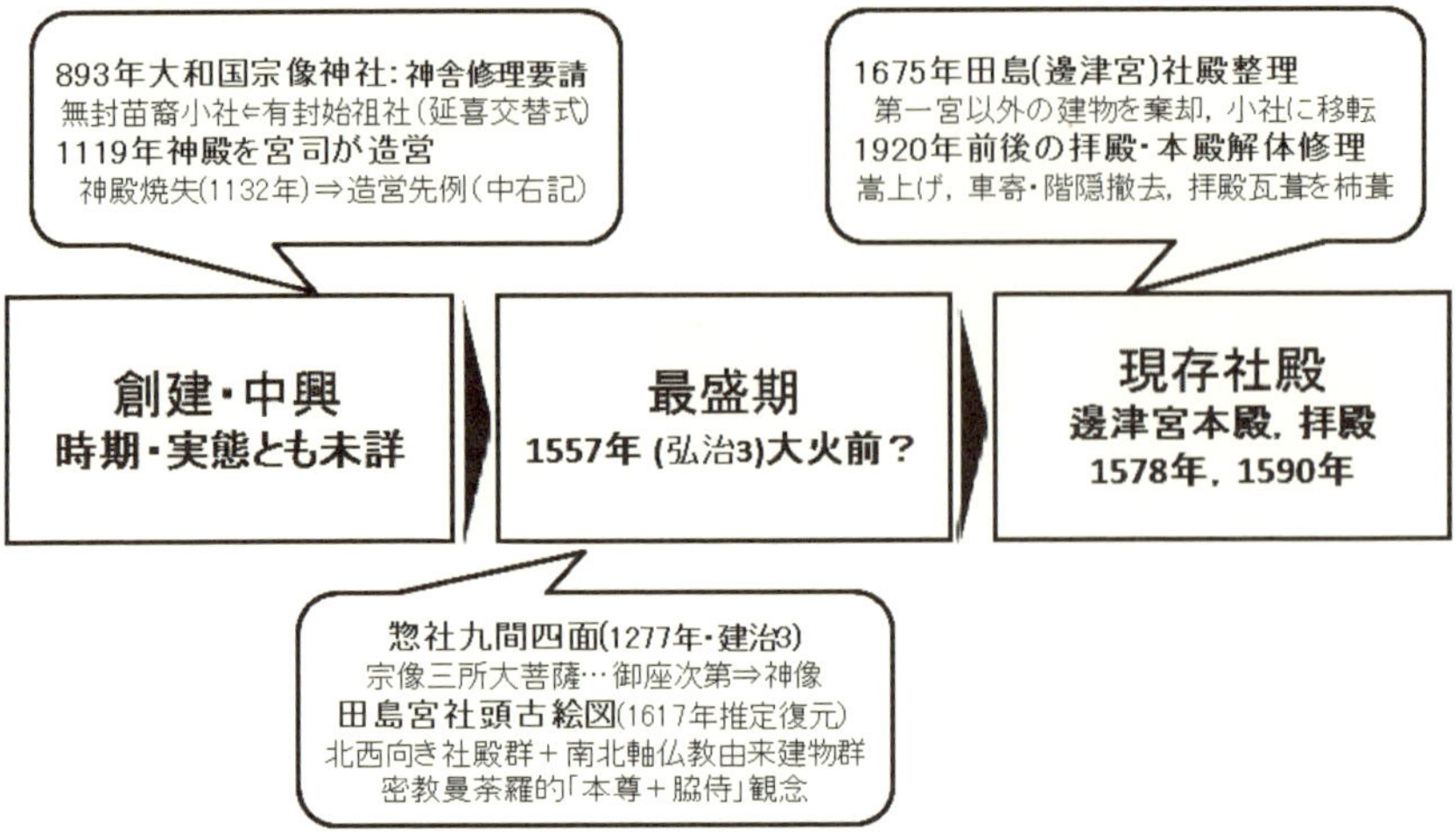
893年大和国宗像神社：神舎修理要請
無封苗裔小社⇐有封始祖社（延喜交替式）
1119年神殿を宮司が造営
神殿焼失（1132年）⇒造営先例（中右記）
1675年田島（邊津宮）社殿整理
第一宮以外の建物を棄却，小社に移転
1920年前後の拝殿・本殿解体修理
嵩上げ，車寄・階隠撤去，拝殿瓦葺を柿葺
創建・中興
時期・実態とも未詳
最盛期
1557年（弘治3）大火前？
現存社殿
邊津宮本殿，拝殿
1578年，1590年
惣社九間四面（1277年・建治3）
宗像三所大菩薩…御座次第⇒神像
田島宮社頭古絵図（1617年推定復元）
北西向き社殿群＋南北軸仏教由来建物群
密教曼荼羅的「本尊＋脇侍」観念

図３　宗像神社の社殿の変遷（建築施設）

が正式な参拝の仕方、と聞かれたことがおありでしょう。これは明治四〇年（一九〇七）『神社祭式行事作法』告示による規定で、近世まで参拝の仕方や神域の構成は神社ごとに異なるのが普通でした。

宗像神社の社殿変遷

第三点以降は、宗像神社についてです。この神社の建築史上の最盛期は中世にあったことを述べ、絵図資料から、神と仏が重層した中世の様相を考察しました。図2に示したのは、かつての盛んなありさまを推定復元したと思われる元和三年（一六一七）の『田島宮社頭古絵図』です。カミマツリの諸施設は、沖ノ島（沖津宮）および大島（中津宮）のある北西方向に面しており、同じ敷地に混在した仏教由来の建物群は、南を正面とする方格上に配置され、密教曼荼羅的要素も感じられます。どこまで中世の実態を反映しているか定かではありませんが、最盛期には現在より広大な神社だったことがわかります。

この神社の創建、中興、最盛期、現存社殿の変遷を図3にまとめました。社殿の創建時期を明示する史料はなく、元永二年（一一一九）に宮司が神殿を造営した例があるという記事が初見で

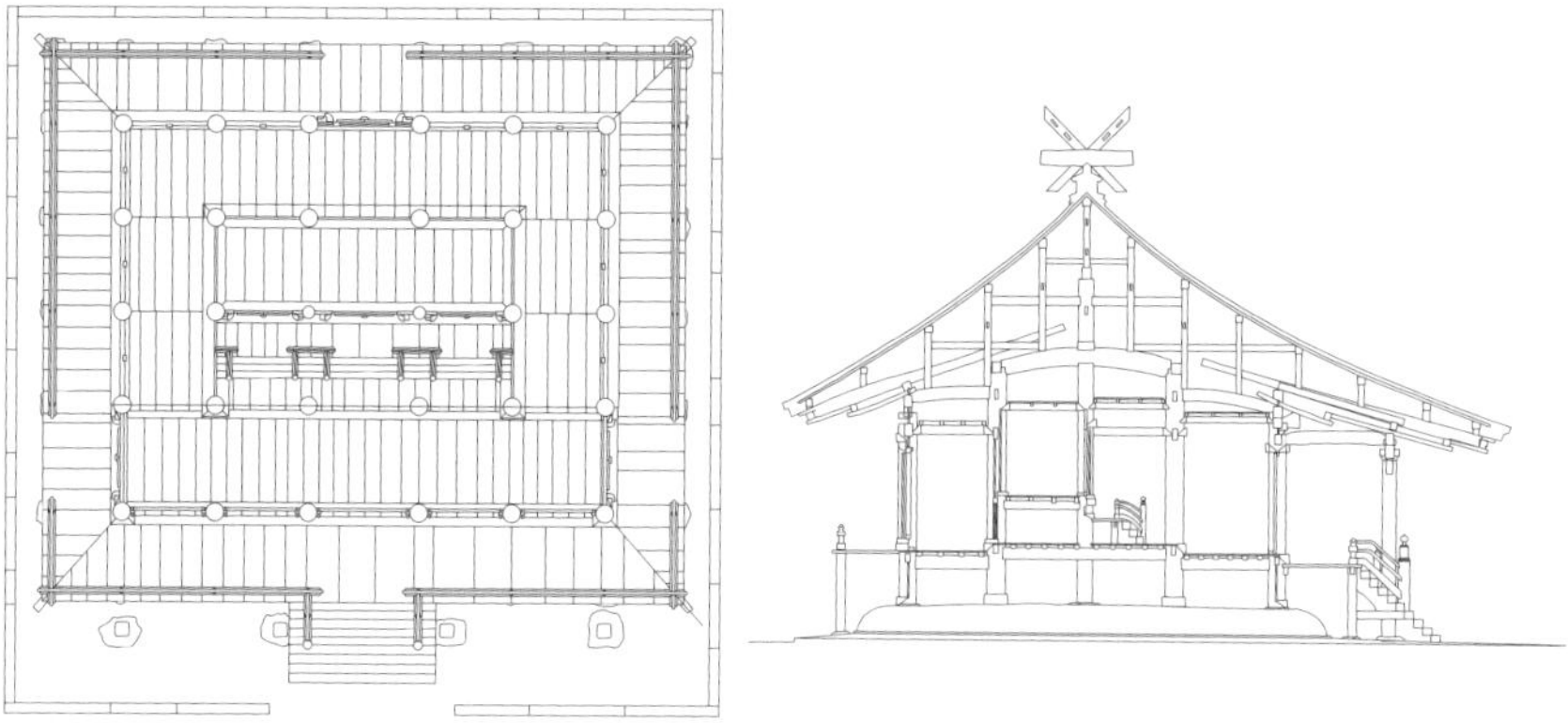

図４　現存する建築　辺津宮本殿

す（『中右記』長承二年五月二八日条）。最盛期については、総社（辺津宮）の規模が九間四面、つまり桁行（正面）の柱間が九つで、その四方に庇が廻っていたことが、建治三年（一二七七）の史料（『建治三年御座次第』）に見えます。この神殿は弘治三年（一五五七）の火災で、他の社殿や堂塔とともに焼失しました。

　第四点は、弘治火災後に建てられ現在は重要文化財となっている辺津宮の本殿と拝殿についてです。本殿は天正六年（一五七八）、拝殿は天正一八年（一五九〇）に再建された優れた建物で、延宝三年（一六七五）に第三代福岡藩主・黒田光之が社域の諸殿舎を一掃した結果、この二棟だけが一六世紀の香りを伝える貴重な遺構となったこと、それが遺跡でなく現在も信仰の対象である点が重要なことを指摘しました。

　第五点は、辺津宮本殿の形式理解に関してです。図４に掲げたように、正面の桁行が柱間三つの身舎を四方の庇で取り囲む現在の姿は弘治以前に比べれば規模こそ縮小したものの両流造で、かなり珍しい形式の本殿です。実際に行道したことを示す史料はありませんが、密教の常行堂と同様、神座の四周を巡ることができ背面中央に扉を開く形式は、厳島神社の国宝本殿と関係が深いように思われます。ただ、この点は今後さらに検討を要する課題です。

非仏教的意匠への革新説

前提論文の話が長くなると次に進めませんので、今日のテーマに移ります。まず、古墳時代の神社建築の姿を我々は推定できるか、という素朴な疑問ですが、私は、今の段階では難しいと考えます。

神社建築成立史研究に画期をもたらした稲垣栄三先生の説（稲垣編、一九七三）によれば、天武、持統朝の頃、神社建築は飛躍的に立派になります。ハイテク技術を駆使した壮麗な外来の仏教建築に対抗するために、伝統的なカミマツリの場をいかに荘厳《しょうごん》するかを、国家プロジェクトとして追求した結果、我々が目にする神社、たとえば伊勢の神明造本殿が成立するのではないか、と稲垣先生は考えられました。もちろんすべての神社本殿形式がこの時期に成立する、ということではありません。たとえ少数でも、そういう国家的な視点から社殿の意匠を構想したことが、社殿建築の本当の出発点―再出発点かもしれませんけれども、そういう結果をもたらしたという説です。

この説の根拠として、稲垣先生は次の諸点を挙げられました。伊勢の神明造は、掘立柱、反りのない茅葺き屋根、柱上に組物《くみもの》を置かず、彩色しない素木《しらき》、千木《ちぎ》、鰹木《かつおぎ》を強調する意匠です。これらは仏教建築の対極にあります。仏教建築は、礎石の上に柱を立て、反りのある瓦葺き屋根、柱上には複雑な組物を置きます。柱は丹塗《にぬ》り、壁は白く、窓は緑に彩色を施します。大棟に戴くのは金色の鴟尾《しび》で、千木、鰹木ではありません。神宮の正殿は、仏教建築を強く意識し、これに比肩できる日本のカミマツリの場を具象化したのであり、七世紀末から八世紀初頭、天武・持統朝に成立したのではないか、との見通しを示されたのです。

深い洞察に裏付けられ、私の研究の原点となった説ですが、これだけでは解けない謎もあります。天武・持統朝よりも前の飛鳥時代、さらに古墳時代の神社本殿は、どのような姿をしていたのか、神明造以外の本殿形式と仏教建築とはどのような関係か、といった問題です。

神社建築は、本殿に限っても多彩な形式があり、これらがギリシア神殿のように一つの祖形から枝分かれしてできたとは、建築デザインの観点から考えにくいのです。神宮の神明造が国家プロジェクトとして衝撃をもたらしたことは大いにあり得ますが、これを祖形として他の本殿の形が生まれてきたわけではないと考えます。そもそも、神社建築は、どんな機能を果たし、その形にどのような意味があるのでしょう?

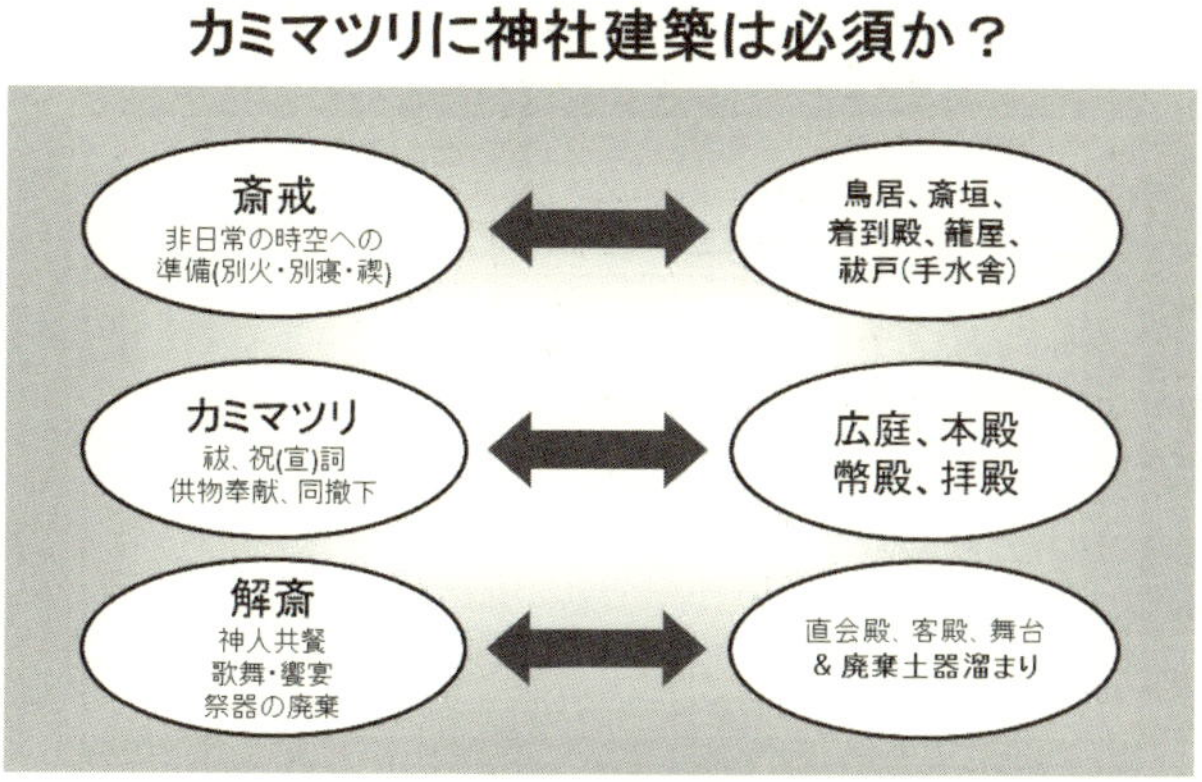

図５　カミマツリの構造と建築施設

カミマツリと常設社殿のパラドックス

これからの議論に必要なので、一九九〇年以来、何度か書いた内容ですが、大急ぎで復習しておきます。

倉林正次先生（倉林、一九六五）によると、カミマツリには次の諸段階があるようです。まず斎戒《さいかい》、つまり禊《みそ》ぎ、忌《い》み籠《ご》もり、あるいは手水《てみず》を使うなどして、日常とは違う次元に参入する準備を整え、次にカミマツリの場に臨み、そしてそこから日常に帰ってくる。日常から非日常の時空へ、そして非日常から日常へと戻ってくることが、カミマツリの進行パターンであるとされます。

これにどんな建物が対応するかを考えると、斎戒としては、たとえば鳥居、これを通過したらその先は清浄な空間という記号です。あるいは手水舎や籠屋（こもりや）という建築施設が挙げられます。カミマツリの場としては、庭の上で執行する庭上祭儀が先行してあり、やがて本殿や幣殿、拝殿、舞殿などが具体的な姿を現すのだろうと考えます。そして、日常の次元に戻ってくる段階では、直会殿や客殿が必要です。考古遺構としては、たとえば土器溜まりは、カミマツリが済み使った物が二度と使われないように、壊して廃棄する場所なのではないか、と考えます。要点を図5にまとめました。

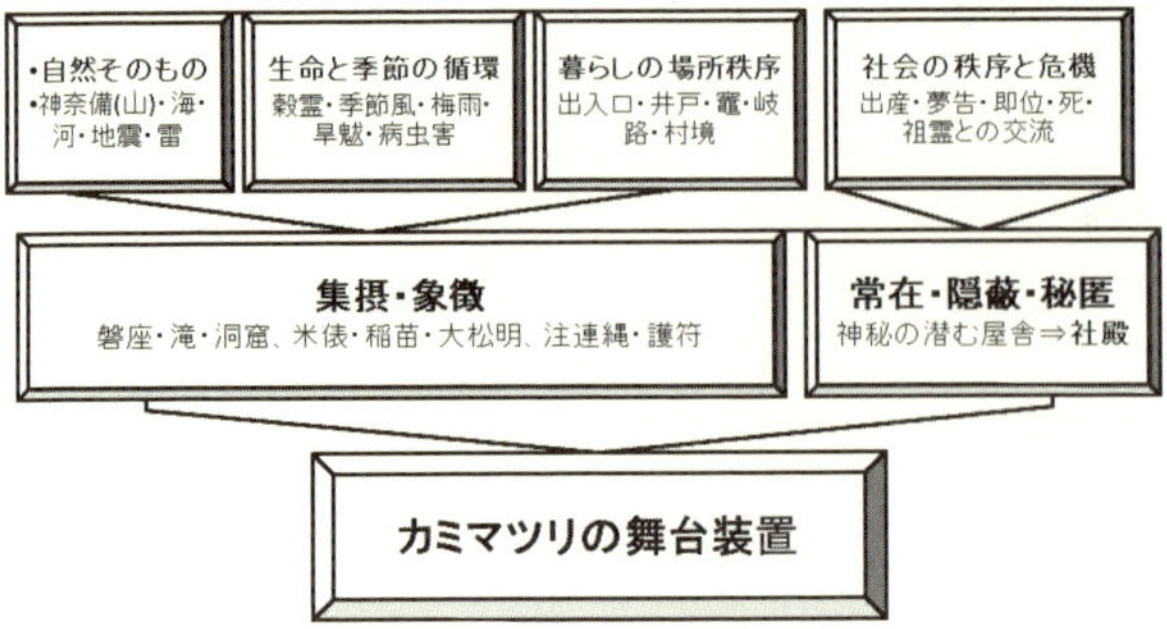

図6　社殿の成立契機の分析

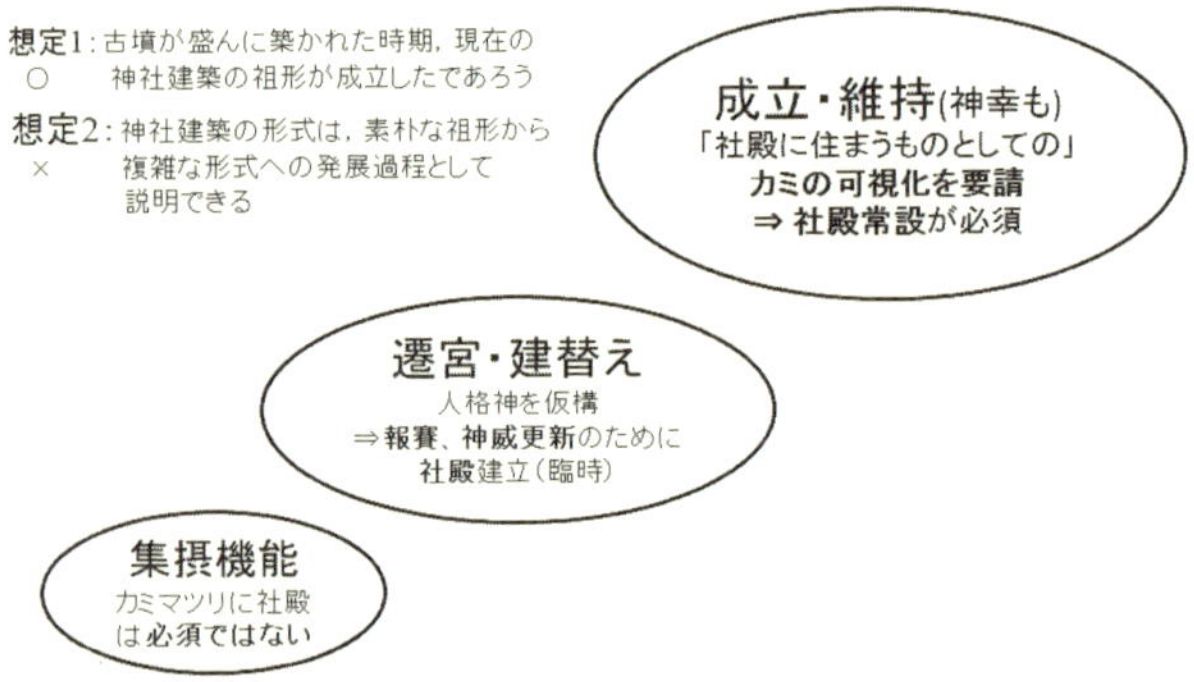

図7　仮説：カミの可視化＝社殿の成立危機

では、カミマツリに神社建築は必須かというと、必ずしもそうは言えません。何がマツリの契機になるかというと、図6に示した通り、畏《おそ》るべき自然そのもの、生命と季節の循環、暮らしの場所秩序、それから社会の秩序と危機といったことが、カミマツリの契機になるでしょう。最初の三つは、人間の力をはるかに超えた姿の見えないものやことがらを何かの形象に摂り集めればよい。磐座、洞窟、米俵、注連縄といった形に、聖なるものやことがらを摂り集めるとカミマツリは可能です。四番目の、社会の秩序と危機が契機となるカミマツリには、建物が必要かもしれません。出産や即位、死、祖霊との交流といった、日常の秩序や暮らしに危機をもたらしかねない時空の裂け目を、建物の形で覆い隠した可能性があります。舞台装置はさまざまな形象を取り得るのであり、社殿は必ずしも必須ではありません。必要なのは、霊威を摂り集めるための形と、カミマツリを支障なく執り行うための空間です。

社殿の成立契機を図7にまとめました。すでに述べた通り、カミマツリに社殿は必須ではなく、なんらかの形象に摂り集めれば良い。次に、遷宮や建替えは、人格神を仮定し、それに対して報いる、あるいはその神威を更新するために社殿を建てると考えられます。しかし、この場合、社殿はその都度、臨時に仮設することで足り、必ずしも常設を必要としません。常設の社殿が成立し、維持し続けられるには、『社殿に住まうものとしてのカミ』という仮構が不可欠なのです。カミが先に観念され、そのお住まいとして建物を建てると考えるのが普通かと思いますが、実は、常設の社殿を建てることで初めて、『そこに恒常的に住まう何か』が「見える化」される、というメカニズムが働くのだろう、という仮説です。

古墳時代の神社建築　先行研究の整理

では、常設の社殿が成立する時期はいつ頃でしょうか？ 穏当な一つの想定として、古墳が盛んに築かれた時期に、現在の神社建築の祖形が―たくさんの祖形が成立しただろうという見通しを立てることができるでしょう。しかし一方で、神社の本殿建築は素朴な形式から複雑な形式に発展したという一種の思い込みが、明治時代から今日まで受け継がれています。これはいかがなものか、と考えます。伊東忠太先生（伊東、一九〇一）が、最初に神社建築の系譜を構想されたときに、ちょっと間違われたかな、と思います。

これから、「社殿建築の成立と古墳文化に関する試論」の話をいたします。これまでの学説は、現存する社殿、特に本殿の形からその祖形に遡ることが主流だったので、少し観点を変えて、先行する空間がないか探したのです。その準備として、図を用いながらこれまでの学説を整理します。

たとえば図8、図9の奈良の春日造、賀茂の流造の場合は、足元が要点です。いずれも井桁に組んだ土居に柱が立っています。現在の社殿は規模が大きいので持ち運ぶのは大変でしょうが、この土居は御神輿のように棒をつけて移動した名残ではないか、これが本殿建築の起源の一つである、という説があります。

また、図10に示した、棟持柱をもつ神明造は、稲作に深く関わり、籾を保管する倉が起源であるとの説が広く知られています。一度は稲穂から離れ落ちた籾の粒が、翌年の春には命を漲らせて芽吹く、そこに死と再生の力を見いだし信仰の対象とした、というイメージがその根底にあります。ただ現在では、穀倉がそのまま神殿になるのではなく、周りに勾欄のついた縁を巡らせ五色の据玉を飾ることで、普通の穀倉とは違う次元に飛躍したという考えに傾きつつあるようです。先ほど述べたように仏教建築と対極にあることから、天武、持統朝の頃、国家プロジェクトとしてこのデザインが神宮正殿に昇華したのではないかと考えられています。

出雲の大社造は、先年、巨大な三本組の中世の柱根が発掘されて話題になりましたが、あの巨大さ、そして図

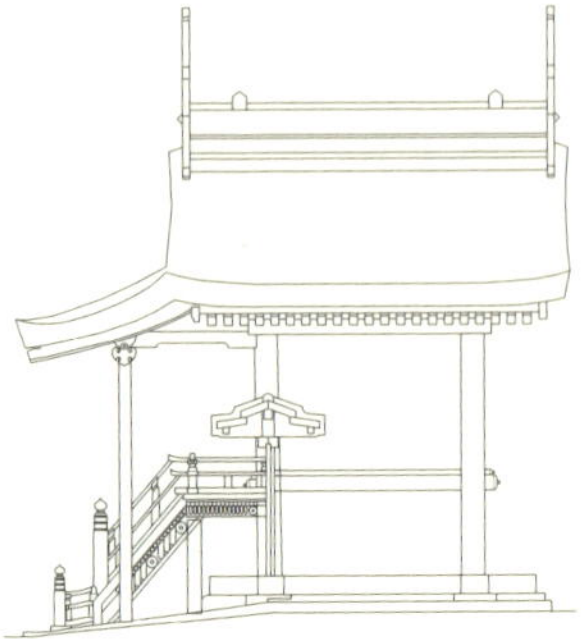
図8　春日造（春日大社）

図9　流造（賀茂別雷神社）

図10　神明造（伊勢神宮）

図11　大社造（出雲大社）

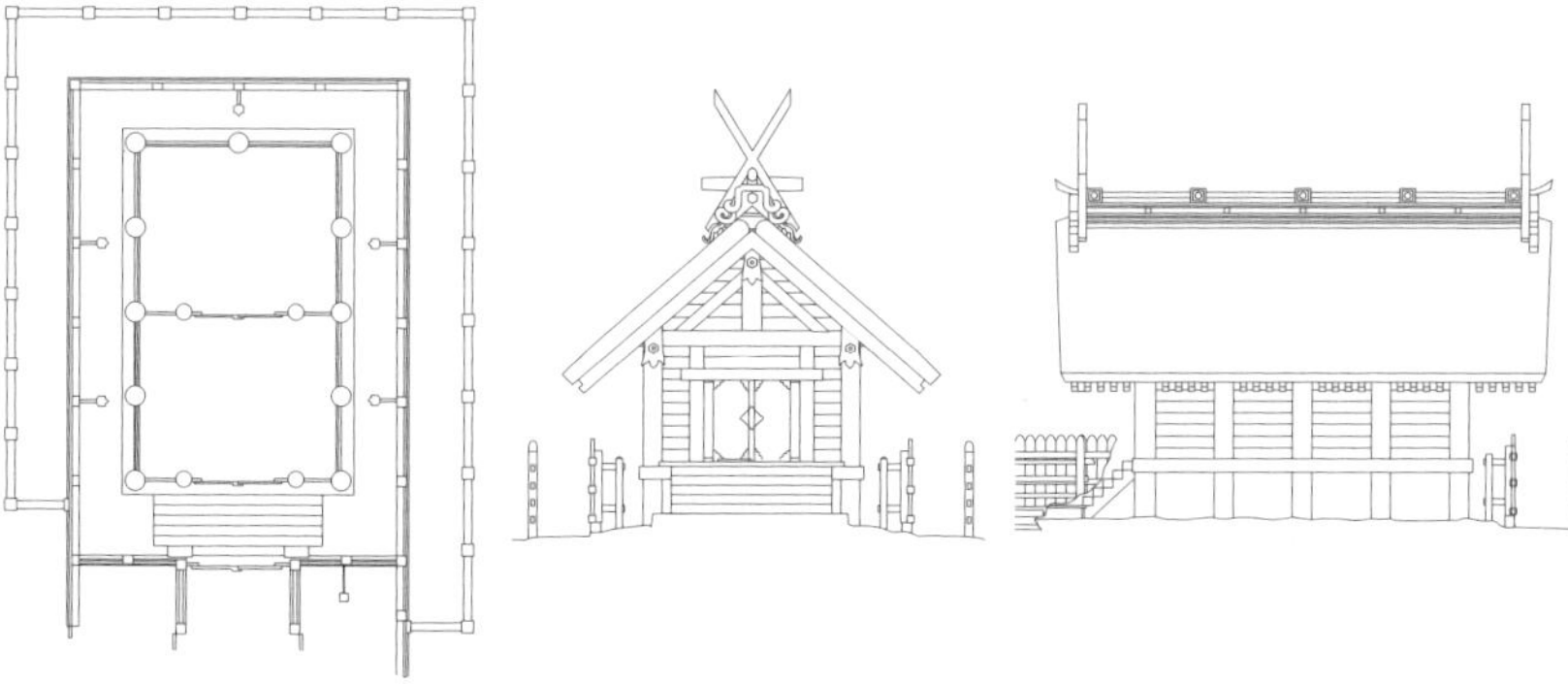

図12　住吉造（住吉大社）

11にあるように、壁付きの棟持柱をもつ田の字型平面の総柱建物、これは、正統性と卓越性を強調する意匠として、古墳時代以来の形を発展的に継承したと解釈できます。

前後二室の空間とその系譜

ところで、今回、古墳文化との関係を考える素材に選んだ摂津の住吉造は、図12の通り、前室と後室の二室からなる奥行きの深い平面です。四柱の祭神ごとに垣で囲う独立した本殿四棟が一組をなし、いずれも室内は素木ですが外観は朱の柱と白い壁で彩られています。

　前後二室というこの本殿の構成については、天皇の代替わりに際して仮設される大嘗宮正殿、つまり悠紀《ゆき》殿、主基《すき》殿に類似することが、福山敏男先生により早く指摘されました（福山、一九四九）。大嘗宮正殿については、一九八四〜八五年に行われた平城宮第二次朝堂院・朝庭地区の発掘で、奈良時代前期に二期、後期に三期、合わせて五期の遺構が検出され、文献だけで知られていた平面形式と規模が確認できたのは貴重でした（図13）。現在の天皇の即位時に皇居の中に作られ一般に公開されたので、ご覧になった方もおいででしょう。

　大嘗宮正殿については、林一馬先生の注目すべき考察があります（林、二〇〇一）。なぜ、悠紀殿、主基殿と二棟も同じ形式の正殿が作られ（図14）、

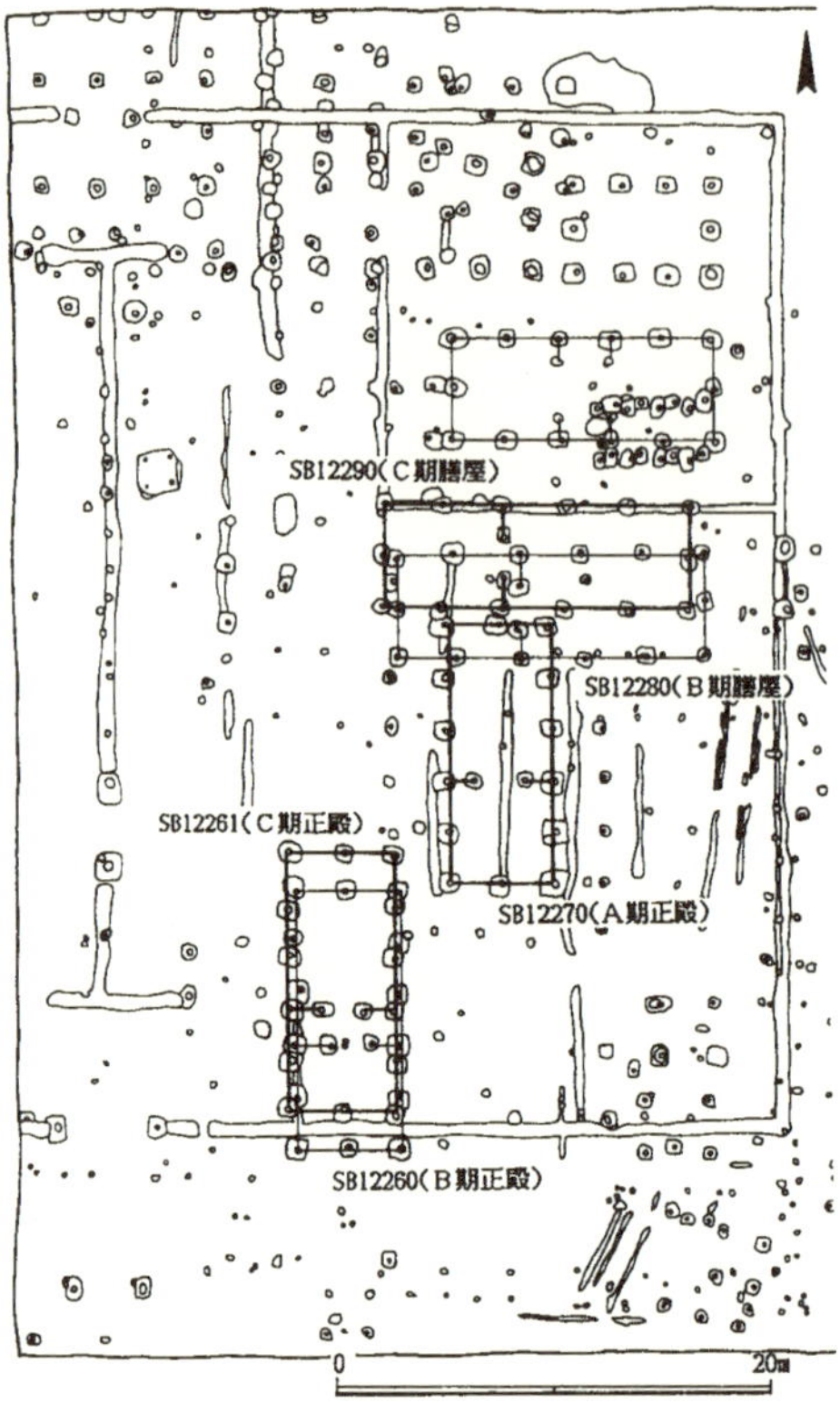

図13　平城宮第二次朝堂院・朝庭地区

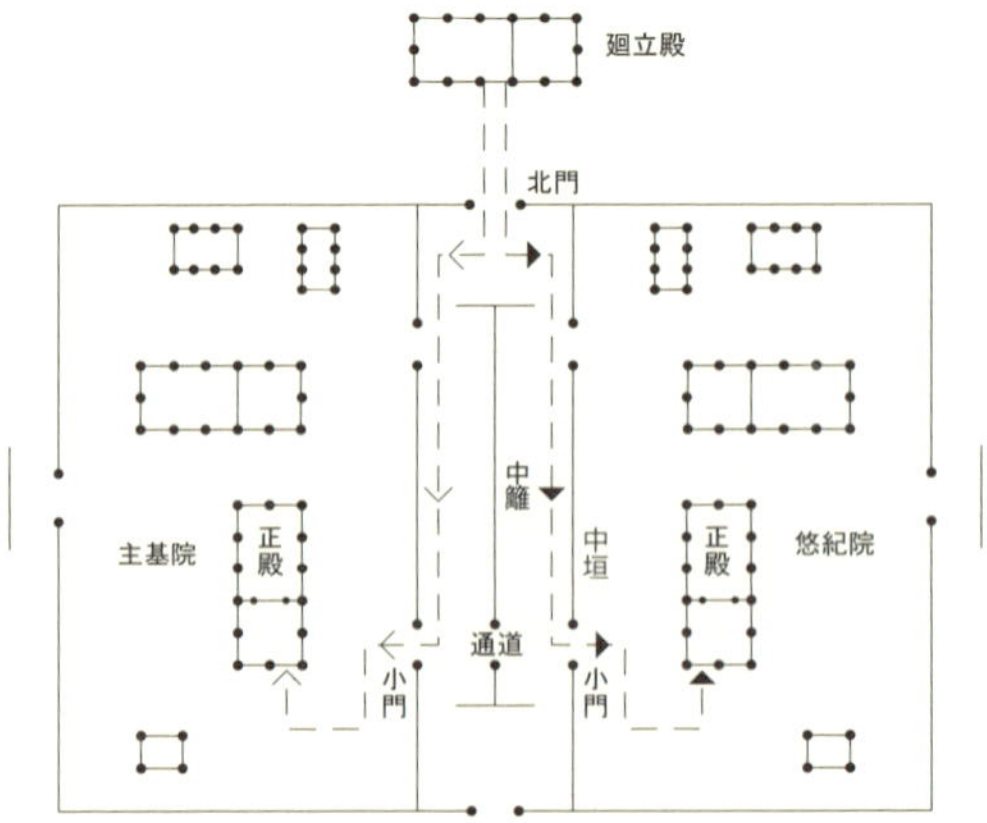

図14　大嘗宮：2度繰り返す即位儀礼

一夜のうちに同じ儀礼が繰り返されるのか、ということを林先生は問題にされました。ごく簡単に申しますと、地上の王たる天皇は天孫・ホノニニギとして「二度生まれる必要があるから」だというのです。まず、アマテラスの子が生まれ、その子から孫が生まれるという神話の祭式を形にすると、悠紀殿、主基殿という二段階が不可欠なのだというのでして、つまり生誕儀礼を二度行うのが大嘗宮正殿だと解釈する説です。

ちなみに住吉神は、『古事記』や『日本書紀』では、日向の橘の小戸のアワギハラに出自があり、三韓征伐を主導したカミとして描かれます。祭神名は「ツツノオ」と申します。ウワツツノオ、ナカツツノオ、ソコツツノオという三柱の総称が「スミノエに鎮座するカミ」でして、ツツノオという名前は対馬南端の地名である豆酘《ツツ》—

これは『対馬海峡と宗像の古墳文化』というテーマに何とか結び付けなければならないと思った面も否めませんが、田中卓先生が「豆酘ノ男」説を唱えておられます（田中、一九九八）。玄界灘に縁が深く、朝鮮半島とのつながりが強いカミです。

ところで、前室と後室、二つの空間からなる構成を古墳で探しますと、横穴式石室に認められます。説明は不要かもしれませんが、古墳に遺体を安置する形式には、上から納める竪穴式と、横から納める横穴式石室があります。両者の違いとしてよく説かれるところでは、竪穴式では埋葬は一度きりですが、横穴式は子や孫など直系血族を追葬できる、祖先とともに葬ることができるということがあります。竪穴式と横穴式石室の違いは、系譜ないし正統性をどう考え、表現するかの違いにつながる、と言い換えてもよいでしょう。

私はここに重要なことが含まれているのではないかと考えています。『古事記』や『日本書紀』の神話に登場する黄泉の国のイメージ、イザナギ、イザナミの段の記述は、この横穴式石室を念頭に置いているのではないか、とすでに指摘されています（白石、一九九三）。禁忌とそれを犯した報いというだけでなく、死と再生のテーマを背景にした神話だろうと私は考えます。イザナギが後ろを振り返り、タブーを破ってしまったからイザナミの場合は上手くいかなかったけれども、本来は、籾の例でみた冬と春、夜と昼のような、死と再生の物語ではなかったでしょうか。

大嘗祭は、正殿に横たわることで天皇候補者つまり日継《ヒツ》ぎの皇子が二度生まれ変わり、天皇として霊威を身につける儀礼です。住吉造では、斎童《イツキのわらべ》という職役が、後室、常には誰も入れない内陣に入り神語を語ると元禄年間の編纂物に記録されています。住吉の神は平安時代に和歌の神、言霊《ことだま》の神として長く信仰され、坂枕《さかまくら》という神宝が古代の資財帳に記載されることを勘案すれば、斎童は内陣で寝具に臥し、夢告など託宣に関わる職役だった可能性があります。平安時代、東三条殿の寝殿造の塗籠という閉鎖空間には、伝来の調度を納めており、そこ

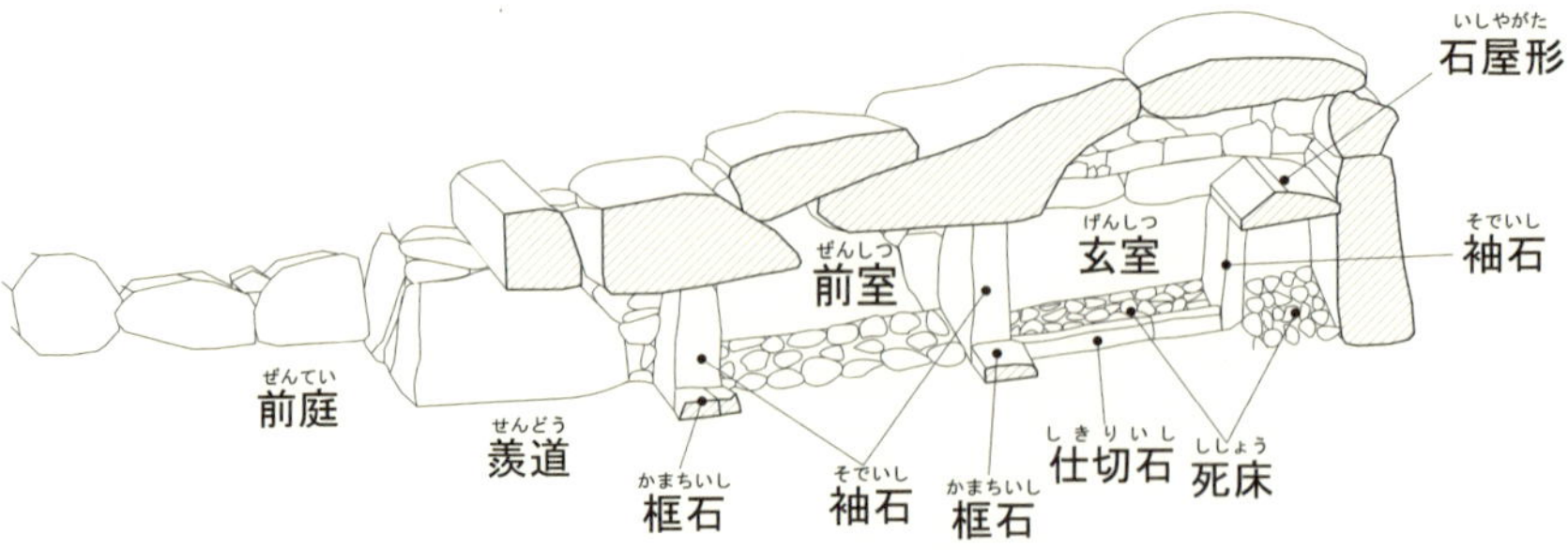

図15　オプサン古墳の横穴式石室

で祖先の霊と過ごす者が、藤原北家の正統な継承者であることを確定する儀礼がなされたともいわれます。二室構成の奥まった部屋で祖霊と交流する、ということは、古代的な発想では決して荒唐無稽ではないようです。

古墳文化の画期

他に適切な事例があるのかもしれませんが、私は六世紀後半の築造といわれるオブサン古墳（熊本県山鹿市、図15）の横穴式石室に入ったときに、これは大嘗宮正殿や住吉造につながる空間ではないか、と直感しました。熊本県立装飾古墳館の原寸模型や『装飾古墳の世界　図録』（国立歴史民俗博物館、一九九三）を見ますと、六世紀中頃の王塚古墳（福岡県桂川町）も壁面装飾だけでなく横穴式石室としても貴重な事例のように思えます。横穴式石室については、装飾古墳の範疇で研究が進んできた経緯があり、ここでも装飾古墳の先行研究を手がかりに考察を進めます。

それによると、九州では四世紀末から五世紀中頃（a期と仮称）、畿内では六世紀初めから（b期）百済系が普及するとされます。a期とb期の間で何が起こったかをみると、四七五年に第一次百済滅亡があります。朝鮮半島から避難した有力氏族も多く、この間に生じた大きな変化の一因かと考えられています。

『装飾古墳の世界　図録』の略年表に基づき、いくつかの情報をまとめて時系列で並べたのが図16です。九州の装飾古墳や宗像・沖ノ島の祭祀遺跡は、四世紀か

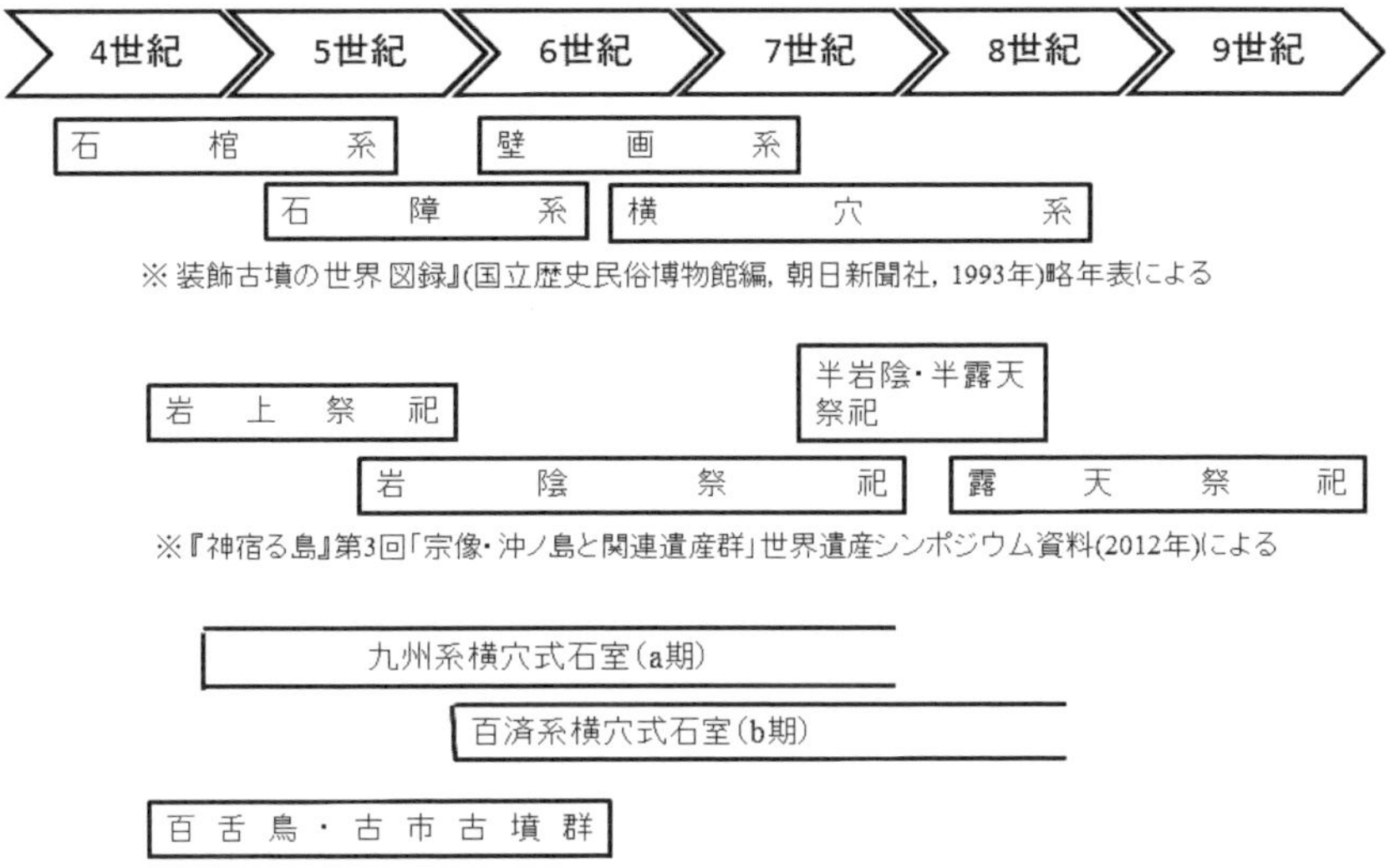

図16　九州の装飾古墳と宗像・沖ノ島祭祀

ら九世紀まで続くわけで、この時期の装飾古墳の展開をみると、石棺系、石障系、壁画系、横穴系の時期が重なり合いながら、相次いで広まっていくとされます。宗像、沖ノ島の祭祀遺跡と比べますと、岩上祭祀が石棺系の時期とほぼ同じ、岩陰祭祀は石棺系以外のすべての装飾古墳の時期に重なり、半岩陰・半露天や露天祭祀は壁画系以前の装飾古墳がみられなくなった時期に現れることがわかります。それから、横穴式石室のb期は、壁画系装飾古墳の登場が指標となってきたことが読み取れます。ちなみに、全国に二七〇〇基くらいあると言われる前方後円墳を代表する百舌鳥・古市古墳群は、四世紀半ばから六世紀半ばにかけて築造されました。特に五世紀後半から六世紀には、さまざまな変化が全体として起こることが、この図からわかります。

　この五世紀後半から六世紀にかけての時期、つまり古墳時代中期には、いろいろな技術が交代することが知られています。鋤、鍬は、方形板刃先からU字型刃先に、鎌は直刃型から曲刃型に変わるといいます。四世紀～五世紀の出土ノコギリは、短い茎を有するもの（第Ⅰ形式）、ノコギリの背部分に木質が残っているもの（第Ⅱ形式）、両方の端部に穴が開けられているもの（第Ⅲ形式）の基本三形式が揃っていたにもかかわらず、六世紀以降、第Ⅰ形式、いわゆるナカゴ式に収斂するとされます。顔料は、天然が用いられた九州系装飾古墳から、八世紀にかけて人工物を含有する高松塚古墳や法隆寺金堂のような顔料に変化することが指摘されています。工具や技術は一気に変わることは稀で、繰り返し文化の波が打ち寄せて大きな変化に至ることが多いので、古墳時代中期に生じた技術の変化は大きなものといえます。

ですから一口に古墳文化といっても、どの時期に注目して社殿建築の成立を論じるかで、結論は大きく異なります。大嘗宮正殿や住吉造と関わる可能性がある横穴式石室は、第一次百済滅亡後、おそらく六世紀以降の築造にかかるものだろうと考えています。

カミマツリの変遷と社殿　宗像神社を事例に

そこで住吉造はひとまず脇に置いて、宗像神社のカミマツリについて、大きな流れを再検証しましょう。その際、文化のベクトルがどちら向きかを局面ごとに丹念に検討することが重要です。

たとえば、『古事記』や『日本書紀』の神話には、玄界灘に関わる海の神々が折り重なって登場します。宗像三神は、田心姫、湍津姫、市杵嶋姫で、沖ノ島、大島、田島の三箇所でカミマツリを行います。祭神は他の表記、順序もありますが、『日本書紀』の本文ではこうなります。志賀島に鎮座する志賀海神社の三神は、上津綿津見神、中津綿津見神、底津綿津見神、住吉三神は、前述の通り、表筒男命、中筒男命、底筒男命です。これほど似通った構成をもつ神々について記述される場合、大和王権から宗像へ、という流れだけ追っていたのでは解釈を誤りかねません。大陸から数次にわたって押し寄せた文化の波が最初に到達した場所を吟味し、生じた変化が連続的なのか非連続なのかを見極めることが大切です。

宗像大社の古代では、カミマツリ自体が重層していたと考えられます。一方は、胸形君以来の神裔的な観念に基づく在地のカミマツリであり、他方は、大陸から継受した律令に基づく国家祭祀です。沖ノ島の遺跡のかなりの期間が、律令に基づく国家祭祀を集約的に示していることは疑えません。しかし、後発の律令的な国家祭祀は、遣唐使が途絶するのと前後して姿を消します。ここで文化のベクトルが変化し、神裔的カミマツリは、平安期の密教と浄土信仰の観念を組み込んだ、九体阿弥陀堂風の両流造本殿に展開したと推察できます。そして、カミマツリと仏教的観念が複雑に重層する中世の境内景観を生み出し、建造物の面では最盛期を迎えたと思われます。しかし、弘治の大火で社殿や堂塔の大半が烏有に帰した上、天正一四年（一五八六）の大宮司・宗像氏貞の死によって血統が絶え、大宮司家によるカミマツリの正統性は裏付けを失います。表面的には数知れない戦国大名の没落の一例に過ぎませんが、ここでは古代以来の神裔的カミマツリの終焉に注目すべきでしょう。

近世に至り、宗像神社は、藩主・黒田光之による田島の第二宮以下の大規模整理に抵抗する力さえ失いましたが、辺津宮本殿と拝殿は最盛期の偉容を偲ばせる貴重な遺構として現存します。古代の息吹を感じさせる形にのみ社殿の正統性を認めるならば、古墳文化に直接つながる可能性を秘めるのは、たとえば高床式の籾倉を彷彿させる神明造、オブサン古墳のような横穴式石室から大嘗宮正殿を経て空間造形の系譜を感じさせる住吉造のような限られた事例にとどまるでしょう。しかし、律令的な国家祭祀が途絶した後に成立した弘治大火以前の辺津宮本殿は、古墳文化に胚胎した神裔的カミマツリを再編した可能性が高く、固有の評価が可能です。また、摂り集めた霊威をマツル空間として辺津宮拝殿の姿も示唆に富みます。

本殿建築の形象の多様さは、系統樹のようなモデルだけに依拠したのでは十分に理解できません。古墳時代以来、神社ごと、時代ごとに異なるかたちでカミマツリが繰り返し再編され、それがいつの時代かに固定化され、現在の姿を示しているのではないかと考えます。今回は、住吉造本殿について、大嘗宮正殿、横穴式石室に由来するのではないかという大胆な仮説を立てましたが、そのことはむしろ枝葉です。対馬海峡を越えて数次にわたって伝播した文化の波は、この列島の各地にそれぞれ異なる変革をもたらし古墳文化の多様性を生み出したこと、そして、その多様性はその後の各時代に繰り返し再編成され、新たな神社建築のかたちを成立させたという見通しを述べて、今回の結びといたします。

追考：二〇一四年の宗像神社本殿修理の際、背面に開く板唐戸は当初の予定になく工事中の計画変更ないし竣工後の改修で付加されたのではないか、と工事関係者から教示を得た。貴重な指摘であるが、計画を変更ないし改修してまで、一般的な本殿では見られない背面の扉を設けたことは、その扉が何らかの理由で不可欠だったことを示すと考え、本稿に修正は加えなかった。内陣の四周を巡り得る特殊な空間構成を示す本殿であり、背面の扉も祭儀上の必要に応じて切り開かれた可能性が高い。

参考文献

伊東忠太　一九〇一「日本神社建築の発達（上・中・下）」『建築雑誌』一六九・一七〇・一七四号、建築学会
稲垣栄三編　一九七三『日本の美術八一　古代の神社建築』至文堂
太田博太郎（編集責任）　一九九八『日本建築史基礎資料集成一　社殿Ⅰ』中央公論美術出版
倉林正次　一九六五『饗宴の研究（儀礼編）』桜楓社
国立歴史民俗博物館編　一九九三『装飾古墳の世界 図録』朝日新聞社
白石太一郎　一九九三「装飾古墳の世界」（前掲国立歴史民俗博物館編一九九三所収）、一九頁
田中　卓　一九九八『住吉大社神代記の研究』国書研究会
林　一馬　二〇〇一『伊勢神宮・大嘗宮建築史論』中央公論美術出版
福山敏男　一九四九『神社建築』（美術入門叢書）小山書店

宮本長二郎　二〇〇八『伊勢神宮御正殿構造形式の変遷』伊勢神宮崇敬会叢書一三
山崎一雄　一九八七「装飾古墳の顔料」『古文化財の科学』思文閣出版
山野善郎　二〇一二「日本における社殿の成立と宗像神社」「宗像・沖ノ島と関連遺産群」世界遺産推進会議編『「宗像・沖ノ島と関連遺産群」研究報告Ⅱ‐一』一四五‐一六一頁
渡邉　晶　二〇一四『大工道具の文明史　日本・中国・ヨーロッパの建築技術』吉川弘文館

ディスカッション

かなり異なります。

安田　素晴らしいお話をしていただいて、ありがとうございます。百済の影響が強いということですが、百済の先はもう一つ何かありますか？

山野　百済は一つの文化の塊と見られがちですが、古墳時代は長いので、その向こうにある文化は時期によってかなり異なります。

今回例示した装飾古墳壁画のうち、筑後川上流、菊池川水系など九州系の装飾古墳は、技術の系統、顔料の系統から考えて高句麗系の壁画とは違う、有明海経由も検討すべきでしょう。五世紀後半以降を念頭に対馬海峡経由の文化ばかり申しましたが、百済に直結するのは畿内で、それ以前の波は、別系統である可能性が高い。どれも大陸から入ってきた文化ですが、時期によって文化体系として違うものが入ってきているのでは、というのが私の考えです。不勉強でさほど自信はありませんが、雲南・貴州の文化体系につながる可能性をもっと追究すべきでしょう。

高句麗の壁画に限らず、たとえば魏志東夷伝倭人条も大局的に読むことが大切です。倭人条だけを見るのではなく、東夷の一部族とされた当時の日本はどう見られ記述されたか、北狄、南蛮、西戎の諸国と並べたときに、大陸の中原にいた歴史家の目にどう映ったかを常に考えなければなりません。年縞研究は、そうした冷静な視点を得る上で決定的に重要な情報をもたらすと考えます。

今回の講演には、絶対年代が欠けています。編年的な見通しを示したに過ぎません。第一次百済滅亡のような指標だけでなく、絶対年代に即した古墳文化の具体的検討には、年縞研究が非常に重要になります。

第Ⅳ章　古墳時代の北部九州
―アジアの国々とどのような交流をしていたのか―

パネリスト（五十音順）

葦津　敬之　宗像大社権宮司（現・宮司）

清水　　昭　医師

西谷　　正　海の道むなかた館長・九州大学名誉教授

深野　弘行　伊藤忠商事株式会社執行役員

宮元　香織　北九州市立自然史・歴史博物館学芸員

安田　喜憲　ふじのくに地球環境史ミュージアム館長
　　　　　　立命館大学環太平洋文明研究センター長

矢野　健一　立命館大学文学部教授

八幡　　暁　海洋冒険家

司会

岸本　吉生　九州経済産業局長

岸本　今回のシンポジウムが、沖ノ島が世界遺産登録される契機に役立てばと思っております。三つのテーマを共有したいと思います。一点目は、古墳時代の宗像はどういうところだったかということです。今回多くの先生からご発表がありましたし、西谷先生にも触れていただいていますが、宗像大社の葦津権宮司（現・宮司）からご発表いただきたいと思います。

宗像の近辺にはたくさん海人の方々がいらっしゃいます。そこで、二点目は、宗像と近隣の阿曇海人族などとの間には、どういう関係性やどういう違いがあったのかということについて、西谷先生と宮元香織さんのお二人からお話をうかがいたいと思います。

三点目は、アジアとの交流についてです。北部九州とアジアとの関係では、宗像が元祖国際都市であるという話がありました。これからのアジア交流についてディスカッションしていきたいと思います。

では、葦津さんからご発表いただきます。

一　日本神話から続く宗像の歴史

葦津　宗像大社の葦津です。私は宗像大社に奉職してまだ二年が過ぎたところで、それまでの二五年間、神社本庁という神社を包括する事務所にいたため、今日は遠目から見た宗像大社ということでお話させていただきます。

我々の先輩たちが数千年崇拝してきた神社は、日本神話が記述されている『古事記』『日本書紀』がすべて基本になっています。そして我々神主は、ここに書かれていることには一切疑いの余地はなく、深く読み取ることを求められます。

日本神話には、天皇の皇祖神、アマテラスオオミカミが、ニニギノミコトに稲穂と三種の神器を授け高千穂に降臨し、その後、神武天皇がこの国を建国したことが描かれています。そして、天皇の戸籍、皇統譜にも、この日本神話に基づき、イザナギ、イザナミ、アマテラスオオミカミ、ニニギノミコトの系譜が第一代神武天皇から歴代天皇に繋がっています。紀元前六六〇年に神武天皇が橿原の地で即位され、今年（二〇一四）は二六七四年になりますが、これが君主制国家として、世界で一番古いという一つの論拠となっています。

また、三種の神器については皆さんはそんなものはないと思われているようですが、三種の神器は法律で規定されています。天皇の法律には、皇室典範と皇室経済法という二つの法律がありまして、皇室経済法の第七条には「皇嗣は由緒あるものを継ぐ」とあり、この由緒あるものというのが三種の神器となっています。

現在は、昭和天皇から今上天皇に引き継がれた相続税リストが存在します。天皇が相続税を支払われること自体、国民感情からするとおかしいのですが、今は制度上納められています。そして、ここには最初の頁に「八咫鏡、草薙剣、八坂瓊曲玉」があり、鏡と剣には「（形代を含む）」とあります。つまり、鏡と剣は伊勢神宮と熱田神宮にそれぞれ祀ってあるため、形代といわれるものが皇居に存在し、それらを含んだ形で相続されたとなっております。

次に、宗像三神についてですが、『日本書紀』によれば、アマテラスオオミカミがスサノヲノミコトの十拳剣を取って、天の真名井にすすいで、これを噛んで口から霧として吹いたことによって、宗像三神が誕生され、その後、アマテラスオオミカミの命令―神勅によって宗像三神はこの地に降臨したとなっています。

神勅には、「汝三神（いましみはしらのかみ）、宜しく道の中に降り居して、天孫（あめみま）を助け奉りて、天孫に祭かれよ」とあり、わかりやすくいうと、「宗像三神、この宗像に下って、歴代天皇をお助けしなさい。それによって、歴代天皇があなたたちを祀るでしょう」ということです。

特に最後の二行ですが、まず「天孫を助け奉り」という宗像三神の任務は何だったのか。言葉の定義は難しいのですが、現代風にわかりやすく言うと、私は国防的な要素が強かったのではないかと思っています。国防というと軍事などがイメージされますが、外交や通商、文化などの交流、大陸とのやり取りを上手くやって欲しいという願いではなかったのではないか。そして、それが上手く行けば、次の「天孫に祭かれよ」とあるとおり、歴代天皇の命によって、大和朝廷より沖ノ島に神宝が納められ国家祭祀が行なわれる。そのため、沖ノ島の出土品は超一級品の品々となっているのです。

全国には約八万の神社があり、ほとんどの神社には社殿があります。しかし社殿というものは、伝来した仏教の影響によるもので、それ以前は、沖ノ島の磐座、あるいは辺津宮高宮の神籬などが神の依代でした。そして、現在もこのような古い斎場を保っているのは宗像くらいしかありません。そういう意味では、沖ノ島の磐座斎場は極めて貴重なものとなっています。

さらに宗像の大きな特徴は、日本が最初に開国した場所であり、それは朝鮮半島からはじまり、最後は中国とつながっていたということです。しかも、かなりの広範囲で交流していたということです。

一九九四（昭和一九）年、国が調査した宗像を祀る神社は全国に六二一六社あります。一番多いのは広島県ですが、これは厳島神社が宗像大社の分社だからだと考えられます。次に、群馬県、兵庫県となっています。私は日本海側に多いと勝手に想像していましたが、実は太平洋側にたくさんあります。

先ほどの外交ルートもそうですが、宗像一族は海外に行ける航海術を持っていたわけですから、日本列島をぐるっと回るのは簡単だったのではないか。ただ、地方によってばらつきがあるのは、何らかの意味があるのではないかと考えられます。また、圧倒的に多いのは関東エリア、次いで近畿エリアとなっています。

また、北部九州には、同じ海人族で宗像族と阿曇族がいました。阿曇族は、金印が出てきた志賀島の辺りを支配していた内海の海人族で、宗像海人族はもっぱら外海の海人族であったと言われています。

長野県における宗像を祀る神社の数は四六番目、下から二番目ですが、長野県には安曇野、阿曇一族が入っていまして、地元においては宗像一族と阿曇一族は喧嘩をした痕跡がありませんので、何か上手い具合にシェアしていたのではないか。このあたりは、西谷先生から教えて頂けるのではないかと思います。

最後に、今、私のなかで理解できていない宗像の謎を三つ述べたいと存じます。

沖ノ島神宝は、海外産と国内産がそれぞれ形式上分けられていますが、説明しにくいものが沢山あります。神宝は四世紀~七世紀、あるいは一〇世紀あたりのものが主となります。しかしその時代は、日本の文化、文明もかなり進んでいます。今でも現存するものとして、七世紀には奈良の法隆寺、それから伊勢の神宮の二〇年に一度の式年遷宮制度も一三〇〇年前に確立されています。しかし、多くのものが海外のものとされているのはどうかということです。

それから、あれだけ広範囲で交易、貿易をしていた宗像一族を航海術に長けていたということで単純に括っていますが、一方で造船技術については皆目見当がついていません。これも、今後、解明していくと、宗像一族の技術が明らかになるのではないでしょうか。

そして、貿易もそれなりの物を交換していたはずですが、造船、船をつくる際の資金源もよくわかっていません。それらが謎としてあります。これも、今日のパネルディスカッションで何か見えてくればと思っています。

岸本　どうもありがとうございます。

最後に三つ、お題をいただきましたので、そのお題を汲み取りながら進めていきたいと思います。

二　宗像と安曇

岸本　まず、阿曇族の話が出たのですが、ここに阿曇族の地元の方が作られたパンフレットがありますので、部分を抜粋させていただいた上で、西谷先生と宮元先生のお話に移りたいと思います。一二、三ヶ所、読ませていただきます。

阿曇族は、古代志賀島を拠点に活躍していた海洋民として知られている人たちです。船の扱いや海の事情に詳しく、いろいろな地方の特産物を運んだりして、今でいう貿易会社みたいな働きをしていたという説や、今から二五〇〇年くらい前に、中国の江南地方（揚子江下流）から渡ってきて住みついた人たちという説もあります。江南地方はコメの原産地とも言われており、日本にコメの栽培技術をもたらしたのも阿曇族だという研究者もいます。

阿曇族は、呉の国の子孫であるという説もあり、呉の国からの使者は江南からの渡来人の子孫ということになります。中国の歴史書には、九州北部の人が黥面文身―刺青ですね―をしていることや、貫頭衣を着ていることなど、江南地方と似た習俗を持っていると書かれています。

阿曇族が活躍した弥生時代から、九州と中国大陸、朝鮮半島との間では、よく人々の行き来がありました。当時、日本では銅や鉄が採れなかったので、人々は農具や武器などを作るため、朝鮮半島から金属の材料をもらっていろいろな道具を作りました。阿曇族などの海洋民によって、中国大陸や朝鮮半島から運ばれたのだろうと言われています。

また、勾玉と呼ばれる宝石のヒスイは、日本では安曇野に近いところでしか採れません。このヒスイの勾玉が、九州の遺跡や朝鮮半島の遺跡から見つかっていますが、これを運んだのも阿曇族などの海洋民ではないかと言われています。

今までのお話から、宗像族と重なるようでもありますし、江南地方、南のほうから来たということだと、西谷先生の言われたストーリーと少し違うような感じもありまして、謎は深まります。その辺りのことに、可能であれば触れていただきながら、西谷先生からご発言いただければと思います。

西谷　私は先ほどお話しましたように、邪馬台国の時代に、対馬、壱岐から西日本各地に、少なくとも律令時代に何々郡と言われる程度の地域社会があり、それぞれ首長は誕生していたと思っています。それはその後、奈良時代になって津嶋直とか、壱岐直という名前が出てきますし、末盧国の場合は古墳時代に松浦縣主と出てきたりするように、地方豪族が各地に分布していたと思うのです。その一つが阿曇氏ですね。

それで、今、志賀島を本拠地にしているというお話でしたが、私は本拠地は、律令時代の糟屋郡でも、現在の古賀市花鶴丘とか、花鶴川流域の辺りに九つある郷の中の一つの阿曇郷があったところと考えています。

ここが中心だと思います。それでは、志賀島はどうかというと、ここは志珂郷という一つの村に当たります。ですから、この前、これまでも言及しておりますとおり、糟屋郡の沿岸部、現在の古賀市辺りに阿曇氏の本拠地があって、志賀島の志珂郷や、さらには相島にも阿曇氏がいて―そういう相島と志賀島、あとは花鶴川河口域からなる三角地帯が阿曇族が活躍した舞台ではなかったかと、そのように考えています。

糟屋郡という地域社会には、海辺の阿曇氏と内陸部の農耕民がいたわけです。ここ宗像地域もそうだと思います。海辺の海部郷に漁労民がいるかと思えば、釣川中・上流域には農耕民もいたわけです。そのように、海・里や山の人々から一つの地域社会ができているということです。そういう意味では、阿曇氏、宗像氏や津守氏らの古代豪族がそれぞれ綿津見神社、宗像神社そして住吉神社をお祀りしているわけですね。

そのように見ていまして、アジアとの交流のなかで、ヤマト王権が朝鮮半島や中国大陸に出かけるときに、とくに糟屋地域にいた海辺の海人族である阿曇氏や宗像氏、あるいは津守氏といった海に強い豪族が動員―言葉は悪いのですが、徴発されたのではないでしょうか？ 平和なときは外交ですが、戦争が起これば水軍を組織して出かけるということになります。そういうなかで、宗像氏とともに、阿曇氏は非常に海に強い有力豪族だったのではなかったでしょうか。それゆえに、宗像氏の奉斎する宗像神社と、阿曇氏の奉斎する綿津見神社が、それぞれ全国に広まっていったのではないかと、そのように見ています。

岸本　ありがとうございます。

では、宮元先生お願いいたします。

宮元　ほぼ、西谷先生のおっしゃる通りかと思いますが、もう一つ加えて、文字に残っている海人の人々は、阿曇や宗像などごく一部の名前と、そしていくつかの豪族だと思います。

長崎県や鹿児島県の島にも、異常に集中して造られた積石塚がありますので、日本の各地にそういった能力のある海人たちは住んでいたのではないかと思います。ただ、そのなかでも宗像と阿曇は、文献に描かれるほどの活躍があった豪族だったのではないかと考えています。

岸本　ありがとうございます。

三　古墳時代の船

岸本　続いて航海術の話に入りたいと思います。

ローマ時代にはガレー船という、たくさんの人で櫂を漕ぐ大きな船がありました。そういう船がローマから日本に来たかということはわかりませんが、船があれば遠くまで行けますので、船の技術はかなり速いスピードで伝播したのではないかと思います。

他方で、先ほど八幡さんが紹介されたパプアニューギニアの船は、かなり小さいですね。ただ、シーカヤック一つに一〇〇キロの荷物が乗るということですので、皆で分担すればかなりのものが積めたとも思えます。前述の阿曇のパンフレットのなかに、昔、対馬で食糧が足りなくなったときに、宗像に食糧補給の命令が来て、宗像の方は当時行けなかったので、代わりに阿曇族の荒雄が引き受けた、と書かれています。このときは、冬の玄界灘は北風が強くて、当時の舟では重い荷を積んで、直接、志賀島から対馬へ行くことは危ないという判断で、一旦、平戸島から島伝いに五島列島の西の端まで行き、そこから沖を流れている海流に乗って対馬に行こうとした、と書かれていて、いろいろなルートで海を渡ったと思います。

朝鮮半島との間の航海術について、八幡さんの直感で、当時の人たちのことを大胆に想像していただけますか。

八幡　そうですね。いきなり大きな船になったわけではなくて、徐々に徐々に大きな船になっていったと思います。そして、当時は私たちが自動車を運転するように、自由に海を渡っていたと思います。

やはり、こういう双胴船のカヌーがどのくらい人が乗れて何百キロも航海できるといったことを明確に目指してというより、日々のなかで、あの丸木舟を二つつなげてみようかとか、横棒を立ててその間に板を引いたら、もう少し荷物が乗るよねとか、それじゃあもうちょっとつなげてみようか、そこの船体を木で覆ってみようかというように、だんだんそういうふうにして大きくなっていったのでしょう。おそらく、当時生きていた人にとっては、例えば黒船のようにいきなり驚くべきものが来たわけではなくて、自然な流れで、現代なら携帯電話がスマートフォンになったように、あ、ちょっとよくなったね、ちょっと便利になったね―その連続だったのではないでしょうか。

ですから、私は研究しているわけではありませんが、そうやって人間は少しずつ改良を重ねていて、それは現代の私たちが目の当たりにしている技術革新と同じような感覚だったと思います。当時は、大勢の人が朝鮮半島に渡っていたでしょうね。

岸本　関連で中国との話に触れたいと思います。グレートシーマンプロジェクトのなかには、中国大陸との行き帰りの線が引かれていなかったのですが、沖縄から、多分、黒潮に乗ると動く歩道のように九州まで自然に来られると思います。その黒潮が遡るということや、そこから逸れて台湾経由で中国の上海のほうに往復するというのはあり得るのか、併せて教えていただきたいのです。

八幡　ズバリ、簡単だったと思います。皆さん、できます。

黒潮の真ん中に乗れば、ハイウェイのようなもので、沖縄から五日間でずっと漕がなくても漂流しているだけで、本州に着いてしまいます。そして、その黒潮の両サイド―流れている本流の両縁―に反流ができていまして、逆に南に下りて行きます。ですから、それを上手く使えば、縁に乗って南下して、黒潮に入って北上しながら、流れのなかを横移動して―フェリーグライドと言いますが―、台湾に入ることができます。台湾と中国の間は、気象さえ理解すれば穏やかな海ですから、昔の人にとっては容易だったと思います。

岸本　明快な回答をありがとうございます。

四　アジアの交易

岸本　葦津さんと以前お会いしたときに、宗像から朝鮮には何を届けて、逆に朝鮮から宗像には何を持ち込んでいたかという話をしたことがあります。その後、少し勉強しましたら、当時の日本には鉄はほとんどなかったようで、古代の出雲のたたら製鉄は有名ですが、実際には中国や朝鮮から鉄を輸入していたと思います。神宝館の三階には、朝鮮から輸入された鉄の延棒がたくさん陳列されています。

では、逆に、九州から何を輸出していたのかという問題があります。矢野先生、安田先生、何かアイディアがありましたらご発言いただければと思います。

矢野　これは、西谷先生、宮元先生のほうがお詳しいかと思いますが、弥生時代の交易、あるいは日本から中国に使節を送ったときに、何を送って、そして向こうから何をもらったかというようなことが、やはり参考になると思います。中国からは、鏡などが伴ってきますが、やはり一番多くもらってきたのは絹です。織物をもらってきています。そして、こちらからは何が一番多いのかはわかりませんが、たとえば海産物であるとか、あるいは先ほどお話に出ました、長野県というよりは新潟県で採れるヒスイ、そういったものが日本から送られています。おそらくそういうことだと思いますが、西谷先生、補足してください。

西谷　たいへん難しい問題ですが、縄文時代や弥生時代といった古い時代では、「渡来してきた人々が持ってきた持ち物」、つまり日常生活品です。鍋・釜類を持ってきたということでしょう。ところが、弥生時代後期のころになって鉄器が普及してくると、鉄原料を輸入します。そうすると、見返りの品は当然あったはずで、それが問題です。

それから、古墳時代についても、当時最新の技術や文物が入ってくるわけですから、当然、見返りがあったはずです。そこで一つ考えられることは、卑弥呼の時代もそうですが、生口という記録があります。これを何人とか、多いときには一六〇人とか連れて行ったと見えます。この生口は普通の労働力ではなくて、特殊技能と申しましょうか、何か人並み外れた才能を持っている人々だと考えられます。なかには美しい姫、美姫ですね。これは、渤海では美姫が記録に出てきますから、そういうものも含めて、言ってみれば人身奴隷、それが記録上は一つ考えられます。

それから、もう一つは塩でしょう。対馬に関する一五世紀ごろの朝鮮側の記録によると、塩と海産物が出てきます。これは時代がずっと新しく、中世の話ですが参考になりましょう。日本では、縄文時代から土器を使って塩の生産をしていますし、塩の歴史はずいぶん古いのです。しかし、韓国では原始・古代塩の実態はまったくわかっていません。これは、まだ未調査という部分があるとしても、日本が塩をもたらした可能性があります。

もう一つは、木材です。たとえば最近、釜山の北方で三国時代のクスノキの棺が見つかっています。それから、有名な百済武寧王陵の場合には、コウヤマキという韓国にはない木で棺が作られていました。これは特殊な場合でしょうが、韓国には生育しない、非常に水に強く、あるいは耐久力のある日本産のクスノキやコウヤマキなどが、分量的には少ないかもしれませんけれども考えられます。

このようにいろいろな可能性がありますが、もっとも可能性が高いのは、文献記録に出てくる人身奴隷、そして記録にはありませんが、塩やアワビの干物など海産物です。いろいろ考えられますが、なかなか証明できないというところではないでしょうか。

葦津　あえて証拠がないのに申し上げるのですが、今日は伊藤忠商事の方もいらっしゃるのでお聞きしたいのですが、貨幣経済が成立する以前は、簡単に言うと物々交換ですよね。

宗像一族は、海外から結構なものを持ち込んでいたと想像されますが、おそらく塩や海産物ではそれなりのものしか渡してくれなかっただろうと私は考えます。

これは神職の肩書きを外して聞いていただきたいのですが、それは鉱物ではなかったかと私は思っています。そのくらいのものでないと、おそらく大陸の人たちは、何も渡してくれないのではないでしょうか。当然、日本には金、銀、銅とそれぞれあったと思いますが、これは何も論拠はないのですが、まったく交流のないところに船で渡って、塩といったものだけでは厳しいのではないか。そのあたりはいかがでしょうか？

深野　まったくそこは同意で、あれだけのリスクを冒して小さい船で運ぶわけですから、量が張って、それほど価値のないものを運んでいく可能性は、非常に低いのではないでしょうか。そうすると、思いつくのは、一つはヒスイ、それから水晶です。水晶は、私も子供の頃、兵庫県に住んでいて、よく探しに行ったりしました。また、金、銀も十分あり得るのではないかと思っています。

日本は、今でこそ地下資源に乏しい国だということになっていますが、実は非常に複雑な地質構造を持っていて、規模が小さければかなりいろいろなものが産出します。そのなかで、金と銀も今の生産量から見ると、南アフリカの鉱山などに比べれば全然桁は違いますが、おそらく当時の消費量を考えてみれば、相当大きな資源であったことは想像に難くありません。ですから、そういうものを渡していた可能性はあると思います。

それに、金や銀は向こうに行けば当然加工されてしまいますから、痕跡は残らないわけです。したがって、今、その痕跡をトレースしようとしても、海産物と同じで実際に日本から出ていたかはなかなか把握できません。そういうことだと思います。金、銀は十分、可能性はあると思います。

西谷　ちなみに、大宰府鴻臚館の遺跡から金の粒が出土しています。それは、日本から行くときの路銀のようなかたちで、新羅や唐において交換財として使われたことが指摘されています。

岸本　せっかくですので、金銀から話題を広げたいと思います。

矢野　少し古い時代のことになります。私は縄文時代が専門でして、考古学では黒曜石とかあるいはサヌカイトといったものが、どういったものと交換されてきたかという点から研究されています。これは非常に重要な問題で、おそらく私は交換ではないと思っています。

少し抽象的な説明になります。物々交換というふうについ思ってしまうのですが、貨幣経済以前の社会では、物は社会関係のなかで動いています。弥生時代、古墳時代も、物々交換というような経済的な価値の交換が主体となるということはないかと思います。

中国から物が来るというのは、力の強いものが与えるということに意味があるので、社会的関係を誇るというような関係のなかで物が動いていく可能性が高いわけです。朝鮮半島との交易についても、社会的あるいは政治的な関係のなかで、経済的な価値とは違うところで物が動いているのであろう、というふうに思います。

深野　基本的には、当時、私どものような商人というものは存在しなかったのだろうと思いますので、多分、そういうことなのだろうと思います。

ただ、中国との関係で言うと、中国はものすごく強くて、日本は弱くて、中国が日本にたくさん物を寄越すと、お返しは何倍も返すという構図になっていたのではないかと思います。一方、朝鮮半島でも新羅などいろいろな国との間でやり取りがあったはずですが、それは少し中国との関係とは違ったものではなかったのでは、という気がします。そのあたりはいかがでしょうか。

葦津　これも私の専門外ですが、要するに対等ではなかったのではないでしょうか。そのあたりは、西谷先生あるいは矢野先生がご専門なので、いかがでしょうか。古墳時代における韓国と日本－倭国と言われるところの政治的な関係は、どのようなものだったのでしょう。

西谷　対等に近い関係だったのではないかと思います。

深野　その点で私もいろいろと本を読んだりしていますが、よく韓国から、たとえば百済の王室の人を人質に取ったといって、今の時代の人質というと少しニュアンスが違いますが、そういう人質を取っていたという記録がずいぶん出てきます。逆に、日本から向こうに差し出したというのはあまり出てこないので、どちらかというと、むしろ日本のほうがあちらに対して上からの目線でいたのではないか、という感じがしなくもないのです。

西谷　いや、おっしゃる通りです。

漢族に中華思想がありますように、日本の古代のなかにもミニ中華思想はあって、日本の立場としては韓国を低く見ていたという可能性もあります。しかし、実態としては、対等ではなかったかと見ています。

岸本　金を仮に日本から出していたとして、どうやって金を集めていたかということですが、先日、東北の鳥海山のほうに行きましたら、そちらの歴史の先生が、鳥海山は昔、どういう山だと認識されていたかという話をされていました。鳥海山は、標高二三〇〇メートルで、かなり遠くからも見えるらしくて、その先生は、自分では船は乗りませんが、海の対岸から山が見えたら、多分、人類は昔から行っていたと思います、とおっしゃっていました。それは、黒竜江の出口に行けば樺太が見えて、函館まで行けば津軽海峡が見える。津軽海峡まで下ってくれば、鳥海山があるので、ロシア人と鳥海山麓の人々は、かなり古い時代から行き来があっただろう、ということになります。

もしそうだとすると、シベリアから九州にも来れたわけですね。当時の宗像が寒い地方の海とも交流していた可能性について、八幡さんからご意見をうかがえればと思います。

八幡　私が話すと、論拠もないまま「できる」と言ってしまいますが、しかし海がある限り、交流していたと思いますよ。横に陸地がつながっていて島があったら、行きたくなりますよね。私はもうずっと島を渡ってきていますが、私だったら行きますよ。人の好奇心と欲は、今も昔も変わっていないと思います。

それに島が見えていなくても、島と島の真ん中地点、たとえば自分が戻れるところまで、まず出て行くんです。自分が核心を持って戻ってこられるところまで出て、島が見えたら行きますよ。だから、陸地から相手の島が見えなくてもいいんです。そうすると、行ける距離はぐんと延びるんですね。シベリア、九州、朝鮮、中国、沖縄、フィリピン、古い時代から往来があったと思います。

深野　蝦夷錦について、聞いたことはありますか？

中国の官服で、すごく装飾の凝ったものを、アイヌの人たちが江戸時代に樺太から北海道に―当時は蝦夷地ですが―持ち込んでいます。それを松前藩が交易品として持ってきています。こういうことは、日常的に行われていました。私も北海道にしばらくいたので、展示しているのを見たことがあります。少なくとも近世ではそういうことは行われていました。

ですから、逆にずっと時代を遡って、その時代に何があったのか、どういう人が住んでいたのだろうかということで、もし人がいれば、船はさっきおっしゃった通り行き来できたわけですから、そちらの方でも当然、交易が行われていても不思議はないと思います。

五　海と宗像の文化

岸本　葦津さんの謎が解けているといいと思いますが、先ほど矢野先生がお触れになった、文化の違いということに話題を転じてみたいと思います。

今回、マーク・ハドソン先生が「海の文明」という話に触れられていました。海の文明なら近くの敵から守られやすいということや、地理的な環境が違うのでお互いにメリットが大きいという話をされたと思います。安田先生が言われるとおり、長江文明の流れが日本に来ているとして、他方で稲作や貨幣経済、貧富の差といった、いわゆる陸の文明のようなものも日本に入ってきていたと思います。そういったなかで、宗像の方々のエトスは、お金や社会的な仕組みというものに近いのか、それともやはり海の民特有の価値観があったのか、縄文のような平等な社会であったのか、そのあたりについて考古学の先生方からお考えをいただけるとありがたいです。

西谷　先ほども言いましたように、今、宗像地域と申していますところは、一三〇〇年前の律令時代に始まる宗像郡という一つのコミュニティーです。

そこが、どのように一つの地域社会を形成しているかという問題を考えた場合に、もちろん海辺には海の民、平野部には農耕民がいます。そのように一つの地域が成り立っているわけですが、そのなかでとくに海の民が、沖ノ島を抱えて全国的に見ても突出していました。それは、海の民がやはり縄文時代以来、海に生きた人たちの子孫ですし、大陸との交流が盛んになり重要なルート上になりますと、そこでは宗像の三女神が祀られたというように、いろいろな条件から、宗像地域の海の民が突出していくのではないかと思います。

岸本　宮元先生、いかがでしょう。

宮元　海という特異な立地に着目しましたが、津屋崎に、新原・奴山古墳群という前方後円墳と円墳で構成される大きな古墳群があります。当時のヤマト政権の生み出した前方後円墳という形式の墓を作る集団です。彼らは農耕民でかつ海人であり、また、政治的な流れのなかでは、ヤマト政権の地方支配の一端を担っていた存在でもあったということです。貨幣経済ではないですが、当時の中央政権と同じ墓制を共有する関係を築いていたと思います。ただ海に生きていただけではない状況にあったと思います。

葦津　神道というか神主の立場からすると、先ほどの神勅にすべて内包されるのですが、宗像大社を含む、この宗像の地は朝廷と深くつながっていました。つまり、朝廷の出先機関とまでは言いませんが、公認のお社でした。全国六千二百数社の宗像の神を祀るということは、イコール天皇家に近い神社ともなります。おそらくそういう錦の御旗を目当てに宗像の神を祀った可能性もあるかもしれません。

岸本　矢野先生いかがでしょうか。

矢野　縄文土器は飾られるものとそうでないものがあります。飾られるものは特別な土器、そして日常用のものは装飾が少ないということです。九州の話ではないですが、おそらく共通する可能性が高いと思っているのは、新潟県の火焔土器です。国宝になっている縄文土器ですね。火焔土器と日常的に使っていた土器の表面に残っている成分を比較したら、火焔土器のほうは魚介類で、日常用のほうは魚介類よりは、動物など肉類が調理されていた可能性が高いことがわかっています。

これと関連して、一番古い土器が一万四〇〇〇年前とか一万五〇〇〇年前になりますが、この土器の表面に残ったものの成分分析をしたところ、基本的には魚介類がそこで利用されたようだということがわかっています。要するに、土器の発生は魚介類と関係し、魚介類が土器が普及した後も、肉類よりも価値を与えられていた可能性があります。

漁もその当時の地域の人たちにとって非常に重要なもので、そのことが宗像の社会的な位置づけに影響を与えていただろうと思います。

岸本　どうもありがとうございます。

ここで、清水先生に自由に、ご発言いただければと思います。

清水　考古学に造詣の深い皆様方の中で、門外漢が一人ぐらいいても良いのだろうと、主催の先生もお考えになったのだろうと思いますが、登壇させていただいた私は順天堂大学出身でして、脳外科を専門にさせていただいています。医史学がご専門で、大河ドラマの時代考証などもされておられる、酒井シヅ先生に、宗像で「対馬海峡と古墳文化」シンポジウムがあり、そこに参加しますと申しましたら、それは素晴らしいことだね、自分も行きたいとおっしゃっていました。酒井先生の研究室を訪ねましたら、鈴木尚先生の『骨は語る』という本を手渡されました。これを参考にして勉強させていただきましたが、先ほど西谷先生にお聞きしたところ、この辺にはあまり骨は残っていなかったということです。つまり、古墳の中で人体を密閉していないと骨は保存できないのです。

国内での古墳時代の虫歯の研究を調べたところ、縄文時代にだいたい八・三パーセントだった虫歯が、弥生時代になると二〇パーセント近くになり、古墳時代になってまた八・二パーセントまで減少しています。縄文時代はその辺のものを採集して、そこにあるものを食べていましたから、山へ行って木の実を食べたり、草だったり、また海の近くでは、海で取れるものを獲っていました。その生活に稲作文化が入り、ものすごく栄養の豊富なお米を食べたので、弥生時代は一時的に虫歯が増えたと思います。先ほどの西谷先生のお話で、宗像地方の人々は、川沿いのお米を食べる人たちと、海岸地帯でもともと魚を食べる人たちの食事をバランスよく摂っていたとのこと、感心いたしました。それで、八幡さんのお話を数年ぶりにうかがって、人間も食べてしまうようなところの人たちも集団を作って一緒に生活していましたね。そうすると、感染症で亡くなる方もいると思いますが、たとえば怪我をされて、大腿骨で骨が折れた人が日本の古墳で、山陰などでは結構、長く生きたりしているということがありましたし、あとはポリオに感染して小児麻痺になった方が成人しているという骨も出ていますね。

そうすると、そういう人たちを皆がかばって生活した集団がいたと思うのですが、八幡さんが行かれたところで同じような状況がお有りだったかという点に非常に興味を持ちました。

八幡　かばっていた人がいたかですか？　地域でそういう人たちをフォローするかどうか。

基本的にフォローしていました。もちろん亡くなってしまうみたいですが、弱い人を助けてしまうんですね。それは、病気に限らずに。ですから、それは確信を持って、フォローして何とか生き抜いていたと思います。

清水　ありがとうございます。

人類学者の池田次郎先生がおられました。この方は一九二二年山梨県生まれ。東京大学人類学科卒業後、広島県立医科大学助手、新潟大学医学部助教授、京都大学理学部、岡山理科大教授、九州国際大学教授を歴任された高名な方です。地元の宗像水交会総合病院の二〇周年機関紙に九一歳のときに以下のように投稿されています。「介護の歴史は、奈良時代に光明皇后が施薬院・悲田院などを建て、自らのお金で困っている人々を助けたのがはじまりと言われています。しかし、共同体で皆が助け合って生きてきた足跡が見られる古墳時代にこそ、介護のはじまりがあり、宗像もルーツのひとつであると考えている。」

そう考えますと、三・一一のあの未曾有の東北大震災後においても、日本人は皆で助け合って生きている様子は、その考え方のもとが、この地域にもあったのかなと思い感動しております。

岸本　ありがとうございます。

ありがとうございました。

六　会場からの質問

岸本　最後に、皆さんから一言ずつエールをいただきたいと思います。その前に会場から代表質問を二問程度、お受けしたいと思います。

質問1　宮司さんに質問ですが、『金融社会の支配者たち』という本が何年か前に出ています。その要点は経済の話ですが、金融支配とユダヤ人のことが冒頭に書いてあります。、その作者は法学部出身で大きな会社に勤め、経済の勉強をしたそうです。経済白書の連中に引っかかる?んですね。そうしていろいろと経済の勉強をした後に、なぜこんなにユダヤ人が金融界を支配しているのかと考えたそうです。すると、日本にも昔、ユダヤ人が三回に亘って来ているんですね。一三支族のユダヤ人のうち、最近までずっと行方がわかっていなかった一族が神道を持ってきたということです。だから、神社に必ず奥の院があるのは、先住民の日本人の神様を奥のほうにやっているからだ、というようなことをいろいろ言っています。

そのなかで、注連縄の話もあり、注連縄はヘビの絡まった状態を表していて、これは中東での何万年も前からの伝統らしいです。それを取り入れて注連縄にした。また、彼らが最初に作ったのは、大分の宇佐神宮だそうです。その後、天皇家のために明治神宮を作ったという話です。神社はヤシロと言いますが、あれはヤハウェというユダヤ語だとか、二〇〇語くらいユダヤ語と日本語の重なる言葉を挙げています。そういう本は、ご覧になったことはありますか？

葦津　イスラエルの大使をしていたエリ・コーヘンという人がいて、コーヘンとは神主の家ですが、コーヘンとは極めて親しく、友人関係でもあります。彼自身も日本語で伊勢神宮とユダヤ人についての本を書いていますが、そのような話を彼はきちんと整理していました。

つまり、一神教以前の人類は、自然崇拝、アニミズム的な宗教が自然に発生してきます。当然、神社神道も日本固有の民族宗教で、ベースは自然崇拝、アニミズムです。

アニミズムは、世界中を見渡すと、先ほどの磐座についても、たとえばケルトでも岩が依代になるケースが多く、結構、共通項があります。そういう意味では、一神教以前の宗教は、何か類似してくるところがあります。コーヘンも、神道はやはり日本固有の民族宗教という切り分けをしていました。

岸本　もうお一方、どなたかおられますか？

質問2　今日のシンポジウムの主旨と少し違うかもしれませんが、私がいつも疑問に思っていたことは、高等文明がなぜ滅びるかということです。それがわからんとですよ。

要するにエジプトの文明とか、ペルーのほうのインカとか、ああいうものすごく高度に発達した文明がありますね。それがほとんど滅びてしまうのはなぜかということが疑問なんです。その原因というか、どうして滅びたかということをお聞きしたいのですが。

安田　それは、私の専門ですからね。

文明は、発展する要因が崩壊の要因なのです。

現代文明も、発展する要因が崩壊の要因なのです。しかし、人間はその発展する要因を忘れることができませんから、それをやれば発展するだろうと思って、いつまでも続けてしまうのです。現代文明の考え方は、自然を支配する近代ヨーロッパ文明によるものです。その自然を支配していくということが、文明の発展の要因だったわけです。

自然を支配していくことが文明の発展の要因だと思ってやってきましたが、いつの間にか環境問題が起こってきて、今日、八幡さんが見事に言ったように、おかしいと思う人が出てきています。こういう人が出てくるのも、文明の危機を感じているからです。しかし人間は発展の要因にいつまでも固執するから、やめることができないのです。なかには、八幡さんのように変わった人もいるけれど。

私は今、宮城県のコンクリートの防潮堤を作ると言った知事と対決しているわけです。私はもう知事に失礼をかえりみず言いましたよ。しかし、知事は絶対にコンクリートの防潮堤を作って、海と人間を遮断するのが人間の幸せなんだとおっしゃるのです。建設会社もコンクリートの防潮堤を作れば儲かります。

それで、海に住んでいる人や未来の子どもたちを集めて、公聴会を行いました。そうしたら、高等学校の生徒が「そんな防潮堤はいりません」と言ったのです。そうしたら、そこにいた親御さんが何と言ったか。「高校生のくせに、黙っとれ！」と言ったのです。それが一人じゃない。三人も四人も言われた。

皆、今はお金に支配されています。だからおかしいと八幡さんは言っていますが、そういう人は極めて稀です。ほとんどは皆、お金に支配されて、崩壊まで行ってしまうのです。

だから、いかなる文明も崩壊する。なぜ崩壊するかと言ったら、それは文明を発展させる要因が、衰亡の要因になるからです。

質問2　現代文明はいずれ崩壊するのですね？

安田　すでに崩壊の際に入っています。

八幡　私はいたって普通の人間ですが、私もそういうふうに感じています。では、どう戻すのか。その手段と方法はないのか。私も考えさせられます。現代文明は、もう戻せないじゃないですか。でも、自分の足元の自然観をどう取り戻すんですか、ということを考える人が増えたなら、文明と自然の自然観をミックスした、新しい資本主義のかたちが生まれると私は思っています。どうやったらいいかは、わからないですよ。誰もわからないです。でも、それぞれが考えてやることが大切だと考えています。

私は今、WWWという活動をはじめまして、世界はwebがつなげるんじゃない、水がつなげるんだということで、World Water Wellnessという言葉を使ってます。その活動の第一弾は東京のど真ん中、目黒川です。誰も川とも自然とも思っていない、下水としか思っていない川を、まずジャブジャブ歩いて遊んじゃいましょう—それだけです。それが社会をよくするとは言いません。ただ遊ぶだけです。

今、一年間、私は目黒川をただ歩いているんですが、そうしたら、大人が皆、変わっていくのです。ですから、自分の足元を—有限性のなかの、脳みそが作った社会のなかで、どう功利的に生きていくかということより、何がおきるかわからないことをすることが実はすごく楽しいんですよ、答えがないから。そういう実体験をし伝える人がいっぱい増えたら、社会はいいほうに変わると思います。

岸本　安田先生と八幡さんには語っていただきましたので、矢野先生から順番にお願いいたします。

七　宗像の魅力

矢野　やはり、日本が古代から置かれた位置を沖ノ島は象徴的に示していると思います。海をはさんで、大陸との関係、あるいは半島との関係あるいは海に対する信仰というかたちで、日本の位置を象徴的に表している、それが沖ノ島だろうと思います。当然、世界遺産になると思いますが世界遺産のなかでも九州だけでなく日本というものの歴史的な位置付け、国際的な位置付けがよくわかる世界遺産になるのではないかと期待しています。

岸本　ありがとうございました。

宮元　普段考古学の研究をしていますが、島に渡って、古墳に潜って、これからもこの研究分野を通して、新しい未来の方向性を考えていきたいと思っています。

世界遺産へ向けての活動については、地元住民として町が活性化していく様子を、毎日目の当たりにしております。ですから世界遺産になって欲しいと思いますし、もしならなくても、たくさんのいろいろな事業が宗像でおこなわれているということは、とても楽しくて嬉しいことだと思っております。

岸本　ありがとうございました。

深野　改めて、神道とか神社についてすごく興味深く感じた、というのが私の感想でございます。

個人的にも韓国には仕事で何度も行っていまして、またいろいろな歴史の本などを読むにつけて、おそらく韓国と日本では共通の部分が多くて、文化の基層においてはすごく共通のものを持っている。言葉なども、英語で苦戦することを考えると、あれほど日本人にとって学習しやすい言語はないというのが率直な印象です。

ただ、基層において共通するものがこれだけ分かれた、違うものになったというのは、一つは神道の役割が大きかったのではないかと思っていまして、やはり律令時代に神道ができてきて、それが日本の一つの大きな性格になっていった。それが良かったのか悪かったのかは別として、多分、日本というものを形作った、日本の一つの大きな基準のようなものになっていることは間違いないと思います。

世界遺産というのは、普遍的な価値ということが一つの要素になっていると聞いております。ぜひ文物だけでなく、そういう精神の部分というか、そういうものも含めて世界遺産になったら素晴らしいだろうな、と思います。

岸本　どうもありがとうございました。

西谷　私は小川洋知事さんをはじめとする世界遺産推進会議のメンバーの一人でもありますし、そのなかの専門家会議の委員長でもあります。もうやるべきことはすべてやっている、あとは来年の日本国の推薦を待つだけだと、そう確信しております。その上で、さらに一人でも多くの方々にご理解、ご賛同をいただく、あるいは応援団になっていただき、政府を動かして、来年、必ず日本国の推薦が得られると確信しておりますので、一人でも多くの方々に広めていきたいと思っています。

清水　登壇の機会をいただき、ありがとうございます。

医療に関しまして、民俗医療と言いますか、伝統医療をＷＨＯ世界保健機関が認めているのですね。私は脳神経外科を四〇年行ってまいりました。そのなかで、これは当たり前なんですが、助かる人は助かりますが、助からない人は助かりません。

そこで、予防医学ということが非常に大事だと思っていまして、今日もお見えになっています、全国信用金庫協会広報担当の篠原さんに頼まれまして、今年の一月の『信用金庫』という雑誌に、健やかな美老長寿を全うして　元気な地域と　平和な社会の実現」という題名で投稿させていただきました。内容の一つに福岡在住でした貝原益軒先生が、正徳二年（一七一二）八三歳の時に、自らの実体験をまとめた『養生訓』の生き方をご紹介しています。「禍は口より出で、病は口より入る」とか、身体だけでなく心の養生も説いています。

「養生の術は、先ずわが身を損なう物をさけること。身を損なう物には、内慾と外邪がある。内慾とは飲食の慾、好色の慾、睡眠の慾、多弁の慾と、喜・怒・憂・思・悲・恐・驚の七情の慾をいう。外邪とは天の四気である。風・寒・暑・湿をいう。内慾を堪えて、少なくし、外邪をおそれてふせぐこと、このように、元気を損なわず、病をなくすことで天寿が全うできると。」

また本日の会場である、海の道むなかた館で長年教養講座で教えてこられた西谷先生のお力が大きいと思いますが、御参会の皆様の本当にレベルの高い質問内容にも驚きました。おうちに戻られてから、ぜひお子さん、お孫さんに、今日、皆様方が学ばれたことを伝えて欲しいと思います。

最後に、今は一割が自宅で生まれ、一割が自宅で亡くなるというように、死というものが日常生活から遠くなってしまっています。皆様方は、おそらくご身内の方がご自宅で生まれたりお亡くなりになる姿を見ていると思いますが、今の四〇歳以下の人はこのような経験がありません。その原因は、生まれる時も亡くなる時も、病院に任せているからですね。特に人は亡くなる過程で、いろいろな思いをすると私は思っています。

人生の終末期にその深く考えられた想いを、生きてこられた証も含めて、ぜひご子孫にお伝えいただきたいと思います。宗像からもう一度、日本人の青少年のこころの教育が甦ると良いなあと思っております。本日はありがとうございました。

葦津　世界遺産になれば宗像が国際社会で注目されます。では、宗像から何が発信できるのでしょうか。文化や歴史はもちろんのこと、宗像では今年の春、ＪＲ九州の石原さんもおられますが、海の環境をテーマにした国際会議を開催しました。実はこの周辺の海は、温暖化現象などで海水温度が上昇し、磯やけ現象がひどくなっています。世界遺産にするためには、こういうことを隠しがちですが、これはあえて言ったほうがいいと思っております。ただし、言うばかりではなく、宗像自身も海の再生に取り組む。逆に、海の神を祀る宗像だからこそ、そういうことも併せてやっていく。これは、きわめて重要なことだと思っております。

昨年は、気候変動の政府間パネル、ＩＰＣＣのパチャウリ議長にも宗像にお越しいただいております。来春もこの会議は継続しますので、興味のある方はぜひご参加下さい。

それから、カメラを撮っているユーブレインＴＶは、ロンドンに拠点を置くインターネットテレビで日本人が運営していますが、国際会議の事務局も行っています。今後、有名になって何を発信するかということは、きわめて重要かと思っています。

岸本　ありがとうございました。

皆様には、二日間に亘り、長時間ご参加いただきまして、本当にありがとうございました。講演やパネルディスカッションを通じて、宗像の魅力について掘り下げた時間を過ごせたのではないかと思います。

ご存じかと思いますが、今、世界遺産登録、日本は三ヵ所の候補があります。一つは、明治の産業革命の産業遺産、全国で二八ヵ所のうち二一ヵ所が九州でございます。もう一つは、熊本・長崎のキリスト教会群、これはもちろん九州です。沖ノ島・宗像も九州です。近いうちに九州エリアに三つの世界遺産が増えるということと期待しております。

二〇二〇年に向けて、訪日観光客もずいぶん増えると思います。今年も一三〇〇万人を超えたということですし、中国から九州にこられている方も、去年と今年でほとんど倍増になっています。きちんと九州の魅力を伝えていけば、アジアとの交流、あるいは九州の発展に大きく寄与するというふうに思います。皆で、頑張って元気を出して行きたいと思っております。

長時間のご参加を、ありがとうございました。

閉会のご挨拶

立命館大学副総長（研究担当）
立命館大学大学院先端総合学術研究科教授
渡辺公三

二日間に亘る、本当に充実したシンポジウムで、ご講演ご報告いただいた皆様、ご参加いただいた皆様に深く感謝いたします。またこの素晴らしい会場をご用意いただいた西谷正 海の道むなかた館長にお礼申し上げます。

ただ、私は昨日は大学で授業がございまして、こちらに着いたのは夜の一一時を過ぎていたので、今日一日しか参加できませんでした。プログラムを見て、本当に素晴らしい興味深いご講演が並んでいて、ぜひともお聴きしたかったのですけれども、残念ながら聴くことはできませんでした。八つの講演は、おそらく出版されることになると思いますので、そういうかたちで改めて味わわせていただこうと思っています。

今日は朝から宗像神社に参拝させていただき、改めてこの場所――「地の霊」という言い方がありますけれども、本当に地の霊を感じることが出来たと思いました。地の霊が「こもる」という以上に海からの霊を迎えるというありかたはたいへんに深い意味をもっているように感じました。

午後は谷井博美宗像市長様、石原進九州旅客鉄道株式会社相談役様のご挨拶をいただいたあと、本当に素晴らしいお話と基調講演、そしてパネルディスカッションでございました。今年の初めに、安田喜憲先生が函館のほうでシンポジウムを組織、企画して下さって、この一二月には、今度は九州の宗像の地ということで、本当に日本全体をつないで、列島の広がりと歴史の古層から日本のありようを深く考え直す機会をこういうかたちで作っていただいて、そしてこれだけ多くの人々の本当に熱心な参加をいただいて、大学を代表する者としてたいへん冥利に尽きるというように思っています。

私は大学で仕事をしながら、こうした皆さんの熱い思いを、今、若い人にどうやって伝えていくかということが、大学にとっての最大の課題だと考えております。ぜひさまざまな機会を、今回のシンポジウムをひとつの手本として作ってゆきたいと思います。変わった人間と安田先生には言われましたけれども、かつての私たちの生き方を思わせ、これからの私たちの生き方を予感させていただいた海洋冒険家の八幡暁様、そして西谷正先生をはじめさまざまな分野で学術的に深めていただいている研究者の方々、そしてまた宗像神社のような枢要な大社の権宮司のお仕事に、初めて近くに立ち会わせていただきましたけれども、環境保護に取り組まれておられる葦津敬之権宮司（現・宮司）様、本当に皆様、社会の実践の場でいろいろなことに取り組んでいらっしゃいます。そしてまた、まだ着任早々にもかかわらず、すでに九州には世界遺産がこれから続々と誕生していくだろうというふうに、九州を発展させ変えていこうとされている岸本吉生九州産業局長様のご尽力で、こういう盛大な、そして学術的にも、人生を考え直す上でも非常に意義深い会を開催いただき、たいへんありがとうございました。

以上で、私のご挨拶に代えたいと思います。本当に皆様、最後まで熱心にご参加いただき、ありがとうございました。

執筆者紹介（掲載順）

谷井博美　宗像市長

石原　進　九州旅客鉄道株式会社相談役

八幡　暁　海洋冒険家

西谷　正　海の道むなかた館長
九州大学名誉教授

安田喜憲　立命館大学環太平洋文明研究センター長
ふじのくに地球環境史ミュージアム館長

鹿島　薫　九州大学大学院准教授

山野善郎　有限会社建築史塾 Archist 代表取締役
福岡県文化財保護審議会専門委員

亀井輝一郎　福岡教育大学名誉教授

宮元香織　北九州市立自然史・歴史博物館学芸員

マーク・ハドソン　西九州大学教授

平井正則　福岡教育大学名誉教授

葦津敬之　宗像大社宮司

清水　昭　ＫＫＲ三宿病院脳卒中センター長
福島県立医科大学特任教授

深野弘行　伊藤忠商事株式会社執行役員

矢野健一　立命館大学文学部教授

岸本吉生　九州経済産業局長

渡辺公三　立命館大学副総長

■編著者略歴

安田喜憲（やすだ　よしのり）

1946年三重県生まれ

東北大学大学院理学研究科修了　理学博士

広島大学総合科学部助手、京都大学大学院理学研究科教授（併任）、フンボルト大学客員教授、国際日本文化研究センター教授、東北大学大学院教授などを歴任

現在、立命館大学環太平洋文明研究センター長、ふじのくに地球環境史ミュージアム館長、国際日本文化研究センター名誉教授、スウェーデン王立アカデミー会員

環境考古学の確立で紫綬褒章受章

主な著書：『環境考古学事始―日本列島2万年』（NHKブックス）、『世界史のなかの縄文文化』（雄山閣）、『環境考古学のすすめ』（丸善ライブラリー）、『日本よ森の環境国家たれ』（中公叢書）、『古代日本のルーツ長江文明の謎』（青春出版社）、『気候変動の文明史』（NTT出版）、『環境考古学ハンドブック』編著（朝倉書店）、『一神教の闇』（ちくま新書）、『環境考古学事始―日本列島2万年の自然環境史』（洋泉社）、『生命文明の世紀へ』（第三文明社）、『稲作漁撈文明―長江文明から弥生文化へ』『日本神話と長江文明』（雄山閣）ほか多数。

西谷　正（にしたに　ただし）

1938年大阪府生まれ

京都大学大学院文学研究科修士課程修了　文学修士・名誉文学博士（韓国）

奈良国立文化財研究所、福岡県教育委員会、九州大学教授などを歴任

現在、海の道むなかた館長、九州歴史資料館名誉館長、糸島市立伊都国歴史博物館名誉館長、九州大学名誉教授

主な著書：『東アジア考古学辞典』編（東京堂出版）、『魏志倭人伝の考古学』（学生社）、『古代北東アジアの中の日本』（梓書院）、『研究最前線　邪馬台国』共編（朝日新聞出版）、『伊都国の研究』編（学生社）、『古代日本と朝鮮半島の交流史』（同成社）、『北東アジアの中の弥生文化』（梓書院）ほか多数。

2016年5月10日　初版発行　《検印省略》

環太平洋文明叢書《かんたいへいようぶんめいそうしょ》　4

対馬海峡《つしまかいきょう》と宗像《むなかた》の古墳文化《こふんぶんか》

編　者　安田喜憲・西谷　正

発行者　宮田哲男

発行所　株式会社　雄山閣

〒102-0071　東京都千代田区富士見2-6-9

TEL 03-3262-3231　FAX 03-3262-6938

振 替 00130-5-1685

http://www.yuzankaku.co.jp

印刷・製本　株式会社ティーケー出版印刷

N.D.C. 210　203p　21cm

ISBN978-4-639-02398-2　C0021